AdminiStudies. Formen und Medien der Verwaltung

Band 3

Reihe herausgegeben von

Peter Plener, Wien, Österreich

Niels Werber, Siegen, Deutschland

Burkhardt Wolf, Wien, Österreich

Die Ordnung sozialer Dinge ist eine Sache der Administration. Verwaltungen wiederum sind Arbeits- und Denkkollektive, die eigene ›Kulturen‹ ausbilden, nämlich teils lockere, teils rigidere Handlungs- und Beziehungsmuster. Informell agieren sie zumeist über persönliche Kontakte oder im Parteienverkehr, offiziell aber vor allem mittels *paperwork*. An den Schnittstellen von Gesetzesnorm und behördlicher Entscheidung, von Aktenlauf und Dienstablauf, von Öffentlichkeit und Behörde waltet hier die Schrift. In Gestalt bürokratischer Inskriptionen entstehen somit verbindliche Muster aus den losen Kopplungen der Verwaltungskultur. Die Reihe AdminiStudies schließt nicht nur an die Organisationstheorie und Verwaltungswissenschaft an, sondern mobilisiert auch Begriffe, Theorien und Methoden der Kulturtechnikforschung. Entwicklungen, wie die von analogen zu digitalen Formaten, das Verhältnis von Verwaltungspraxis und Staatstheorie oder auch die Reflexion der administrativen Ordnungsleistungen und Entscheidungspotentiale durch die Literatur und Kunst versuchen die Bände der Reihe praxeologisch und interdisziplinär, in der kombinierten Perspektive von Politik-, Sozial-, Medien-, Kultur- und Literaturwissenschaft zu untersuchen.

Anna Echterhölter · Caspar-Fridolin Lorenz ·
Tilman Richter
(Hrsg.)

Apparate

Über Regierungsverfahren und Algorithmisierung

J.B. METZLER

Hrsg.
Anna Echterhölter
Institut für Geschichte
Universität Wien
Wien, Österreich

Caspar-Fridolin Lorenz
Berlin, Deutschland

Tilman Richter
Institut für Medienwissenschaft
Ruhr-Universität Bochum
Bochum, Deutschland

ISSN 2730-9665   ISSN 2730-9673   (electronic)
AdminiStudies. Formen und Medien der Verwaltung
ISBN 978-3-662-67711-7   ISBN 978-3-662-67712-4   (eBook)
https://doi.org/10.1007/978-3-662-67712-4

Die Deutsche Nationalbibliothek verzeichnet diese Publikation in der Deutschen Nationalbibliografie; detaillierte bibliografische Daten sind im Internet über http://dnb.d-nb.de abrufbar.

© Der/die Herausgeber bzw. der/die Autor(en) 2024. Dieses Buch ist eine Open-Access-Publikation.

Die Arbeit wurde von der ilinx-Redaktion begleitet: Holger Brohm, Sophie Bunge, Anna Echterhölter, Katja Kynast, Rebekka Ladewig, Jasmin Mersmann, Evke Rulffes.
Der Open-Access-Band »Apparate« wurde durch die Universität Wien finanziert.

Einbandabbildung: © [M] Nikada / Getty Images / iStock

Planung/Lektorat: Franziska Remeika
J.B. Metzler ist ein Imprint der eingetragenen Gesellschaft Springer-Verlag GmbH, DE und ist ein Teil von Springer Nature.
Die Anschrift der Gesellschaft ist: Heidelberger Platz 3, 14197 Berlin, Germany

Inhaltsverzeichnis

Essays: Regierungsmaschinen

Herausgeber- und Autor*innenverzeichnis

Anna Echterhölter ist Kulturwissenschaftlerin und Professorin für Wissenschaftsgeschichte an der Universität Wien. Nach ihrer Promotion an der Humboldt-Universität Berlin folgten Fellowships am Max-Planck-Institut für Wissenschaftsgeschichte in Berlin (2008, 2015) und am German Historical Institute in Washington, DC (2016), sowie Gastprofessuren an der HU und TU Berlin. Sie ist Gründungsmitglied der *ilinx*-Redaktion. Zu ihren Forschungsgebieten zählen Standardisierung, Metrisierung und Kolonialismus, die Geschichte der Quantifizierung, Rationierung und Planung, Subsistenzmedien und die Zukunft der Bürokratie, Kolonialstatistik und Geschichte der Daten. Publikationen: »Shells and Order. Questionnaires on Indigenous Law in German New Guinea« in: *Journal for the History of Knowledge (JHoK)*, 1, 2, 09.2020; »Injury and Measurement: Jacob Grimm on Blood Money and Concrete Quantification«, in: ***Money Counts: Revisiting Economic Calculation***. Hg. von Mario Schmidt/Sandy Ross. New York 2020. S. 31–48. ***Jenseits des Geldes. Aporien der Rationierung*** gemeinsam mit Hendrik Blumentrath, Frederike Felcht, Karin Harrasser, Leipzig: Spector Books 2019.

Kai van Eikels ist Philosoph, Theater- und Literaturwissenschaftler. Nach Gastprofessuren in Gießen, Berlin, Hildesheim und Bochum führt er derzeit sein Heisenberg-Forschungsprojekt »Performance und die Macht des Schwächeren« an der Universität Hildesheim durch. Seine Forschungsschwerpunkte sind anarchische, selbstorganisierte Kollektivformen; Kunst und Arbeit; Politiken des Performativen; Synchronisierung, Zeit und Materialität; queer cuteness. Veröffentlichungen u. a. ***Die Kunst des Kollektiven. Performance zwischen Theater, Politik und Sozio-Ökonomie***, Fink 2013; ***art works – Ästhetik des Postfordismus***, zusammen mit dem Netzwerk Kunst + Arbeit, bbooks 2015; ***Synchronisieren. Ein Essay zur Materialität des Kollektiven***, bbooks 2020; Theorie-Blog: https://kunstdeskollektiven.wordpress.com.

Christoph Engemann ist Postdoc am Virtual Humanities Lab der Ruhr-Universität Bochum und war im Winter 2020/21 Gastprofessor für Medienwissenschaft an der Zhejiang Universität in Hangzhou, China. Forschung und Lehre zur

Geschichte, Theorie und Ästhetik digitaler Medien mit Schwerpunkten auf Medien der Staatlichkeit, Transaktionen und Graphen, AR/VR sowie zu Scheunen und Ländlichkeit. Wissenschaftliche Begleitung von Ausstellungsprojekten, zuletzt bei den Ausstellungen »Oil. Schönheit und Schrecken des Erdölzeitalters« am Kunstmuseum Wolfsburg und »Uncanny Valleys – Künstliche Intelligenz und Du« am Museum für angewandte Kunst (MAK) Wien. Aktuelle Veröffentlichung: »Raum im Raum – Architektur und Augmented Reality«, online unter https://cloud-cuckoo.net/de/hefte/heft-40; »Subsurfaces – Flächen unter der Oberfläche«, online unter: https://www.re-vue.org/beitrag/bild-in-zeit-subsurfaces-christoph-engemann.

Jakob Grüner studierte Medienwissenschaft und Kulturwissenschaft in Weimar, Berlin und London. Zu seinen Schwerpunkten gehören Theorie und Praxis von Widerstand, Institutionskritik und instituierende Praxen, historische Epistemologie und psychosoziale Theorie.

Till Jansen studierte Psychologie, Soziologie und Philosophie in Bremen, Potsdam und London. Er promovierte im Fach Soziologie an der Universität Witten/ Herdecke. Nach einem Forschungsaufenthalt an der Copenhagen Business School folgte die Habilitation. Derzeit ist er freiberuflich als systemischer Therapeut tätig.

Pujan Karambeigi ist Doktorand der Kunstgeschichte an der Columbia University, wo er sich mit den kulturellen und ästhetischen Debatten der sogenannten Dritten Welt in den 1960er und 1970er-Jahren beschäftigt, mit speziellem Fokus darauf, wie diese Debatten nach Westeuropa wanderten. Seine Forschung wurde vom DAAD und der Studienstiftung des deutschen Volkes unterstützt, und er war 2022/2023 Frieda B. and Milton F. Rosenthal Art History Fellow sowie 2018/2019 Miriam & Ira D. Wallach Curatorial Fellow. Er ist redaktioneller Mitarbeiter des *Jacobin Magazins* und veröffentlicht regelmäßig Kritiken u.a. in *Art in America, Artforum, Texte zur Kunst, Mousse Magazine und Frieze*.

Manuela Klaut studierte Verwaltungsökonomie in Halberstadt und Medienkultur in Weimar. Sie organisierte 2012 das erste »Festival des nacherzählten Falls« gemeinsam mit Fabian Steinhauer und ist Herausgeberin des *Kinohefts*. Seit Oktober 2013 arbeitet sie als Medienwissenschaftlerin an den Universitäten in Lüneburg, Frankfurt, Weimar und Leipzig. Ihre Promotion *Kluges Fälle: Vorarbeiten zu Abschied von gestern* erscheint 2024 bei Spector Books.

Caspar-Fridolin Lorenz hat Wirtschaftswissenschaften, Soziologie und Kulturwissenschaft in Witten, Aarhus und Berlin studiert. Er arbeitet an einem akademischen Projekt zum »Überzeugen in den Wissenschaften«. Darüberhinaus ist er als Organisationsberater tätig.

Heidrun Mühlbradt studierte Geschichte und Slavische Philologie an den Universitäten Göttingen, Hamburg und Dublin und ist ehemalige Promotionsstipendiatin der Studienstiftung des deutschen Volkes. Seit 2014 ist sie Doktorandin für Mittlere und Neuere Geschichte an der Georg-August-Universität Göttingen, wo sie zum Thema *Body Revolutions. A Transnational Body History of the Revolutionary Period in Ireland (1916–23) and Germany (1918–23)* promoviert.

Birger P. Priddat, emeritus, vordem Lehrstuhl für Wirtschaft und Philosophie an der Universität Witten/Herdecke, den er neben einer Gastprofessur an der Zeppelin-Universität in Friedrichshafen innehatte. Zu seinen Forschungsschwerpunkten zählen: Institutionenökonomie, Wirtschaftsphilosophie, Theoriegeschichte der Wirtschaft, kapitalistische Modernisierung.

Tilman Richter studierte Kulturwissenschaft und Philosophie in Witten und Berlin. Seit 2019 promoviert er im Graduiertenkolleg »Das Dokumentarische. Exzess und Entzug« an der Ruhr-Universität Bochum mit einem Projekt zum Unterschreiben als Kulturtechnik der Subjektivierung zwischen Dokument und Institution. Zuletzt erschien vom ihm »Die Unterschrift verweigern? Überlegungen zur Agentialität der Signatur« im Band *Schriftlichkeit. Aktivität, Agentialität und Aktanten der Schrift* (hg. v. Martin Bartelmus und Alexander Nebrig).

Thomas Scheffer ist Professor für Soziologie mit dem Schwerpunkt interpretative Sozialforschung am Institut für Soziologie der Goethe-Universität Frankfurt. Seine Arbeitsschwerpunkte umfassen politische Feld- und Diskursforschung, Rechtssoziologie und politische Soziologie, Kasuistik und qualitative Methodologie. Scheffer entwickelt mit der trans-sequentiellen Analyse (TSA) eine kritische Ethnomethodologie, die Episoden und Prozesse von Diskursarbeiten verknüpft. Aktuell entwickelt er eine Soziologie existentieller Probleme. Wichtigste Publikationen: *Asylgewährung*, Berlin 2001; *Adversarial Case-Making. An Ethnography of the English Crown Court,* Leiden 2010; *Criminal Defence and Procedure. Comparative Ethnographies in the United Kingdom, Germany, and the United States*, zusammen mit Kati Hannken-Illjes und Alexander Kozin, Hampshire 2010, *Polizeilicher Kommunitarismus,* zusammen mit Christiane Howe, Eva Kiefer, Yannik Porsché und Dörte Negnal, Frankfurt a.M. 2017.

Lukas Stolz lebt und schreibt in Berlin. Zur Zeit promoviert Lukas im Rahmen des DFG-Graduiertenkollegs »Kulturen der Kritik« an der Leuphana Universität Lüneburg. In seiner Forschung interessiert er sich besonders für die Chronopolitiken der Klimakatastrophe und materialistische Theorien des sozialen Imaginären.

Lara Scherrieble ist Kurator*in und Autor*in. Lara forscht zu zeitgenössischer Pop-Kultur und Kunst, feministischer und abolitionistischer Theorie und arbeitet derzeit im kuratorischen Team der KW Institute for Contemporary Art in Berlin. Lara und Lukas sind Teil des am Goldsmith's College London angesiedelten Forschungsclusters *not working group*, das es sich zum Ziel gemacht hat, Forschung im Modus des *hanging out* zu etablieren. Dabei folgt die Gruppe dem Motto der Glücksspielindustrie: When the fun stops, stop.

Henning Trüper ist seit 2019 wissenschaftlicher Mitarbeiter am Leibniz-Zentrum für Literatur- und Kulturforschung, Berlin. Leitung des ERC-Projekts »Archipelagic Imperatives: Lifesaving and Shipwreck in European Societies since 1800« (2020–25). Das Doktorat erfolgte im Bereich »History and Civilization« am European University Institute, Florenz, 2008. Postdoktorand in Zürich, Paris (EHESS), Princeton (IAS), Berlin (Technische Universität) und Helsinki (Collegium for Advanced Studies). 2018 Habilitation an der Universität Zürich, Veröffentlichungen u. a.: *Topography of a Method: François Louis Ganshof and the Writing of History*, Tübingen 2014; *Orientalism, Philology, and the Illegibility of the Modern World*, London 2020; *Seuchenjahr*, Berlin 2021.

Astrid Wiedmann, Studium der Medienwissenschaft an der Universität Siegen. Ehemalige Kollegiatin und assoziiertes Mitglied des DFG-Graduiertenkollegs »Locating Media« ebendort. Laufendes Dissertationsprojekt zum Thema: *Medien der Entwicklungszusammenarbeit*. Ihre Forschungsschwerpunkte liegen in den Bereichen ethnographische Forschung, Medienwissenschaften und Science and Technology Studies. Aktuelle Veröffentlichung: Astrid Wiedmann: »Follow the actors? Follow whom? Follow what? Die methodischen und praktischen Folgen der Umsetzung der Losung ›follow the actors‹«, in: Astrid Wiedmann et al. (Hg.), *Wie forschen mit den ›Science and Technology Studies‹?: Interdisziplinäre Perspektiven,* Bielefeld 2020, S. 51–80.

Burkhardt Wolf ist Professor für Neuere Deutsche Literatur an der Universität Wien, zuvor Heisenberg-Stipendiat der DFG, Max-Kade-Prof. an der IU Bloomington und UC Santa Barbara, Gastprofessor an der LMU München und der HU Berlin. Arbeitsschwerpunkte zur Wissensgeschichte von Gewalt und Risiko, Bürokratie und Ökonomie; Poetik des Affekts; Kulturgeschichte der Seefahrt. Letzte Bücher u. a.: *Handbuch Literatur und Ökonomie*, hg. zusammen mit Joseph Vogl, Berlin/New York 2019; *Untergang und neue Fahrt. Schiffbruch in der Neuzeit,* hg. zusammen mit Andreas Bähr, Peter Burschel und Jörg Trempler, Göttingen 2020; *Das Formular,* hg. zusammen mit Peter Plener und Niels Werber, Heidelberg 2021; *Das Protokoll*, hg. zusammen mit Peter Plener und Niels Werber, Heidelberg 2023.

Apparate: Einleitung

Tilman Richter und Caspar-Fridolin Lorenz

Das Heft ist dem Apparat gewidmet, wobei seine Begriffsgeschichte ebenso wie ein Panorama verschiedener Einzelfälle zur Diskussion stehen: etwa eine in Uganda operierende NGO, ein niederländischer Verein zur Seenotrettung oder die britische Gefängnisverwaltung, welche die staatliche Zwangsernährung von Frauen entwickelte. Der Apparat ist für unsere Zwecke als Regierungsmaschine weit gefasst worden. Besprochen werden Konzerne, Bürokratien, Organisationen, große und kleine Verwaltungen und totale Institutionen, unbedingt aber auch auto-poietische Normen und Dispositive.[1] Gemeinsam ist allen diesen Verwaltungen jedoch ein oft höchst charakteristisches mediales Handeln, das Ausdruck eines in überindividuellen Regeln aufgehobenen und stabilisierten Problemlösungs-prozesses ist. Gelangweilt von der in liberaler Tradition stehenden Künstlerkritik an der Verwaltung, die im Namen der Kreativität nichts als individuelle Ent-faltung einzuklagen mag, geht es in dieser Ausgabe um das Für und Wider eines positivierten Bürokratiebegriffes. Wie kann es jenseits der bloßen Machtapparate zu der notwendigen Neuerfindung des öffentlichen Raums im Zeichen ana-loger wie digitaler Infrastrukturen kommen und wie beginnt das unvermeidliche

---

[1] Louis Althusser: *On the Reproduction of Capitalism. Ideology and Ideological State Apparatuses*, London 2014; Giorgio Agamben: *What is an Apparatus? And Other Essays*, übers. von David Kishik und Stefan Pedatella, Stanford 2009; Matteo Pasquinelli: »What an Apparatus is not. On the Archeology of the Norm in Foucault, Canguilhem, and Goldstein«, in: *Parrhesia* 22 (2015), S. 79–89; Stephen Legg: »Assemblage/apparatus. Using Deleuze and Foucault«, in: *Area 43* no. 2 (2011), S. 128–133.

T. Richter (✉)
Institut für Medienwissenschaft, DFG GK »Das Dokumentarische«, Ruhr-Universität Bochum, Bochum, Deutschland
E-Mail: tilman.richter@ruhr-uni-bochum.de

C.-F. Lorenz
Berlin, Deutschland
E-Mail: caspar.lorenz@daence.org

© Der/die Autor(en) 2024
A. Echterhölter et al., *Apparate*, AdminiStudies. Formen und Medien der Verwaltung 3, https://doi.org/10.1007/978-3-662-67712-4_1

1

Nachdenken über Allokation von Ressourcen im Zeichen des Klimawandels? Subjekttheorie trifft dabei auf kopflos imaginierte Rechtsapparate, filmische Visionen auf die verwaltungswissenschaftliche Rechtskybernetik. Dabei sind es oftmals einzelne Medien und Zeichen, besondere Daten und Sprachen oder die designierten Praktiken und Techniken, an denen die apparative Logik von unterschiedlichen Seiten sichtbar wird. Anliegen der versammelten Beiträge ist es, die Apparate freizustellen und abzugrenzen, von neoliberaler Gouvernementalität einerseits und von opaken Automatismen andererseits.

Digitale Kopflosigkeit

Angesichts unermesslicher Datenströme sind die Apparate ins Schwimmen geraten. Standen sich früher Markt und bürokratischer Staatsapparat unversöhnlich, aber verlässlich gegenüber,[2] so sind Pläne wie Märkte nachhaltig diskreditiert und zudem immer schwerer unterscheidbar. Aus Afrika wird längst ein Zusammengehen von Finanzen und Verwaltung berichtet, von FinTech und Meldewesen im Zeichen neuer biometrisch gestützter Datenarchitekturen.[3] Verwaltung in großen, auch überstaatlichen Organisationen wird durch die neuen Technologien erheblich erleichtert, beschleunigt und verbilligt. So können UN-Agenturen der Flüchtlingshilfe weltweite Infrastrukturen auf der Basis neuer Geldformate aufbauen, deren Datenspuren in Genf zusammenlaufen. Insbesondere *mobile moneys* und Blockchain-Verfahren kommen dabei zum Einsatz. Diese gewaltigen neuen Apparate bringen aber auch Veränderungen mit sich. Neben der proprietären Opazität und Vorurteilsgeladenheit vieler Algorithmen, neben neuen Exklusionseffekten durch die Digitalität und ihre Scores, sind im Bereich staatlicher Grundversorgung ebenfalls deutliche tektonische Verschiebungen zu vermelden.[4] An die Stelle knapper Lebensmittel treten Conditional Cash Transfers (CCT's), die mehr als Ernährung in der Not bedeuten. Als Gegenzug für die Unterhaltsleistungen werden Bedingungen gestellt, die von der Steuerung des Umgangs mit Kindern bis hin zu Computerkursen reichen können. Diese Bereiche des Privaten, die durch Arbeit und Lohn bisher nicht steuerbar und beeinflussbar waren, können durch

---

[2] Die Dichotomie von Markt und Plan wird zunehmend als ein Theorieeffekt diskutiert, beispielsweise von Johanna K. Bockman: *Markets in the Name of Socialism. The Left-Wing Origins of Neoliberalism*, Redwood City 2011; Eric Hounshell, Verena Halsmayer: »How Does Economic Knowledge Have a Politics? On the Frustrated Attempts of John K. Galbraith and Robert M. Solow to Fix the Political Meaning of Economic Models in The Public Interest«, in: *know* 4, no. 2 (2020), S. 263–293.

[3] Keith Breckenridge: *Biometric State: The Global Politics of Identification and Surveillance in South Africa, 1850 to the Present*, Cambridge 2014; Shoshana Zuboff: *The Age of Surveillance Capitalism. The Fight for the Future at the New Frontier of Power*, London 2019.

[4] Frank Pasquale: *The Black Box Society. The Secret Algorithms Behind Money and Information*, Cambridge 2016; Meredith Broussard: *Artificial Unintelligence. How Computers Misunderstand the World*, Cambridge 2018.

CCT's ebenso erzwungen werden wie klassische Arbeiten im Bereich etwa des Straßen- oder Brunnenbaus. Diese Verwaltungsgelder im Format der vgl. CCT's sind ganz im Sinne der Behavioral Economics austestbar und gestaltbar. Ihre ausgewiesenen Handlungsvorschläge kommen im UNHCR und der Mehrheit der eingerichteten Sozialsysteme des Globalen Südens bereits zum Einsatz.[5]

Dabei wären es diese Agenturen des vermeintlichen Wohlfahrtsstaates, denen der meiste Kredit in der Geschichte der Apparatekritik zugetraut wurde, seit die anarchistische Theorie in den Rettungsgesellschaften, den Hilfsorganisationen, freiwilligen Feuerwehren und Assoziationen zur Bewältigung des Überlebens einen brauchbaren Kern der lästigen Verwaltung ausgemacht hatte.[6] So ist es womöglich kein Zufall, dass eine der innovativsten Reflexionen des Apparatebegriffes – diejenige Félix Guattaris – auf Erfahrungen in einer Heilanstalt rekurriert. Durch die Rasterung alltäglicher Verwaltung können sich Subjekte in kollektiven Plänen neu zu einander und zu sich in Beziehung setzen. Viele Ansätze sprechen von den Rändern der Apparate, die sie intersektional benachteiligen. Zu denken wäre an Bini Adamczaks Ansätze relationaler Artenvielheit und revolutionärer Beziehungsweisen oder Stefano Harneys und Fred Motens Kritik an den hoffnungslosen Logistiken und Subjekten des Kapitalismus – denen mit einem Arsenal antikolonialer Kämpfe und des Schwarzen Radikalismus begegnet werden soll.[7] Auch der Datenfeminismus erinnert sich an die Schwarzen feministischen Stimmen von den Rändern.[8]

Die Kritik an der digitalen und immer öfter algorithmischen oder von künstlicher Intelligenz geprägten Verwaltung profitiert umfänglich von medienarchäologischen Positionen, die sowohl die Verwaltungspraktiken als auch die Datenpraktiken des analogen Zeitalters berücksichtigen. Verwaltung aus der Perspektive ihrer Praktiken und Kulturtechniken könnte mit einer schriftlichen Mitgliedsliste beginnen, wie Jack Goody betont, der jegliche Bürokratie auf der Schrift fußen sieht.[9] Insbesondere mit der Etablierung der Akte, der Schreib-,

---

[5] Najy Benhassine, Devoto Florencia, Esther Duflo et al.: »Turning a Shove into a Nudge? A ›Labeled Cash Transfer‹ for Education«, in: *American Economic Journal: Economic Policy* 7.3 (2015), S. 86–125; Hendrick Blumentrath et al.: *Jenseits des Geldes. Aporien der Rationierung*, Leipzig 2018; Rüdiger Graf: »›Heuristics and Biases‹ als Quelle und Vorstellung. Verhaltensökonomische Forschungen in der Zeitgeschichte«, in: *Zeithistorische Forschungen/Studies in Contemporary History* 12 (2015), S. 511–519.

[6] Peter A. Kropotkin: *Gegenseitige Hilfe in der Tier- und Menschenwelt*, Frankfurt a. M., 1975; Olaf Briese: *Freiwillige Feuerwehren im 19. Jahrhundert: Erfolge – Misserfolge – Behinderungen*, Halle 2015.

[7] Stefano Harney, Fred Moten: *The Undercommons. Fugitive Planning & Black Study*, Wivenhoe 2013.

[8] bell hooks: *Feminist Theory from Margin to Center*, Boston 1984; Catherine D'Ignazio, Lauren F. Klein: *Data Feminism*, Boston 2020.

[9] Jack Goody: *The Logic of Writing and the Organization of Society*, Cambridge 1986; Matthew S. Hull: »The File. Agency, Authority, and Autography in an Islamabad Bureaucracy«, in: *Language & Communication* 23 (2003), S. 287–314.

Siegel- und Zeichenkulturen, entfaltet die Verwaltung das ihr eigene numerisch-rechtliche Universum. Schon für das europäische Mittelalter werden zwei entscheidende Schritte in Richtung Automation beschrieben – die von Personen abgelöste Autorität und die zeitgleich notwendige Etablierung einer Rechtlichkeit, die quantitativ in Fristen, Mengen und Ziffern gefasst ist. So werden Normen der Verantwortung zuweilen durch solche der Accountability ersetzt und die Investition in Verwaltung oftmals vorschnell mit einer Verrechtlichung gleichgesetzt.[10]

Langeweile und ihre Inversion

Verwaltet werden bedeutet zunehmend das Eingelassensein in Infrastrukturen der Kommunikation und des Transports. Die Einrichtung des öffentlichen Raumes hat die sozialen Bindungen von jeher ergriffen und unauffällig dirigiert.[11] In dem Grad, wie der öffentliche Raum an digitale Architekturen angeschlossen wird, entsteht eine zunehmende aber zumeist unauffällige Immersion in digitale Verwaltungszweige. Für diese Ebene von Bürokratie galt eine scheinbar unauflösbare Assoziation mit Langeweile und nichtssagenden Prozessen, seit dieser Topos des Bürokratischen von Seiten der Wirtschaftsliberalen lanciert worden war.[12] Erst die jüngeren ungeahnten Krisen haben jedoch diese Verwaltungsdimension auf völlig neue Art freigestellt und sichtbar gemacht.

Für eine *Ethnographie der Infrastruktur*, die sich im Anschluss an die Arbeiten Susan Leigh Stars und Geoffrey Bowkers ausgebildet hat, wurde Infrastruktur in der Regel als das »bis zur Langeweile Gewöhnliche« betrachtet. »It needs some digging to unearth the dramas«,[13] heißt es gleich zu Beginn von Stars Einführung in dieses Forschungsprogramm. Die fundamentale Unverfügbarkeit und prinzipielle Gewöhnlichkeit lebensweltlicher Grundlagen markierte hier den Ausgangspunkt für einen entscheidenden Perspektivwechsel. Eine solche erhöhte Aufmerksamkeit für unauffällige Umgebungen ist das, was Bowker »infrastrukturelle

---

[10] Cornelia Vismann: *Akten. Medientechnik und Recht*, Frankfurt a. M. 2000; John Sabapathy: *Officers and Accountability in Medieval England, 1170–1300*, Oxford 2014, S. 5.

[11] Urs Stäheli: »Infrastrukturen des Kollektiven: alte Medien – neue Kollektive?«, in: *Zeitschrift für Medien- und Kulturforschung* 2 (2012), S. 99–116.

[12] Anna Echterhölter: »Data, Diplomacy, and Liberalism. August Ferdinand Lueder's Critique of German Descriptive Statistics (c. 1810)«, in: *GHI Bulletin* 59 (2016), S. 83–103.

[13] Susan Leigh Star: »The Ethnography of Infrastructure«, in: *American Behavioral Scientist* 43, 3 (1999), S. 377–391, hier S. 377. Vgl. Sebastian Gießmann, Nadine Taha: »›Study the unstudied‹. Zur medienwissenschaftlichen Aktualität von Susan Leigh Stars Denken«, in: Sebastian Gießmann, Nadine Taha (Hg.), *Susan Leigh Star: Grenzobjekte und Medienforschung*, Bielefeld 2017, S. 13–77.

Inversion«[14] genannt hatte. Infrastruktur hieß in diesem Sinne das Selbstverständliche, das Unhinterfragte, das stumm Funktionierende. Spätestens seit Beginn der Covid-19-Pandemie lässt sich eine Veränderung in der Wahrnehmung infrastruktureller Gegebenheiten beobachten. Fragen infrastruktureller Einrichtung drängen sich mit einer neuen Dynamik auf, das vormals Unsichtbare scheint widerspenstig und aufmüpfig geworden zu sein. Nicht allein, weil neue Infrastrukturen geschaffen wurden wie Test- und Impfzentren, sondern besonders auch weil vormals verhältnismäßig reibungslos – ›langweilig‹ – ablaufende Prozesse plötzlich gestört erscheinen.

Das betrifft einerseits die Sphäre der alltäglichen Ökonomien der Versorgung, die gerade zu Beginn der Krise zu einem (individuell wie strukturell) zu regelnden Problem wurden, in der völlig neue Wege durch die Infrastruktur gefunden und im Sinne der Kontakt- und Risikovermeidung eingerichtet werden mussten; andererseits lässt sich aber auch auf den Ebenen globaler Vernetzung beobachten, wie deren Strukturen aus der Unsichtbarkeit hervortreten. Nicht nur die durch (temporäre) Schließung von Landesgrenzen verdeutlichte Bedrohung der Freizügigkeit, auch mit der Logistik haperte es merklich. Gravierende Lieferengpässe von Warenströmen durch die Verkettung von nicht mehr aufeinander abgestimmten Prozessen wurden sichtbar, und eklatante Produktionsausfälle wie beispielsweise in der Halbleiterindustrie haben Probleme in die Aufmerksamkeit der Öffentlichkeit gerückt, die vor Kurzem noch als gelöst imaginiert werden konnten und daher auch als funktionierende Prozesse unterhalb der Wahrnehmungsschwelle lagen. Die kriegs- und pandemiebedingte Krise der vormals wie ein Uhrwerk laufenden, weltweiten Warenadministration ist gleichzeitig ein komplementäres Symptom einer infrastrukturellen Verunsicherung, für die sich Vorläufer finden lassen, beispielsweise als die globalen Phänomene der Flucht 2014 in Europa sichtbar wurden und in der internationalen Finanzkrise 2008. Betrachtet man die Beschreibung dieser Phänomene zusammen, kommt man um den Eindruck nicht herum, Infrastrukturen hätten sich auf gewisse Weise selbst invertiert. Den Problemen, die sie hervorbringen, lässt sich zunehmend seltener entkommen.

Fraglos ist es so – und darauf weist Stars methodisches Instrumentarium hin –, dass die Unsichtbarkeit von Infrastruktur bestenfalls ein Ideal und immer eine Frage der Perspektive war: Für wen, zu welcher Zeit, zu welchen Kosten kann Infrastruktur als gewöhnlich und langweilig erlebt werden? Sicherlich nicht dort, wo sie sich als Baustelle, als Hindernis, als Umweltkatastrophe, als Gesundheitsrisiko oder politischer Konflikt ereignet.[15] Objekte, Strukturen, Ensembles

---

[14] Geoffrey Bowker: »Information Mythology and Infrastructure«, in: Lisa Bud-Frierman (Hg.), *Information Acumen: The Understanding and Use of Knowledge in Modern Business*, London 1994, S. 231–247.

[15] Vgl. Kathryn Yusoff: »Epochal Aesthetics: Affectual Infrastructures of the Anthropocene«, in: *e-flux: Accumulation* (2017) (online verfügbar: https://www.e-flux.com/architecture/accumulation/121847/epochal-aesthetics-affectual-infrastructures-of-the-anthropocene/, zuletzt aufgerufen: 5.3.2022)

sind »only solid, when seen from a distance«, heißt es in diesem Sinne auch bei Lauren Berlant.[16] Dennoch lässt sich anhand der gegenwärtig konstatierten infrastrukturellen Unruhe nachzeichnen, welche Leistung Infrastruktur im operationalen Regelfall vollbringt. Sie funktioniert als stabilisierte Problemlösung, sie antwortet auf eine Regelungsnotwendigkeit, die als Bedarf, also Problem nicht einmal mehr zum Vorschein kommt. Das Sichtbar- und Problematischwerden von Infrastrukturen sollte also als ein Hinweis verstanden werden auf den Regelungs-bedarf, der einer globalisierten Gesellschaft zukommt und der allem Anschein nach und mindestens in der aktuellen Situation nicht adäquat beantwortet wird – und gerade deshalb zu erheblichen organisatorischen Aufwänden, sozialen Erregungen und damit in Verbindung stehenden Gegenbewegungen führt.

Von der Problematik der Infrastrukturen führt der Blick so zwangsläufig zu Fragen von Zuständigkeit und Verantwortung: Welche Stellen, welche Institutionen, welche Verfahren adressieren den Regelungsbedarf der Gesell-schaft und wer lässt sich verantwortlich machen für das momentane Ungenügen der bis vor Kurzem noch adäquat erscheinenden Lösungen? An diesem Punkt erscheint uns das Studium dessen notwendig, was wir ganz allgemein als Apparate bezeichnen. Es geht im Folgenden unter diesem Begriff um Verwaltungen, Administrationen, Institutionen und ihre materiell-medialen Komplemente, die im allgemeinsten Sinne mit der Aufgabe betraut sind, kollektive Regelungs-bedarfe in möglichst störungsfreie Routinen zu verwandeln und zu diesem Zweck soziale Erwartbarkeit produzieren. Wir betrachten dabei die geschilderten infra-strukturellen Probleme allerdings nicht (in erster Linie) als ein Versagen von Ver-waltungsapparaten, denen die Aufgabe zugekommen wäre, diese zu verhindern, sondern als erneuerte Ansprüche an die Regelungskapazitäten und Verfahrens-weisen einer verwaltungsmäßigen Ordnung. Eine (auch historisch) geläufige Form der Bürokratiekritik verweist die Verantwortung für Probleme an die ent-sprechenden Ordnungsinstanzen und kritisiert aus dieser Problematisierung heraus das ganze starre Gebilde und die Struktur von Verwaltung selbst, um unter dem Begriff »Bürokratieabbau«[17] auf die vermeintliche Vereinfachung und Beschleunigung von Prozessen zu zielen. Im Gegensatz dazu werden wir im Folgenden eine Evaluation dessen vornehmen, was verwaltungsmäßige Ordnungen und Prozesse von anderen Formen der Organisation unterscheidet und welches spezifische Potenzial diesen zukommt.

In einem ersten Schritt gehen wir dabei von der Kritik der Verwaltung aus, die ihre Charakteristika im Modus der Beschwerde benennt. Dies gilt bereits in der Frühzeit jener Verwaltung, die für den deutschen Sprachraum als paradigmatisch gelten muss – der preußischen. In einem berühmten Brief von Minister von Stein an den Freiherrn von Gagern äußert sich die Kritik am Prinzip von Verwaltung überhaupt:

---

[16] Lauren Berlant: »The commons: Infrastructures for troubling times«, in: *Environment and Planning D: Society and Space* 34, 3 (2016), S. 393–419, hier S. 394.

[17] Hans Peter Bull: »Bürokratieabbau«, in: *Merkur* 783, 2 (2022), S. 33–42.

> »[E]igenthumslos, also alle Bewegungen des Eigenthums treffen sie [die Bürokraten] nicht; es regne oder scheine die Sonne, die Abgaben steigen oder fallen, man zerstöre alte hergebrachte Rechte, oder lasse sie bestehen, man theoretisire alle Bauern zu Tagelöhnern […], alles das kümmert sie nicht. Sie erheben ihren Gehalt aus der Staatskasse und schreiben, schreiben, schreiben im stillen, mit wohlverschlossenen Thüren versehenen Bureau, unbekannt, unbemerkt, ungerühmt, und ziehen ihre Kinder wieder zu gleich brauchbaren Schreibmaschinen an.«[18]

Die Schreib- oder Regierungsmaschinen, von denen hier gesprochen wird, sind nicht die Mitglieder der Verwaltung oder deren Familien, die Verwaltung selbst verstehen wir als diese Daten erhebende und prozessierende Maschine. Von nichts lässt sie sich aus dem Takt bringen. Finanzielle Sorgen und individuelles wirtschaftliches Kalkül werden ausgesetzt, alles ist ihr immer schon bekannt. Probleme übersetzt sie in Formen, die sie auffindbar, vergleichbar und entscheidbar, also verwaltet macht. Dabei gibt es keine Ausnahmen. Vielmehr produziert sie durch ihre Verfahren Verwaltungsmäßigkeit: eine Ordnung der Realität, die keine Unvorhersehbarkeiten kennt, die langfristig und populationsmäßig ausgerichtet ist, und damit Erwartbarkeit organisiert und gewährleistet. Diese Ordnung ist zwangsläufig an Regeln gebunden. Sie ist aber auch, Stein benennt es polemisch, interesselos, also unpersönlich und überpersönlich, sowohl was ihre Gegenstände als auch was ihre Verfahren und Mitglieder anbelangt.

Steins Kritik an dieser Maschine ist unmittelbar nachvollziehbar, aber sie ist dies auch, weil sie nie aufgehört hat, auf ähnliche Art und Weise vorgetragen zu werden. Wenn von Verwaltung die Rede ist, wird von Unflexibilität in Bezug auf das Individuelle gesprochen, von Ineffizienz und vom mangelnden Enthusiasmus der von ihr Beschäftigten. Problematisch ist dieser Blick auf die Verwaltung dabei aus zwei Gründen. Zum einen, weil er die Verwaltung anhand von Maßstäben bewertet, die aus (vielleicht nicht nur schlechten) Gründen gerade nicht die Maßstäbe der Verwaltung selbst sind. Aus Steins Äußerungen spricht eine vielleicht unternehmerische, in jedem Fall ökonomische Betrachtungsweise, die der Verwaltung über weite Strecken ihrer Existenz fremd war, oft genug immer noch ist. Darunter leidet der Blick für die mögliche Leistungsfähigkeit einer der Verwaltung eigenen Rationalität. Zum anderen stehen die immer wieder erneuerten Varianten Stein'scher Bürokratiekritik auch einer Kritik der Verwaltung im Wege, die diese an ihren eigenen Prinzipien misst, um ihre je konkreten Mängel und Probleme präziser identifizieren zu können.[19] Gehen wir von einem unverändert hohen Regelungsbedarf der modernen Gesellschaft bei einem gleichzeitigen Ungenügen gegenwärtiger Problemlösungsformate aus, ist ein Blick auf die Spezifik und Potenziale von Verwaltungsapparaten unerlässlich.

---

[18] Karl von Stein: *Die Briefe des Freiherrn von Stein an den Freiherrn von Gagern, von 1813–1831*, mit Erläuterungen, Stuttgart 1833, S. 91.

[19] Vgl. zu den Traditionslinien der Bürokratiekritik bis zu ihrer zuletzt prominenten Fassung bei David Graeber: Burkhardt Wolf: »Medien der Bürokratiekritik. *Paperwork* im Zeitalter der ›Verwaltungskultur‹«, in: Friedrich Balke/Bernhard Siegert/Joseph Vogl (Hg): *Medien der Bürokratie* (= Archiv für Mediengeschichte 2016), Paderborn 2016, S. 41–51.

Apparate und Fälle: Zu den Beiträgen

Das Ziel des vorliegenden Bandes ist es daher, ausgehend vom Begriff und Konzept des Apparats die Strukturen und Logiken formal stabilisierter Problemlösungen zu erforschen, wie sie sich paradigmatisch in der Verwaltung finden. Dabei sollen die Techniken, Strategien und Medien in den Blick kommen, die es der Verwaltung erlauben, auf Regelungsbedarfe zu reagieren, gleichzeitig soll in der Auseinandersetzung mit spezifischen Fällen die Bandbreite der Problemstellungen kartiert werden, auf die eine verwaltungsmäßige Antwort adäquat und produktiv ist. Zu hinterfragen wäre jeweils, welcher Grad an Automatisierung oder digitalisierter Automatisierung in die rechtlich gebundenen Verfahren eingebracht werden kann, ohne dass sie sich in ihr Gegenteil einer maschinellen Usurpation, Dysfunktionalität und Verweigerung von Grundrechten verkehren. In diesem Zusammenhang erscheint es sinnvoll, die Topoi der Bürokratiekritik ernst zu nehmen, ohne ihren liberalen Reflexen blindlings zu folgen.[20] Erst da, wo Papier oder Speicherbaum prozesshaft die Selbstorganisation von Gesellschaft stützen, kann ein erster Blick auf spezifische Risiken, aber auch spezifische Leistungen und die vitale Notwendigkeit von Verwaltung gewonnen werden. Es steht zu vermuten, dass gerade die Eigenschaften, die von einer Kritik der Verwaltung als deren Defizite benannt werden, ihre eigentlichen Potenziale ausmachen. So produzieren beispielsweise die Rigidität von Verwaltungsstrukturen Erwartbarkeit, ihre Formalisierungen Transparenz und ihre Langsamkeit Chancen zur Revision und Korrektur, zum Aufarbeiten und Verstehen. Unzweifelhaft ist, dass diese Ideale verwaltungsmäßiger Praxis im Konkreten oft genug verfehlt werden und individuelle Alltagserfahrungen Zweifel an diesem Ideal wachsen lassen; doch gerade deswegen scheint uns die Betrachtung dieser konkreten Praxis eine produktivere Verwaltungskritik zu ermöglichen als die generalisierte Ablehnung ihrer Form.

Verwaltungshandeln ist an einer Vielzahl von Orten zu finden, schon bei Weber war auch die Administration eine Bürokratie, nicht nur in staatlichen Institutionen. In diesem Sinne sind womöglich nicht alle Apparate Staatsapparate, insbesondere wenn die älteste Domäne staatlichen Wissens, die statistische Datensammlung, nun in die Hände privater Datenkonzerne übergeht.[21] Den Blick auf diese Weise zu erweitern, heißt dann nach den Potenzialen von Verwaltungspraktiken zu fragen, die über die Durchsetzung einer zentralisierten Staatsmacht hinausgehen und Formen der regelbezogenen Entscheidungsfindung als Praktiken des Abwägens thematisieren. Dies bedeutet gleichzeitig auch, dass wir Verwaltung nicht als eine Menge von Behörden bzw. Büros verstehen, sondern als eine Form des Handelns, das sich mittels bestimmter regulativer Prinzipien – Formalisierung, Problem-

---

[20] Echterhölter, Data.

[21] Zuboff, Surveillance Capitalism.

bezug, Dokumentation – organisiert. Es wären dann auch eben diese Prinzipien, die eine Unterscheidung von Verwaltungshandeln von anderen Formen von Entscheidungs-, Handlungs- oder politischer Rationalität unterscheidet, insbesondere einer neoliberalen Logik der effizienzgetriebenen Wirtschaftlichkeit.

Schließlich zeigt sich in den vorliegenden Beiträgen auch, dass die abstrakten Prinzipien dieser Praxisform konkret verknüpft sind mit materiellen und medialen Artefakten und Ensembles. Verwaltungshandeln übersetzt sich in materielle Spuren, gleichzeitig bestimmen diese mit über die Formierung von Verwaltungspraktiken. Aus einer solchen Perspektive stellt sich auch die Frage nach den Konsequenzen medialen Wandels für Formen der Verwaltung, deren Möglichkeiten sich über Jahrhunderte an den technischen Möglichkeiten des *paperwork*[22] – des Umgangs mit und der Arbeit an Papier – bestimmten und von dessen Beschränkungen mitgeprägt wurden. Sollte tatsächlich zu irgendeinem Zeitpunkt ein Abbau von Verwaltung zu beobachten sein, dann möglicherweise nicht als Konsequenz aus deren Kritik und vielleicht auch nicht, weil sich andere Rationalitäten als attraktiver erwiesen haben, sondern weil andere Medien andere Problembearbeitungen erlauben, fordern und gestalten. Möchte man vor diesem Hintergrund auf die Ideale und Prinzipien einer ›apparativen Vernunft‹ nicht verzichten, muss diese in veränderte mediale Umwelten übersetzt werden,[23] um auch dort zu funktionieren.

Die Beiträge des vorliegenden Bandes versuchen vor diesem Hintergrund eine Evaluation des gegenwärtigen Stands der Apparate der Verwaltung mit unterschiedlichen Fokussierungen. Einerseits gilt es zu klären, was das begrifflich-theoretische Potenzial der Rede vom Apparat und Apparativen ist und wie dieses zu einer Forschungsperspektive zu entwickeln sein könnte. In einer Reihe von Fallstudien soll wiederum die Realität und konkrete Praxis verwaltungsmäßiger Ordnungen zur Darstellung kommen, wobei sich ein Teil dieser Studien verstärkt auf die medialen Bedingungen apparativer Einrichtung fokussiert, während andere stärker dessen Praktiken in den Blick nehmen. Schließlich beschäftigt sich eine letzte Gruppe von Texten mit den Topoi der Bürokratiekritik und versucht, dieser alternative Argumentationen entgegenzustellen.

Analysen: Algorithmen und Verwaltung

Thomas Scheffer nimmt mit seinem Text *Apparate und Apparaturen: Für eine soziologische Kasuistik de/stabilisierter Problemarbeiten* eine Revision der politischen Konzeptgeschichte des »Apparates« vor. Ausgehend von den klassischen Kritiken des Staatsapparates durch Marx, Weber und Althusser und in Anlehnung an Foucaults Dispositiv-Begriff charakterisiert er Apparate als immer auch materiell vorliegende Versuche eines stabilisierten Umgangs mit zuvor

---

[22] Ben Kafka: *The Demon of Writing. Powers and Failures of Paperwork*, New York 2012.

[23] Vgl. Cornelia Vismann: »Aus den Akten, aus dem Sinn«, in: dies., *Das Recht und seine Mittel*, hg. v. Markus Krajewski/Fabian Steinhauer, Frankfurt a. M. 2012, S. 161–180.

identifizierten Problemen. Konkretisiert wird dies durch drei paradigmatische Fälle: das Schiff, das Labor und die Plantage/der Wald. In diesen Organisationsanlässen wird auch die Möglichkeit einer positiven Bestimmung apparativer Kapazitäten sichtbar, wie sie auch in pluralen Apparatebegriffen angelegt ist – etwa bei Barad. Durch welchen Zugriff lassen sich gesellschaftliche Problemlösungsmittel identifizieren, wie kann man sie verteilen und anordnen, um sie weder ihrer Eigenlogik noch gesellschaftlichen Überdeterminationen zu überlassen? Wie kann man organisatorische Ressourcen für unvorhergesehene Probleme mobilisierbar halten?

Mit Papiertechnologien und Formularen als mediale Formen der Problemlösung beschäftigt sich der Beitrag »*Please sign here*« von Astrid Wiedmann. Als eine Techniken des Zugriffs, wie sie zum Grundrepertoire der Verwaltung gehören, untersucht der Text das Enstehen bürokratischer Ordnung am Material eigener Feldforschungen zu einer NGO in Uganda. Mithilfe von Bruno Latours Kategorie der immutable mobiles und Susan Leigh Stars Weiterentwicklung der boundary objects beschreibt sie Teilnehmer*innen-Listen von Workshops als Kooperationszusammenhänge zwischen den an unterschiedlichen Stellen und Orten beteiligten Personen und Gruppen und stellt sie damit als integrierende Funktion für Handlung und Repräsentation der entstehenden NGO dar.

Christoph Engemann untersucht in *Papier und Automatisierung in Speyer* Auftakt und Herzstück der westdeutschen Automationstheorie in der öffentlichen Verwaltung. Die Speyerer Schule der Verwaltungsinformatik (Heinrich Reinermann, Jörn von Lucke) setzt in den frühen 1960er Jahren ein, nachdem IBM-Großrechner bei der Rentenreform ihre Durchschlagskraft gänzlich numerischer Verwaltung gezeigt hatten. Im Blickpunkt stehen dabei Regeln und Akten, immer wieder aber auch Fragen der Numeralisierbarkeit und Übersetzbarkeit einer Logik des Rechts, bis hin zu Versuchen einer Rechtskybernetik. Überraschenderweise aber bleibt diese Technik im Hintergrund, die Verwaltung tritt den Bürgern als Papier und Formular entgegen. Dem E-Government zum Trotz verbürgt das Medium Papier durchaus Beständigkeit und Transparenz, wobei sich in der BRD die Persistenz des Papiers und die Unausweichlichkeit des persönlichen Behördenbesuchs noch lange bis in die Pandemie von 2020 erhalten hat.

Die schwierige Allianz von Recht und Rechnerleistungen wird nicht in der Verwaltungsinformatik, sondern vor Gericht besonders evident. Mit ihrem Text *Fälle digitaler Rechtsfindung* thematisiert Manuela Klaut das Feld des Legal Tech. Ein Grundkonflikt besteht in der Übersetzbarkeit von Recht in Maschinensprache bzw. zunächst einer ausreichenden Standardisierung und Normierung von Rechtspraktiken, die eine Wiedererkennbarkeit erzeugen würden. Dies ist das zu lösende Kernproblem einer algorithmisierten Verwaltung im Bereich der Rechtsprechung. Die rechtswissenschaftlichen Merkmale *Kasuem* und *Enthymen*, die beide wesentliche Einzelsituationen in der Behandlung, Verwaltung und Beurteilung von Rechtsfällen thematisieren, sind dabei auch medienwissenschaftlich von hohem Interesse.

Aus der Perspektive der betroffenen Subjekte verändern sich die Apparate, ob digital oder analog betrieben. Eine der wichtigsten emanzipativen Lesarten der Verwaltung entsteht dabei im Kontext psychologischer Heilungsexperimente. Das Raster (*la grille*), um das es in Jakob Grüners Text »*Cadrer le dérèglement*« geht, nimmt es mit der institutionellen Praxis vom Standpunkt der subjektphilosophischen Theorie auf. In der Auseinandersetzung mit den Arbeiten Félix Guattaris bringt der Beitrag dessen theoretische Überlegungen zur Formierung von Subjektivität zusammen mit der logistischen Verwaltung der Klinik La Borde im Loiretal, an der Guattari entscheidende Organisationspraktiken der institutionellen Kritik entwickelte. Es geht um nichts weniger als die Möglichkeit einer Selbstschreibung durch Verwaltungsraster, Zeitphrasierungen und Teilungsmodelle. Nicht zuletzt sind es in dieser Klinik Pläne auf Papier, die medialer Ausdruck dieser Neuassoziation mit sich und den anderen sind. Das Raster setzt in der quantifizierten, in Einheiten übersetzten, veränderlich-stabilen Aufteilung der Aufgaben innerhalb der Klinik die Ärzt*innen, Patient*innen und Mitarbeiter*innen in neue Verhältnisse.

Nicht nur die Psyche der Subjekte, auch ihre Körper sind der Verwaltung ausgesetzt. Totalitäre Institutionen machen dabei von sehr konkreten Möglichkeiten der Disziplinierung der Körper und Subjekte Gebrauch, bis hin zur paradoxen Form des Erzwingens von Leben. Heidrun Mühlbradts Beitrag *The Forcible Feeding of the English Suffragettes* in Irish Prison setzt mit den Reaktionen der Verwaltung auf die Hungerstreiks englischer Suffragetten ein, die Mitte des 19. Jahrhunderts eine große Herausforderung für die Verwaltung der Gefängnisse darstellten. Dabei zeichnet sie entlang der historischen Dokumente insbesondere nach, wie die Frage der Verantwortung für die Zwangsernährung zwischen medizinischen Experten, Gefängnisverwaltung und aktivistischen Publikationsorganen in Zirkulation geriet. Weibliche Häftlinge und männlich konnotierte Administration kollidierten in diesen Szenen, die wie geschaffen waren, um Fragen der Mündigkeit und Verantwortlichkeit ad absurdum zu führen – was in einem kollektiven Entscheidungsprozess der Beteiligten zunehmend zum Verschwinden gebracht werden sollte.

Auch Pujan Karambeigis Beitrag geht dem Verwaltungseinfluss auf Körper und ihre Umgebungen nach. Besonders eklatant zeigen sich diese Formen des Zugriffs in Fällen von atypischer Verkörperung, wobei das Spannungsfeld des Baurechts bzw. der Design-Theorie jeweils von juridischer wie aktivistischer Seite beleuchtet wird. Am Beispiel der Entwicklung von Regularien zu barrierefreier Architektur verfolgt er dazu in *Bottom-Up Abandonment* die wissentliche Exklusion durch die im Baurecht impliziten Standards und Normen in den USA. Nachgezeichnet wird zudem der mühsame Prozess, der von einer zentralisiert-administrativen Regulierung über den Einspruch und die errungene Partizipation von Aktivist*innen zu einem neuen Design-Paradigma führte. Neues Ziel der Einrichtung des öffentlichen Raums ist nun die individuelle Adaptivität. Deutlich wird dabei, dass diese Form individualisierter Problemlösung erneute Ausschlüsse produziert für diejenigen, deren Bedürfnisse sich den entsprechenden modularen Vorgaben nicht fügen oder die sich derartige Standards nicht leisten können.

Essays: Regierungsmaschinen

Henning Trüper widmet sich ebenfalls emergenten Organisationen, die sich um die sozialen Kernaufgaben der Rettung, Fürsorge oder Heilung herum herauskristallisieren. Sein Essay *Seenotrettung und Sitzungsprotokoll* widmet sich Vereinsbüchern aus der Gründungsphase niederländischer Rettungsgesellschaften. Es wird aufgezeigt, wie sich moralische Normen Zug um Zug in Verwaltungshandeln verstetigen. Der Beitrag bewegt sich damit auf klassischem Terrain anarchistischer Organisationstheorie. Auf der Suche nach leichtestmöglicher Vergesellschaftung wird im Vergleich zweier unterschiedlicher Vereine dennoch die Rolle der Formalia herausgearbeitet, die diesen Vorhaben ihre Stetigkeit verliehen.

Unter dem Titel *Des Kaisers neue Kleider* fragt Till Jansen nach der prinzipiellen Möglichkeit der ›rationalen‹ Verwaltung psychischer Krankheiten, die für den institutionalisiert-medizinischen Blick irrationales Verhalten hervorbringen. Obwohl die Anarchie am Boden psychiatrischer Nosologie lauert, zeigt dieser Beitrag die Taktiken und Strategien, die die Klinik als Organisation zu diesem Zweck entwickelt hat. Anders als in den progressiven Rastern bei Guattari steht im medizinischen Alltag die Prosa der Abrechnung im Vordergrund, die zugleich die glanzvolle Fähigkeit der Verwaltung zeigt, tendenziell alles verwaltbar erscheinen zu lassen.

Der Topos von der unmerklichen, infrastrukturellen Präsenz der Verwaltung setzt ungünstige Vorzeichen für die filmische Darstellbarkeit bürokratischer Praktiken. Allerdings zeigt Burkhardt Wolf in seinem Text *Von der Akte zum Acting* zahlreiche mediale Repräsentationen unterschiedlicher Verwaltungsformen auf. Trotz der Ausgangsvermutung, dass die immergleichen Regeln wenig filmische Spannungsbögen zulassen, zeigen sich intensive Auseinandersetzungen in polemischen, satirischen und dystopischen Genres – etwa »Die zwölf Arbeiten des Asterix«, »Brazil«, »Work Hard, Play Hard« oder »Mad Men«. Deutlich zeichnen sich nicht nur unterschiedliche Managementstile ab, sondern die Werbestrategien von Herstellern, etwa IBMs Clip »Paperwork Explosion« von 1967. Der Zankapfel der Entscheidung gehört in diesen Darstellungen durchaus nicht den Maschinen, sondern bleibt human. Allerdings um den Preis einer »privatisierten Entbürokratisierungsbürokratie«.

Wie eine solche Selbstoptimierung auf nachdrücklichen Vorschlag der maschinischen Umgebung aussehen könnte, hat Kai van Eikels beobachtet. In seinem Beitrag *Mich. Nonkonform. Heiß. Geschlecht aus dem Apparat* fragt er, in welchem Verhältnis gewünschtes Geschlecht auf der einen Seite und technische Rubrizierung von Geschlechtern auf der anderen Seite stehen. Dabei muss konstatiert werden, dass die Software-Menüs der Selbstidentifikation ein ebenso müder wie banaler Anschlag auf die Binarität sind. Ein Bollwerk der Normalität, das in analogen Zeiten noch artikulierte und gezielte Formen des Widerstands ausgelöst hatte, die überaus folgenreich und kostspielig sein konnten. In der Umarmung technischer Apparate hingegen macht van Eikels ein unangenehmes, aber nicht abstreitbares Potenzial aus. Es geht um die revolutionäre Latenz heutiger Dropdown-Menüs der personalisierten Sexverwaltung mit ihren gern über 50 Varietäten, die oftmals sehr beiläufig bedient werden und eigenartig laue Wunschmaschinen darstellen.

Mit *Administering Emancipation* werfen Lara Scherrieble und Lukas Stolz einen Blick zurück auf wichtige Positionen feministischer Verwaltungskritik, die die Dialektik aktivistischer Organisationsformen beleuchten. Während Jo Freeman die informellen Strukturen innerhalb eines aktivistischen Kontextes als wenig geschlechtergerecht kritisierte (»Tyranny of Structurelessness«), antwortete Cathy Levine auf diese Kritik mit der schlagkräftigen Beschreibung formalisierter Organisation als einer »Tyranny of Tyranny«. Es bleibt zu fragen, ob sich mit Bini Adamczaks umsichtiger Geschichte des revolutionären ›Katers‹ eine Lösung abzeichnet, die zwischen informeller und formeller Tyrannei zu vermitteln vermöchte. Trotz aller verlorenen Kämpfe kann das Begehren einer gesellschaftlichen, emanzipativen und freien Assoziation nicht einfach *ad acta* gelegt werden. Der Vorschlag lautet, die Relationalität als »Beziehungsweisen« zum Projekt zu machen.

In seinem Text *Sich selbst beleihen* macht Caspar-Fridolin Lorenz das akademische Verwaltungshandeln anhand einer Politik des Antrags zum Gegenstand. Das Zusammenspiel antragstellender Wissenschaftler*innen und ausschreibender Institutionen lenkt damit umfänglich die intellektuelle Arbeit. Ausgehend von den Textstrategien der »Antragsprosa« verfolgt Lorenz dabei die These, dass sich neben den bekannten, Wissenschaft einschränkenden Folgen der Drittmittelförderung auch kooperative Elemente finden lassen, die co-produktive Entwicklungen und in dieser Weise wissenschaftliche Arbeit sind.

Auf die Rolle einzelner Worte innerhalb des Verwaltungshandelns konzentriert sich Tilman Richters Beitrag *»Auch solle niemand nichts unterschreiben, so er nicht zuvor ganz gelesen hat«*. Wie in Stefan Nellens und Bruno Latours Ethnographie des Rechtsapparats wird durch die Geschichte der Unterschrift der Akzent auf das in digitalen Zeiten immer fragwürdigere Element der persönlichen Entscheidung gelegt. Dieses Repertoire der Bezeugung umfasst insbesondere das Moment des Zögerns wie die Möglichkeit der Revision von Entscheidungen. Anhand der Vorgaben zur Formalisierung von administrativen Angelegenheiten (insbesondere der Signatur) in frühneuzeitlichen Verwaltungshandbüchern sowie bei Niklas Luhmann fragt der Beitrag danach, inwieweit es sich bei diesem Zögern um einen Effekt der Medien der Verwaltung handelt.

In seinem Katalog *Verwaltungsreform?* fordert Birger P. Priddat 49 Reflexionen über die organisationstheoretischen Möglichkeiten von Verwaltung und ihrer Reform ein. Zugleich blickt er auf dabei entstehende Programme und Techniken – Karrieren in Ämterbürokratien, Outsourcing, Auditing –, die als Konsequenz vorherrschender Logiken mitentstehen.

Angesichts der dystopischen technischen Möglichkeiten digitaler Verwaltung, angesichts der verwirrenden Amalgamierung der vermeintlichen Gegensätze von Bürokratie und Wirtschaft bzw. Planung und Markt geht es einmal mehr um die Frage, ob sich ein positiver Verwaltungsbegriff gewinnen lässt, der das, was mit Thevenot noch immer als »investment in form« beschrieben werden könnte, also die entstehende Sozialität, gerade in Zeiten zunehmender Knappheiten und Krisen neu zur Debatte stellen müsste.

Die Texte in der Rubrik »Analysen« haben ein wissenschaftliches Peer-Review-Verfahren durchlaufen. Bei den »Essays« des zweiten Teiles wurde zu offeneren Textformaten aufgerufen.

Literatur

Agamben, Giorgio: *What is an Apparatus? And Other Essays*, übers. von David Kishik und Stefan Pedatella, Stanford 2009.

Althusser, Louis: *On the Reproduction of Capitalism. Ideology and Ideological State Apparatuses*, London 2014.

Berlant, Lauren: »The commons: Infrastructures for troubling times«, in: *Environment and Planning D: Society and Space* 34, 3 (2016), S. 393–419.

Blumentrath, Hendrick et al.: *Jenseits des Geldes. Aporien der Rationierung*, Leipzig 2018.

Bockman, Johanna K.: *Markets in the Name of Socialism. The Left-Wing Origins of Neoliberalism*, Redwood City 2011.

Bowker, Geoffrey: »Information Mythology and Infrastructure«, in: Lisa Bud-Frierman (Hg.), *Information Acumen: The Understanding and Use of Knowledge in Modern Business*, London 1994, S. 231–247.

Breckenridge, Keith: *Biometric State: The Global Politics of Identification and Surveillance in South Africa, 1850 to the Present*, Cambridge 2014.

Briese, Olaf: *Freiwillige Feuerwehren im 19. Jahrhundert: Erfolge – Misserfolge – Behinderungen*, Halle 2015.

Broussard, Meredith: *Artificial Unintelligence. How Computers Misunderstand the World*, Cambridge 2018.

Bull, Hans Peter: »Bürokratieabbau«, in: *Merkur* 783, 2/22, S. 33–42.

D'Ignazio, Catherine; Klein, Lauren F.: *Data Feminism*. Boston 2020.

Echterhölter, Anna: »Data, Diplomacy, and Liberalism. August Ferdinand Lueder's Critique of German Descriptive Statistics (c. 1810) «. In: GHI Bulletin 59 (2016), S. 83–103.

Gießmann, Sebastian/Taha, Nadine: »›Study the unstudied‹. Zur medienwissenschaftlichen Aktualität von Susan Leigh Stars Denken«. in: Sebastian Gießmann/Nadine Taha (Hg.), *Susan Leigh Star: Grenzobjekte und Medienforschung*, Bielefeld 2017, S. 13–77.

Goody, Jack: *The Logic of Writing and the Organization of Society*, Cambridge 1986.

Graf, Rüdiger: »›Heuristics and Biases‹ als Quelle und Vorstellung. Verhaltensökonomische Forschungen in der Zeitgeschichte,« in: *Zeithistorische Forschungen/Studies in Contemporary History* 12 (2015), S. 511–519.

Harney, Stefano; Moten, Fred: *The Undercommons. Fugitive Planning & Black Study*. Wivenhoe 2013.

hooks, bell: *Feminist Theory from Margin to Center*, Boston 1984.

Hounshell, Eric; Halsmayer, Verena: »How Does Economic Knowledge Have a Politics? On the Frustrated Attempts of John K. Galbraith and Robert M. Solow to Fix the Political Meaning of Economic Models in The Public Interest«, *know* 4, no. 2 (2020), S. 263–293.

Hull, Matthew S.: »The File. Agency, Authority, and Autography in an Islamabad Bureaucracy«, in: *Language & Communication* 23 (2003), S. 287–314.

Kafka, Ben: *The Demon of Writing. Powers and Failures of Paperwork*, New York 2012.

Kropotkin, Peter A.: *Gegenseitige Hilfe in der Tier- und Menschenwelt*, Frankfurt a. M. 1975.

Legg, Stephen: »Assemblage/apparatus. Using Deleuze and Foucault«, in: Area 43, no. 2 (2011), S. 128–133.

Najy, Benhassine; Devoto, Florencia; Duflo, Esther et al.: »Turning a Shove into a Nudge? A ›Labeled Cash Transfer‹ for Education«, in: *American Economic Journal: Economic Policy* 7.3 (2015), S. 86–125.

Pasquale, Frank: *The Black Box Society. The Secret Algorithms Behind Money and Information*, Cambridge 2016.

Pasquinelli, Matteo: »What an Apparatus is not. On the Archeology of the Norm in Foucault, Canguilhem, and Goldstein«, in: *Parrhesia* 22 (2015), S. 79–89.

Sabapathy, John: *Officers and Accountability in Medieval England, 1170–1300*, Oxford 2014.

Stäheli, Urs: »Infrastrukturen des Kollektiven: alte Medien - neue Kollektive?«, in: *Zeitschrift für Medien- und Kulturforschung* 2 (2012), S. 99–116.

Stein, Karl Freiherr von: *Die Briefe des Freiherrn von Stein an den Freiherrn von Gagern, von 1813–1831*; mit Erläuterungen, Stuttgart 1833.

Star, Susan Leigh: »The Ethnography of Infrastructure«, in: *American Behavioral Scientist* 43, 3 (1999), S. 377–391.

Vismann, Cornelia: »Aus den Akten, aus dem Sinn«, in: dies., *Das Recht und seine Mittel*, hg. v. Markus Krajewski/Fabian Steinhauer, Frankfurt a. M. 2012, S. 161–180.

Vismann, Cornelia: *Akten. Medientechnik und Recht*, Frankfurt a. M. 2000.

Wolf, Burkhardt: »Medien der Bürokratiekritik. *Paperwork* im Zeitalter der ›Verwaltungskultur‹«, in: Friedrich Balke/Bernhard Siegert/Joseph Vogl (Hg): *Medien der Bürokratie* (= Archiv für Mediengeschichte 2016), Paderborn 2016, S. 41–51.

Yusoff, Kathryn: »Epochal Aesthetics: Affectual Infrastructures of the Anthropocene«, in: *e-flux: Accumulation* (2017).

Zuboff, Shoshana: *The Age of Surveillance Capitalism. The Fight for the Future at the New Frontier of Power*, London 2019.

Analysen: Algorithmen und Verwaltung

Apparate und Apparaturen: Für eine soziologische Kasuistik de/stabilisierter Problemarbeiten

Thomas Scheffer

Testzentrum, Intensivstation, Impfstraße, aber auch Haushalt, Supermarkt oder Hausarztpraxis: Die Pandemie wirft, jenseits eherner institutioneller Versprechen, Fragen profanster, gleichwohl systemrelevanter[1] Machbarkeit und Wirksamkeit auf. »Schaffen wir das *so*?« wurde zur dauernden Sorge und Anstrengung, zur Reflexion und Erfahrung. Ich will diese Fragerichtung durch einen analytischen Rahmen betonen, der in den Kultur- und Sozialwissenschaften anders belegt und in seinem Potential weitgehend untergenutzt bleibt: den Apparat. Der Apparate-Begriff ist, in der verbreiteten Verwendung, mindestens schillernd. Er changiert zwischen materialistischen und neomaterialistischen, zwischen strukturalistischen und post-strukturalistischen Zuschnitten. Bezeichnet werden so verschiedene Gefüge wie Labore (Barad), Panoptika (Foucault) oder Staaten (Althusser). Die Varianten des Apparate-Begriffs laufen quer zum abstrakten Institutionalismus[2],

---

[1] Für Dirk Baecker gelten als »systemrelevant nach dem allgemeinen Sprachgebrauch alle Leistungen einer Gesellschaft, die der Aufrechterhaltung der Lebensbedingungen der Menschen dienen«. Vgl. Dirk Baecker: »Systemrelevanz. Corona-XXVI«, *kure.h.org*/1023 (zuletzt aufgerufen am 12.3.2021). In diesem Verständnis erneuert sich die unhintergehbare, soziologische wie alltagsweltliche Prämisse einer »immortal society«, die selbst keinen Lebensbedingungen unterliegt. Vgl. Harold Garfinkel: *Studies in Ethnomethodology*, Englewood Cliffs, N.J. 1967.

[2] Im Sinne des soziologischen Institutionalismus verstehe ich Institutionen hier, kurzgefasst, in Anlehnung an Max Weber als »Sozialregulationen, die eine verhaltensstrukturierende Wirkung ausüben« (Gerhard Göhler: »Einleitung«, in: *Institutionenwandel: Leviathan Sonderheft* 16 (1996), S. 7–17, hier S. 10) und in Anlehnung an Karl-Siegbert Rehberg als »Vermittlungsinstanzen kultureller Sinnproduktion, die Werte, Normen und Ideen dadurch verbindlich machen, dass sie ihre Geltungsansprüche symbolisch zum Ausdruck bringen« (ebd.).

Dieser Artikel hat ein Peer Review Verfahren durchlaufen.

T. Scheffer (✉)
Institut für Soziologie, Goethe-Universität Frankfurt, Frankfurt a.M., Deutschland
E-Mail: scheffer@soz.uni-frankfurt.de

A. Echterhölter et al., *Apparate*, AdminiStudies. Formen und Medien der Verwaltung 3, https://doi.org/10.1007/978-3-662-67712-4_2

wo sie Machtwirkungen bis hinein in die Prägung von Dingen, Individuen oder Bevölkerungen verfolgen. Nicht Normen oder Rationalitäten bilden dabei die Basis von Diagnosen, sondern ein praktisches, gegenstandsorientiertes Zusammenwirken im Hier und Jetzt.

Von Apparaten will ich sprechen, wo kontingente Problemarbeiten relative Stabilisierung erfahren. Die Problemarbeit lässt sich fortan als Wirken eines zugleich singulären wie modellhaften Gefüges zurechnen. Bestimmten Problemarbeiten wird gegenwärtig verstärkt dort öffentliche Aufmerksamkeit zuteil, wo sie angesichts drängender Fragen dringend gefordert sind. Zeiten existentieller Krisen, wie der sich beschleunigende Klimawandel oder die überfallartige Pandemie, bringen die unmittelbare Abhängigkeit von apparativen Kapazitäten in Erinnerung. Sie lassen ›uns‹ als Gesellschaftsmitglieder erfahren, auf welche Problemarbeiten ›wir‹ zählen können, ja müssen. Bezogen auf die Pandemie etwa Labore für Nachweistests, Stationen der Intensivmedizin oder Betriebe zur Impfstofffertigung, ganz zu schweigen von den Kapazitäten der Haushalte zur unsichtbaren Arbeit der Grundversorgung und Pflege ihrer Angehörigen. Die existentielle Prüfung der Pandemie legt aktuell die Reichweite und Anfälligkeit des gesellschaftlichen Vermögens bloß, begründet Hoffnung wie Ernüchterung im tagtäglichen Ringen mit den Problemen. Kontingente Machbarkeiten treten ins Zentrum.

Existentielle Probleme verfügen dabei über das größte Potential, umfassende Betroffenheiten jenseits von Partikularinteressen zu vermitteln. Sie forcieren die »zunehmende Überzeugung, dass (in letzter Instanz, TS) der Menschheit der Untergang droht«.[3] Die Frage »Wessen Problem?« wird hier tatsächlich am ehesten mit dem inklusiven ›unser‹ beantwortet. Existentielle Probleme vermitteln in der Gesamtschau des Vermögens, ihnen zu begegnen, eine »Neu-Entdeckung der Gesellschaft«.[4] Das Gesamtvermögen erweist sich dabei als unzureichend, und zwar nicht entlang institutioneller Rahmen, sondern entlang der Machbarkeiten einer »response-ability«.[5] Es sind diese Probleme, kulminierend im Notstand,[6] die zur Mobilisierung erfolgversprechender Gegenmaßnahmen nötigen. Diese über- und unterschreiten dabei, so schon Beck,[7] den nationalstaatlichen Rahmen wie die Möglichkeiten des Staates. Ob also die verwickelten Probleme und die

---

[3] Cord Schmelzle: »Menschheit als Argument. Politisches Handeln angesichts existenzieller Risiken«, in: *ZPTh – Zeitschrift für Politische Theorie* 11/1 (2021), S. 45–58, hier S. 46.

[4] Armin Nassehi: *Muster. Theorie der digitalen Gesellschaft*, München 2019, S. 46.

[5] Donna Haraway: *Staying with the Trouble: Making Kin in the Chthulucene*, Durham 2016, S. 28.

[6] Ähnlich auch Reiner Keller: »Technikrisiken und wissenssoziologische Diskursforschung«, in: *TATuP – Zeitschrift für Technikfolgenabschätzung in Theorie und Praxis* 23/2 (2014), S. 15–21, der in Anlehnung an Foucault »katastrophische Ereignisse« als Ausgangspunkte für gesellschaftliche Reflexionen zur institutionellen Neuordnung ausmacht. Er macht »riskante Versuche aus, … das eigene Weiterbestehen zu sichern« (ebd., S. 19).

[7] Ulrich Beck: »Ortsbestimmungen der Soziologie. Wie die kommende Generation Gesellschaftswissenschaften betreiben will«, in: *Soziale Welt* 50/4 (1999), S. 343–349.

tatsächlichen Problemarbeiten zur Deckung gelangen, wird zur beunruhigenden Frage[8] unserer Zeit. Die Bearbeitbarkeit der Probleme[9] steht und fällt mit den apparativen Kapazitäten.

Der Begriff des Apparats

Schon Marx setzte darauf, dass die kapitalistischen Verhältnisse Produktivkräfte entfesseln, die alle bislang erreichten Kapazitäten zur Problembehandlung übertreffen. Es ginge ihm darum, diese Kapazitäten zu heben und politisch anzueignen, sie voranzutreiben und zu vergemeinschaften,[10] um so die soziale Frage zu beantworten. Herrschaftskritiker*innen behaupten demgegenüber, dass die modernen Gefüge von Staat und Markt nur eines vollbringen: die Unterwerfung der Massen und die Sicherung von Dominanz. Auch die Vertreter*innen des neuen Materialismus betrachten die heutigen Apparate als grundlegend falsch angelegt. Sie seien durch und durch patriarchal: auf Naturbeherrschung geeicht. Aufgabe der Emanzipation sei es, Gegen-Apparate zu entwickeln, die erst ein posthumanistisches Denken der »multispecies«, des »Vitalen«, des »Symbiotischen« realisieren. Die folgende kasuistische Übung will Varianten des (Post-)Materialismus mit Praxis- und Diskursforschungen einerseits und Gegenwartsdiagnosen andererseits in Dialog bringen, um das je Notwendige und Mögliche neu zu vermessen.

In den Kultur- und Sozialwissenschaften rekurrieren Anwendungen des Apparatebegriffs auf Webers Begriff der »Bürokratie« als »stahlhartes Gehäuse« oder, direkter, auf Althussers Begriff des ideologischen »Staatsapparats«[11] als

---

[8] Donna Haraway: *Unruhig bleiben. Die Verwandtschaft der Arten im Chthuluzän*, Frankfurt a. M. 2018.

[9] Schmelzle behandelt die »Probleme der Menschheit« als AVE-Risiken (»absehbar, verhinderbar, existentiell«), vgl. Schmelzle, Menschheit als Argument. Er kann so seine Betrachtung auf Institutionen fokussieren. Ähnlich operieren Analytiken, die die Ideologie, das falsche Denken, die begriffliche Fassung der existentiellen Fragen zum maßgeblichen Bezugspunkt erheben. Sie erneuern damit in kritischer Haltung anthropozentrische Allmachtvorstellungen.

[10] Vgl. »#ACCELERATE. The manifesto for an accelerationist politics«, in: https://synthetic-edifice.files.wordpress.com/2013/06/accelerate.pdf (zuletzt aufgerufen am 1.6.2022).

[11] Vgl. die Kritik an Althussers Begriff des Apparats als »das Trojanische Pferd des Funktionalismus zum Schlechteren (…): Ein Apparat ist eine für bestimmte Zwecke programmierte Höllenmaschine. Das Phantasma von der Verschwörung, die Idee, dass ein dämonischer Wille hinter allem steckt, was in der sozialen Welt geschieht, geistert durch das ganze ›kritische‹ Denken. Bildungssystem, Staat, Kirche, politische Parteien oder Gewerkschaften sind keine Apparate, sondern Felder.« Pierre Bourdieu/Loïc Wacquant: *Reflexive Anthropologie*, Frankfurt a. M. 1996, S. 133. Zur Kritik an Althussers strukturalistischer Fassung des Apparats aus radikal-praxeologischer Perspektive siehe Frederik Richthofen: »Eine Suchbewegung zwischen Karen Barad und Louis Althusser: Von den (Un-)Möglichkeiten eines agentiell-realistischen Staatsbegriffs«, in: *New Research in Global Political Economy* 01 (2021), S. 58.

Überbauphänomen. In seiner Abkehr von Althusser bringt Foucault den Begriff des »Dispositivs« in Anschlag:

> »What I'm trying to single out with this term is, first and foremost, a thoroughly heterogeneous set consisting of discourses, institutions, architectural forms, regulatory decisions, laws, administrative measures, scientific statements, philosophical, moral, and philanthropic propositions – in short, the said as much as the unsaid. Such are the elements of the apparatus. The apparatus itself is the network that can be established between these elements (…) By the term ›apparatus‹ I mean a kind of a formation, so to speak, that at a given historical moment has as its major function the response to an urgency. The apparatus therefore has a dominant strategic function… I said that the nature of an apparatus is essentially strategic, which means that we are speaking about a certain manipulation of relations of forces, of a rational and concrete intervention in the relations of forces, either so as to develop them in a particular direction, or to block them, stabilize them, and to utilize them. The apparatus is thus always inscribed into a play of power, but it is also always linked to certain limits of knowledge that arise from it and, to an equal degree, condition it. The apparatus is precisely this: a set of strategies of the relations of forces supporting, and supported by, certain types of knowledge.«[12]

Foucault spricht vom Apparat im Singular und schließt alles ein, was seine Wirksamkeit ausmacht. Apparat oder Dispositiv umfassen allerlei Elemente, begründet durch einen Notstand. Ähnlich auch Agamben, der die additive, an Fälle anknüpfende ›Definition‹ des Dispositivs gleichwohl variiert:

> »Further expanding the already large class of Foucauldian apparatuses, I shall call an apparatus literally anything that has in some way the capacity to capture, orient, determine, intercept, model, control, or secure the gestures, behaviors, opinions or discourses of living beings. Not only, therefore, prisons, mad houses, the panopticon, schools, confession, factories, disciplines, juridical measures and so forth (whose connection with power is in a certain sense evident), but also the pen, writing, literature, philosophy, agriculture, cigarettes, navigation, computers, cellular telephones and – why not – language itself. Which is perhaps the most ancient of apparatuses – one in which thousands and thousands of years ago a primate inadvertently let himself be captured, probably without realizing the consequences that he was about to face.«[13]

Agamben spricht von Apparaten im Plural[14] und liefert für diese eine Minimal-Definition. Zentral ist die errungene Kapazität, das Verhalten und die Ausdrücke von Lebewesen zu ordnen und zu orientieren. Foucault setzt Dispositive also aus diversen, aber gleichgerichteten Momenten zusammen, während Agamben wirksame Kapazitäten selbst zu Apparaten erhebt. Ich schließe an diese Verschiebung an, indem ich Apparate als stabilisierte Kapazitäten und die Anordnung der Apparate begrifflich auseinanderziehe. Es gibt Apparate und es gibt die sie

---

[12] Michel Foucault: *Power/knowledge. Selected interviews and other writings* 1972–77, New York 1980, S. 194 f.

[13] Giorgio Agamben: *What Is an Apparatus? and Other Essays*, Stanford 2009, S. 14.

[14] Die »Vielfalt der Apparate« betont auch Karen Barad. Vgl. Karen Barad: *Agentieller Realismus. Über die Bedeutung materiell-diskursiver Praktiken*, Berlin 2012. Sie bezieht sich dabei spezifisch auf die Kapazitäten zu Objekt und Welt schöpfenden Intraaktionen. Ihren Apparate-Begriff entwickelt sie am Beispiel von Experimentalsystemen in der Physik.

anordnende Apparatur.[15] Das Begriffspaar soll ein fallbezogenes Unterscheidungs-vermögen vermitteln, um situierte Praxen, apparative Kapazitäten und existentielle Vergesellschaftungen in einer Analytik zusammenzuziehen.

Apparate und die Gegenwart existentieller Probleme

Als analytischer Ausgangspunkt fungiert diese einfache Beobachtung zur Frage der Handlungsfähigkeit: Wann immer Fachleute, Expert*innen, Funktions-träger*innen, Mitglieder einer Profession, Arbeiter*innen, etc. ihre (Problem-) Arbeit verrichten, so tun sie dies je eingespannt in einen Apparat oder Betrieb.[16] So auch in der Corona-Krise: die Chirurgin als Teil des Operationstheaters, die Krankenpfleger*in als Teil der Notfallstation, die Biologin als Teil eines Labors, die Lehrerin als Teil des digitalen Lernraums oder die Abgeordnete als Teil einer Bürogemeinschaft. All diese Apparate sind organisiert und institutionalisiert: Sie werden versorgt mit personellen wie materiellen Ressourcen; ihnen sind gesellschaftliche Funktionen auferlegt; sie borgen anderweitige und verleihen eigene Kapazitäten. Zugleich ringen sie mit Problemen, die nicht in Funktionen aufgehen, ja die nicht einmal auf die gesellschaftliche Totalität als Funktions-zusammenhang beschränkt werden können. Die existentiellen Probleme, die sich nun als Prüfung stellen, sind konkreter und weitreichender zugleich.

Die wirkmächtigen Apparate aber, also die stabilisierten Problemarbeiten, an denen sich Fragen der Machbarkeit und Möglichkeit entscheiden, sind einer geschehensscheuen, ordnungsliebenden Soziologie eher fremd. Es sind diese Horte situiert-sachkundiger Arbeit, um die auch eine Öffentlichkeit zwar weiß, deren beständiges Tun aber allgemeinhin seltsam ungewusst bleibt. Trotz oder gerade wegen dieser *black boxes* verlassen sich die Gesellschaftsmitglieder darauf, dass ›der Laden läuft‹, dass ›die wissen, was sie tun‹. In der Krise weicht der gute Glauben einer moralischen Panik, die – unter Absehung der Aufgaben und Schwierigkeiten – darauf beharrt, dass etwas gelingen ›muss‹. Die Apparate

---

[15] Der Duden definiert die Apparatur passend als »Gesamtheit zusammenwirkender Apparate«. Keller bezeichnet Dispositive als »Apparaturen der Weltintervention«. Vgl. Reiner Keller: »Wissenssoziologische Diskursforschung«, in: Ekkehard Felder (Hg.), *Faktizitätsherstellung in Diskursen. Die Macht des Deklarativen*, Berlin 2013, S. 197–224, hier S. 218. Die wissens-soziologische Diskursanalyse versteht sie allerdings nicht als Anordnung und Ausrichtung ver-schiedener Apparate, sondern als Vernetzung von Personal, institutionell-organisatorischen Prozessen, Artefakten sowie diskursiven und nichtdiskursiven Praktiken. Mit dieser Auflistung aber, und dies betrifft auch Foucaults Definition, verschwimmt die Differenz zwischen Machbar-keiten und Regierungsweisen. Erstere erscheinen unter-, letztere überschätzt.

[16] Max Weber verwendet den Begriff des »Betriebs« in einem sachlich und formal doppelten Sinn: als Betriebsstätte *und* Betriebsamkeit: der Rechtsbetrieb, Verwaltungsbetrieb, Laborbetrieb, etc. Vgl. Max Weber: *Wirtschaft und Gesellschaft. Grundriss der verstehenden Soziologie*, Tübingen 1972.

sind in der Öffentlichkeit mal vergessen, in der Krise dann erinnert und allzu oft schmerzhaft vermisst. Existentielle Probleme prüfen in dieser Weise Apparate: Bewähren sie sich oder erweisen sie sich als kontraproduktiv? Sind sie Teil der Lösung oder des Problems?

Wir fassen einen Apparat, minimalistisch, als eine Form stabilisierter Problemarbeit. Die Stabilisierung richtet sich auf ein Wirkungsgefüge, das relativ verlässlich Probleme stellt und als mehr oder weniger schwierige Fragen beantwortet. Antworten schließen dabei notwendig Operationalisierungen des Problems »for all practical purposes«[17] ein. Probleme werden nicht unmittelbar und nicht in der Gewissheit auf ›Lösungen‹ angegangen. Fälle und Fallstudien von Apparaten[18] wären die Kinderkrankenstation,[19] die Schulklasse,[20] das Büro der Softwareentwicklung,[21] der Untersuchungsausschuss,[22] die Nachrichtenredaktion[23] oder auch das Tierheim.[24] Derlei Betriebsstätten beherbergen Vorrichtungen, die auf bestimmte Bezugsprobleme gerichtet, für diese eingerichtet und methodisch zu

---

[17] Garfinkel, Studies, S. vii.

[18] Als Einstieg in die Begriffsarbeit finden sich brauchbare Definitionen im Duden, wie sie etwa auch Agamben, *What Is an Apparatus* – allerdings mit rein machtanalytischer Pointe – zu Rate zieht: »Zubereitung, Einrichtung, apparare = beschaffen, ausrüsten«; »Gesamtheit der für eine bestimmte Aufgabe, Tätigkeit, Institution benötigten Personen und Hilfsmittel«; »System von Organen oder Körperteilen, die einer gemeinsamen Funktion dienen (meist in Zusammensetzungen, z. B. Bewegungs- oder Verdauungsapparat)«. Diese Anklänge helfen, die wenig gegenständlich-analytische Begriffstradition in den Sozialwissenschaften – Apparate fungieren dort v. a. als ›polemischer‹ Bezugspunkt für eine kritische Herrschaftssoziologie – zu unterlaufen.

[19] Bob Anderson/Wes W. Sharrock: »Work flow in a pediatric clinic«, in: Button, Graham/Lee, John R.E. (Hg.), *Talk and Social Organization*, Clevedon U.K. 1987, S. 244–260.

[20] Georg Breidenstein: *Teilnahme am Unterricht: ethnographische Studien zum Schülerjob*, Wiesbaden 2006.

[21] Robert Schmidt: »Praktiken des Programmierens. Zur Morphologie von Wissensarbeit in der Software-Entwicklung«, in: *Zeitschrift für Soziologie* 37/4 (2008), S. 282–300.

[22] Michael Lynch/David Bogen (Hg.): *The Spectacle of History. Speech, Text, and Memory at the Iran-Contra Hearings*, Durham 1996.

[23] Mirco Liefke: »New(s) Challenges!–Old Patterns? Structural Transformation and TV News in a Mediatized World«, in: C. Thimm, M. Anastasiadis, J. Einspänner-Pflock (Hg.), *Media Logic(s) Revisited. Transforming Communications – Studies in Cross-Media Research*, London 2008, S. 239–264.

[24] Hier formuliert Haraway eine Distanzierung vom kritischen Affekt gegen Apparate: »Adopting a shelter dog takes a lot of work, a fair amount of money (but not as much as it costs to prepare the dogs), and a willingness to submit to a governing apparatus sufficient to activate the allergies of any Foucauldian or garden-variety libertarian. I support that apparatus – and many other kinds of institutionalized power – to protect classes of subjects, including dogs. I also vigorously support adopting rescue and shelter animals. And so my dyspepsia at recognizing where all this comes from will have to be endured rather than relieved.« Donna Haraway: *Companion Species Manifesto. Dogs, people and significant others*, Chicago 2003, S. 94.

verrichten sind.[25] Apparate sind Unikate wie Modelle, singulär und generell. Sie werden betrieben, erlernt und übertragen. In Krisenzeiten erscheinen sie in ihren sachlichen Kapazitäten als ge- und zuweilen überfordert. Sie sind darin mehr als bloße Orte, aber nicht schon Institutionen; sie sind mehr als nur Arbeitsplätze,[26] aber nicht schon Organisationen. Sie sind, aus marxistischer Perspektive, Horte ›kalkulierter‹ Produktivkräfte und, aus feministischer Perspektive, ›unsichtbarer‹ Reproduktionsarbeit. Apparate erscheinen als bedingt kapazitär angesichts angeeigneter wie zugemuteter Problemstellungen.

Die Qualifizierung apparativer Kapazitäten liegt aus ethnomethodologischer Perspektive nahe, wo letztere immer schon von praktischen Problemstellungen und deren methodischer Bearbeitung ausgeht. Die lokalen Bearbeitungen[27] gelten der EM als kompetent und methodisch. Apparate erscheinen so als soziokulturelle Anlagen, die die verschiedenen (Re-)Produktivkräfte bündeln und regelmäßig an bestimmten Gegenständen verausgaben. Feldforschungen suchen diese lokale, sachbezogene Betriebsamkeit auf, um sie nachzuvollziehen und zur Sprache zu bringen. Die Feldforscherin findet Zugang zum Betrieb, hält sich dort auf und bringt in Erfahrung, wie Dinge hier regelmäßig vonstatten gehen. Das Beforschte wird so verfügbar für Lernprozesse, Aneignungen, wie Kritiken. Im Folgenden will ich anhand von drei Fallstudien präzisieren, was unter apparativen Kapazitäten zu verstehen ist. Der Fokus eröffnet eine soziologische Kasuistik[28] und damit Theoriebildung über Forschungsfelder hinweg. Die Fallstudien markieren eine Mikrofundierung gesellschaftlicher (Un-)Vermögen. Sie markieren einen Post-Funktionalismus, der nicht mehr von der Passung der Probleme und ihrer Bearbeitung ausgeht. Sie markieren die mehr oder weniger abgestimmten Anstrengungen zur praktischen ›Verantwortung‹ drängendster Fragen.

---

[25] Die Schulklasse ist etwa auf eine selektierende Wissensvermittlung ausgelegt. Ihre akkumulierenden Unterrichtsepisoden verteilen Kohorten entlang von abprüfbarem Wissen auf einer Notenskala. Vgl. Herbert Kalthoff: *Wohlerzogenheit. Eine Ethnographie deutscher Internatsschulen*, Frankfurt a. M., New York 1997. Die Nachrichtenredaktion fungiert als Nadelöhr zur Auswahl von News für ein Sendeformat. Vgl. Liefke, Challenges.

[26] Hubert Knoblauch/Christian Heath: »Technologie, Interaktion und Organisation. Die Workplace Studies«, in: *Schweizerische Zeitschrift für Soziologie* 25/2 (1999), S. 163–181.

[27] Theodore R. Schatzki: *The Site of the Social. A Philosophical Account of the Constitution of Social Life and Change*, University Park, Pa. 2002.

[28] Charles Ragin/Howard Becker (Hg.): *What Is a Case? Exploring the Foundations of Social Inquiry*, Cambridge 1992.

Abb. 1 Modell einer portugiesischen Karacke, 15. Jh., Classic Image/Alamy Stock Foto/AJDF58

Drei Fallstudien: Von Apparaten und Quasi-Apparaten

Der Begriff des Apparats changiert zwischen praktischer Möglichkeit und Notwendigkeit. Er unterscheidet sich von Begriffen wie »Organisation« und »Institution« nicht nur im Praxisbezug,[29] sondern in der Betonung fragiler Machbarkeit angesichts drängender Probleme. Letztere erfahren Zeitgenoss*innen als Prüfungen: Wie schaffen wir das? Welche Kapazitäten birgt diese apparative Praxis? Können wir auf diese Problemarbeit zählen? Inwiefern bleibt ihre Kapazität bedingt? Die Analyse der Apparate-im-Betrieb und ihrer Mobilisierung legt Machbarkeiten angesichts drängender Fragen frei. Derlei, so das soziologische Vorhaben, lässt sich zur Kasuistik ausbauen, einem empirischen Theoretisieren an Fällen. Die Kasuistik verdichtet Fallstudien der Praxis- und Feldforschung und weitet sie entlang von Ausprägungen und von Variationen (Abb. 1, 2, 3, und 4).

Apparative Kapazitäten zu beforschen ist relevant, um sie – gerade angesichts drängender Probleme – zu identifizieren, in ihren Bedingtheiten zu klären und sie gesellschaftlich mobilisierbar zu machen. Die folgenden drei Fallstudien stammen

---

[29] So Karin Knorr-Cetina mit Bezug auf das Labor: »Thus the laboratory has served as the place in which the separate concerns of methodology and other areas such as organizational sociology could be seen as dissolved in cultural practices which were neither methodological nor social-organizational but something else that needed to be conceptualized and that encompassed an abundance of activities and aspects that social studies of science had not previously concerned themselves with. [...] According to this perspective, the laboratory is itself an important agent of scientific development.« Karin Knorr-Cetina: »The Couch, the Cathedral, and the Laboratory: On the Relationship Between Experiment and Laboratory in Science«, in: Andrew Pickering (Hg.), *Science as Practice and Culture*, Chicago 1992, S. 113–138, hier S. 115 f.

Abb. 2 Labor, ca. 1905, State Government Photographer/The History Trust of South Australia/ GN04185/Creative Commons CC0 1.0 Universal Public Domain Dedication

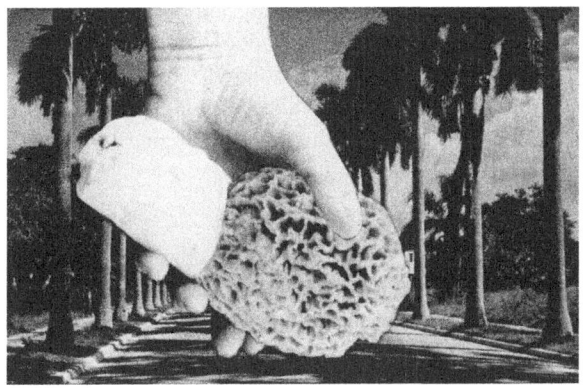

Abb. 3 Pilz, von John Cage gesammelte Fotografie eines unbekannten Fotografen, Courtesy the John Cage Mycology Collection, University of California Santa Cruz Special Collections and Archives. Für dieses Drittmaterial gilt keine Creative-Commons-Lizenz.

aus dem Feld der Science & Technology Studies (STS). Sie zeichnen Apparate als befestigte Produktivkräfte, als praktische Relation von Problem-Lösungen sowie als Hort zurechenbarer Kapazität. Die Fallstudien erfassen die Apparate dabei zunehmend dicht anhand des Ringens mit drängenden Fragen. Ziel ist die Bestimmung dessen, was Apparate – als soziomaterielles Phänomen, als analytischen Rahmen, als Gegenstand zeitgenössischer Sorge – auszeichnet.

1) Law zu den »portuguese vessels«: Manövrierbare Festungen
Der Begriff des Apparats ist wohl durch den Begriff des »Staatsapparats« bei Althusser am prominentesten besetzt.[30] Staatsapparat meint dabei vor allem einen

---

[30] Louis Althusser: *Für Marx*, Frankfurt a. M. 1968.

Abb. 4 Kakaoplantage auf Samoa in ihrem vierten Jahr, aus: Arthur W. Knapp: *Cocoa and chocolate: Their history from plantation to consumer*, London 1920, S. 35

ideologisch gleichgerichteten, repressiven Zusammenhang, dessen Funktion in der Legitimation der (Klassen-)Herrschaft liegt. Der folgende Apparat, gleichwohl auch ein Mittel der Herrschaft, ist anders angelegt. Es handelt sich um portugiesische Kriegsschiffe als ›monopolisierte‹ Machtmittel des aufkommenden Kolonialismus im 15. Jahrhundert. John Law stellt ihr Bezugsproblem und die Analyse seiner Bearbeitung wie folgt dar:

> »Thus the problem for the Portuguese was not just one of social control, though this was important. It was rather, or in addition, one of how to manage long distance control in all its aspects. It was how to arrange matters so that a small number of people in Lisbon might influence events half-way round the world, and thereby reap a fabulous reward. And it is also my argument that if these attempts at long-distance control are to be understood then it is not only necessary to develop a form of analysis capable of handling the social, the technological, the natural and the rest with equal facility, thought this is essential. It is also necessary that the approach should be capable of making sense of the way in which these are fitted together.«[31]

Law fragt, wie hier ganz verschiedene Aspekte arrangiert und kombiniert werden, und zwar in einer Weise, die der Macht in Portugal eine »long distance control« ermöglicht. Nötig waren »mobility, durability, capacity to exert force, ability to return«.[32] Die Mittel dazu wirken auf den ersten Blick profan. Law unterteilt

---

[31] John Law: »On the Methods of Long-Distance Control: Vessels, Navigation and the Portuguese Route to India«, in: *Sociological Review Special Issue Monograph Series: Power, Action and Belief. A New Sociology of Knowledge* 32/S1 (1986), S. 234–263, hier S. 235.
[32] Ebd., S. 240.

»documents, devices, and drilled persons« als Aspekte der schlagfertigen Einheit.[33] Die Einheit fungiert als manövrierbare Festung, die Waffen, Logbücher, Seekarten, Gerätschaften[34] und allerlei Überlebensmittel mitführt und auf ihren Schiffsrouten gegen Unbilden behauptet.

Der Apparat stellt verschiedene Arbeits- als Machtmittel zusammen und bereit. Auch fern der Hausmacht sichert diese Zusammenstellung Handlungsfähigkeit. Sie kann ›wo und wann auch immer‹ zum Einsatz gelangen – und schafft so ganz neue Machträume. Die soziomaterielle Zusammenstellung wird dabei mittels einer Art Festungsarchitektur in Raum und Zeit stabilisiert.

In der errungenen Beständigkeit können die Produktivkräfte an den sich stellenden Vollzugs- und Bezugsproblemen weiterentwickelt und zusehends geschärft werden. Dies betrifft die Ausrüstung wie die Ausbildung, sich ihrer zu bedienen: etwa wissenschaftlich entwickelte Messgeräte und die »faithful servants« an Bord oder auch Dokumentationen, die Erfahrungen für Weitere verfügbar machen.[35] Die schwimmende Festung ist zudem groß genug, um die ›Belohnung‹ einzufahren – und klein genug, um noch manövrierbar zu sein. Derart verbinden und kokonstituieren die Passagen Mutterland und Kolonie.

Doch sind diese Apparate untrennbar kolonialistisch? Sind sie in ihrer Kapazität auf diesen Herrschafts- und Ausbeutungszweck festgelegt? Es ist bemerkenswert, dass Law eine anti-koloniale Kritik an diesem kombinierten Kriegs- und Handelsgerät nur impliziert. Vordringlich ist sein ›Staunen‹ über das Leistungsvermögen der Schiffe, ihre kunstvolle Eigen-Mächtigkeit.[36] Er fragt nicht, inwiefern sie auf die kolonialistische Unternehmung geeicht sind, ob deren Kapazitäten auch anderweitig zum Zuge kämen. Diese anderweitigen Möglichkeiten bleiben in der Fallstudie Desiderat.[37]

Ein anderer wichtiger Aspekt bleibt bei Law ausgespart. Im Staunen über die apparativen Fertigkeiten übergeht seine vergleichsweise ›dünne Beschreibung‹ die alltäglichen Vollzugsprobleme der »long-distance control«. Er bleibt der institutionellen Sicht verhaftet, indem er das Schiff als Modell

---

[33] »Texts of all sorts, machines […] and people, sometimes separately but more frequently in combination, these seem to be the obvious raw materials for the actor who seeks to control others at a distance.« Ebd., 254 f.

[34] Hier Technologie wie Quadranten und Sternhöhenmesser (vgl. ebd., S. 248), Logbücher und »protocols« (vgl. ebd., S. 249 f.).

[35] Ebd., S. 244.

[36] »[P]ower is a function of the capacity to muster a large number of allies at one spot.« (Ebd., S. 255).

[37] Diese Frage findet sich in transformativen wie revolutionären Strategien. Während leninistische Ansätze die Apparate aneignen und neu ausrichten, tendieren anarchistische Ansätze zum Neustart jenseits staatlicher Apparaturen, vgl. Eva von Redecker: *Praxis und Revolution. Eine Sozialtheorie radikalen Wandels*, Frankfurt a. M. 2018.

skizziert. Er klammert aus, wie die apparativen Kräfte im tagtäglichen Betrieb beansprucht, verschlissen und aufgebraucht werden: in den sozialen Effekten der Kasernierung[38], der Auszehrung der strapaziösen Seereise, den Aggressionen und Krankheiten. All diese profanen Probleme des Betriebs erscheinen per se unter Kontrolle. Law unter- wie überschätzt die Kapazitäten des Apparats, wo er die tradierten Ethnomethoden, mitlaufend allerlei Vollzugsprobleme zu bewältigen, ausklammert. Die bedingten Kapazitäten, so mein Argument, gehen nicht im Dispositiv des Kolonialismus auf. Es bildet sich im Vollzug ein eigenes Vermögen, ein Lernen an den tagtäglichen wie außeralltäglichen Problemen auf hoher See. Die Schiffe entwickeln Eigenleben und Eigenmacht – und sind gerade darin ein Risiko auch für die, unter deren Flagge sie segeln. Macht wird dezentriert, zuweilen brüchig. Derart sind gerade Apparate der Kriegsführung, bei allem Drill und bei aller Rationalisierung, Orte widerständiger Mikropolitiken.[39] Meutereien, Revolten, ja Staatstreiche finden gerade hier ihren Ausgang. Koloniale Herrschaft fußt auf den Schiffs-Apparaten und ist mit diesen als neuen Herausforderungen konfrontiert.

2) Knorr-Cetina zu »laboratories«: Ansammlung von Gelegenheiten
In der objektivistischen Auffassung ist wissenschaftliches Wissen binär codiert (wahr/falsch). Verfahren zur Gewinnung und Widerlegung dieser Werte sind durchprogrammiert und replizierbar. Ergebnisse gelten als Erkenntnis, insofern die Forschungsverfahren von psychischer und sozialer Kontamination (von Vorurteil, Meinung, Gutglauben, Slang etc.) bereinigt sind. Die ethnomethodologischen Laborstudien haben dieser Darstellung reiner Methodik eine mikrofundierte, kultursoziologische Sicht entgegengehalten. Demnach werden Subjektivität und Sozialität zu notwendigen Ressourcen der Forschungsarbeit. Sie sind Voraussetzung, nicht Verunreinigung der Erkenntnisgewinnung. Diese Sicht auf die Laborarbeit entspricht und schärft unseren Apparatebegriff. Zunächst, indem der Apparat hier nicht länger bloß Machtapparat ist; zum anderen, indem die Analyse des Apparats sich nicht auf eine Typisierung (als Rationalität oder Institution) und Inventarisierung (seiner Produktionsmittel und -kräfte) beschränkt, sondern sich im Nachvollzug der je situierten Arbeit erschließt.

Karin Knorr-Cetinas Ethnographie zur »Fabrikation von Erkenntnis« untersucht die co-produktiven Interaktionen des Personals wie der Arbeitenden mit ihrem

---

[38] Die Segelschiffe sind perfekte Beispiele der »total institutions«, in denen alle Aspekte des täglichen Lebens ihrer Besatzungen eingeschlossen und kontrolliert werden. Goffman rechnet hier mit einem findigen »Unterleben«, vgl. Erving Goffman: *Asylums: Essays on the Social Situation of Mental Patients and Other Inmates*, Garden City NY 1961, S. 185, S. 202.

[39] Thomas Scheffer: »Micro-Politics by Hesitation: How Combat Soldiers Work on and Against an Order to Kill«, in: *Ethnographic Studies* 15 (2018), S. 122–158; Martina Kolanoski: »Transsequential Analysis, or: A production-focused approach to procedurally organized work«, in: *Ethnographic Studies* 15 (2018), S. 58–82.

Gerät.[40] Knorr-Cetina öffnet die *black box* der Laborarbeit und richtet den Blick auf den Forschungsalltag vor Ort. Sie versteht naturwissenschaftliche Erkenntnis nicht mehr anhand ihrer idealisierten Selbstbeschreibungen. Es rücken dagegen lebensweltliche Mittel und Methoden lokaler Problemarbeit ins Zentrum: das Diskutieren, Brainstormen, Räsonieren, Probieren, in Augenschein nehmen etc. Die Laborarbeit bedient sich der (Streit-)Gespräche, der empfindsamen Körper, der beobachtbaren Zeichenspuren, der Beobachtungsgabe, um vorzeigbares Wissen zu schaffen. Diese Pragmatik des Labors bearbeitet die Geltungsgründe objektiver Erkenntnis.

Die Relation von Herstellung und Darstellung gewinnt mit einem weiteren analytischen Fokus an Kontur. Erkenntnisse werden nicht lokal herbeigeredet oder ausagiert; die Fabrikation ergeht sich nicht in »shopfloor talk«, auch wenn dieser ethnographisch ins Zentrum rückt. Wichtig sind die aus Zeichensätzen gebauten, lokal geschöpften Objekte[41], die über Zeit entwickelt, methodisch befestigt und experimentell bewährt werden. Apparate unterhalten solche Arbeitssituationen, in deren Verlauf ein Objekt formiert wird.[42] Diese epistemischen Objekte sind keine Repräsentationen einer äußeren Welt; sie sind Labor-Schöpfungen: Zeichenspuren und Zeichenbündel, die eine spezifische Reaktivität aufweisen und so überhaupt erst beobachtbar und berechenbar werden. Das Bezugsproblem der Laborarbeit ist immer schon ›objektiviert‹, das heißt über Objekte vermittelt. Die trans-sequentielle Analyse bezeichnet solche Arbeitsgegenstände als »formative Objekte«,[43] die schrittweise zur Vollwertigkeit entwickelt werden sollen; sie werden mühsam über Arbeitsepisoden hinweg prozessiert bzw. ausgeformt. Die Laborarbeit geht diese Bezugsprobleme nicht direkt an, sondern vermittelt. Sie bemüht Operationalisierungen.[44]

Labore konfigurieren Objekte als vermessbare Zeichenträger. Dieser Aufbau folgt einerseits bestimmten Vorgehensweisen und Schrittfolgen, ist also organisiert wie programmiert; er ist andererseits offen (gehalten) für Gelegenheiten. Es sind vieldeutige

---

[40] Karin Knorr-Cetina: »Das naturwissenschaftliche Labor als Ort der ›Verdichtung‹ von Gesellschaft«, in: *Zeitschrift für Soziologie* 17/2 (1988), S. 85–101.

[41] »Zeichen sind im Labor also nicht unproblematisch lesbar; sie stellen ein ›Etwas‹ dar, das in ein Objekt transformiert werden muss.« Ebd., S. 93. Und weiter: Das »›It‹ ist ein unvollendetes, vages. Die Zeichenarbeit des Labors beschäftigt sich mit der Fertigstellung von solch unvollendeten Proto-Objekten.« (Ebd.)

[42] Das Experiment verweist auf die Relevanz von Verfahren für die Arbeit der Apparate: etwa von Strafverfahren, Ermittlungsverfahren, Wahlverfahren, Gesetzgebungsverfahren (vgl. Niklas Luhmann: *Legitimation durch Verfahren*, Frankfurt a. M. 1989). In all diesen Verfahren werden spezifische Kapazitäten verschiedener Apparate geborgt (etwa die »Expertenzeugin«) und zum Apparat-auf-Zeit integriert.

[43] Thomas Scheffer: »Die trans-sequentielle Analyse – und ihre formativen Objekte«, in: Reinhard Hörster, Stefan Köngeter, Burkhard Müller (Hg.), *Grenzobjekte. Soziale Welten und ihre Übergänge*, Heidelberg 2013, S. 87–115.

[44] Die Laborarbeit folgt, so die Ethnomethodologie in Anlehnung an Wittgenstein, pragmatischen Daumenregeln, mithilfe derer die allgemeinen Regeln im unhintergehbaren Hier/Jetzt des Geschehens überhaupt erst sozial geltend gemacht werden. Vgl. Garfinkel, Studies.

Zeichenspuren, die neue Objekt-Formierungen in Gang setzen: vermeintliche Ent-
deckungen, die das Labor sukzessive ausformt. Die Gelegenheitsstruktur zusammen mit
dem Basteln am Objekt unterscheidet den Laborbetrieb von einer Maschine. Das Labor
hält mehr vor als an Ausstattung organisiert und an Verfahren vorstrukturiert wird. Die
lebensweltlichen Rituale, Basteleien, Versuche, Improvisationen sind Teil dieses Über-
flusses an Gelegenheiten, der in der Laborarbeit gerade nicht gebannt, sondern kultiviert
wird. Das Labor weist damit in beide Richtungen: von den Problemen zu Lösungen
und von den Lösungen zu Problemen.[45] Die Laborarbeit führt Problem-Lösungs-Paare
zusammen. Im Hin und Her zwischen zusehends widerständigen Objekten und deren
Konfrontation erwachsen die objektivierenden Zeichenspuren, die nun in Argumente,
Belege und Resultate überführt werden.

Das Labor schöpft naturwissenschaftliche Accounts. Zur Publikation bzw.
fachlichen Anerkennung bedient der Account die diskursiven Anforderungen an
wissenschaftliche Erkenntnis: die Befolgung eines methodischen Verfahrens. Der
Laborbetrieb peilt diese normierte Erfolgsgeschichte nicht entgegen, sondern vermittels wendiger Brüche, Wiederholungen und Anläufe an. Unterhalten wird ein
kontingenter, verwickelter Gang der Dinge, der von den vollwertigen Erkenntnis-
Accounts absorbiert wird. Die pragmatischen Suchvorgänge werden in Experimente gegossen, die nun auch abwesende Dritte als replizierbar erachten können.
Wo bei Law noch der Machtapparat in seiner befestigten Kombinatorik der Mittel
staunen lässt, so ist es hier die in der dichten Beschreibung vorgeführte ›virtuose‹
wie ›disziplinierte‹ Findigkeit des Laborbetriebs.

Mit ihrer Laborstudie führt uns Knorr-Cetina in die apparativ verzahnten
Arbeitsepisoden und -prozesse ein. Sie weist damit die dünnen Beschreibungen
eines Strukturfunktionalismus ebenso zurück, wie die auf das Normative
reduzierten Deduktionen des Institutionalismus. Die *invisible work* erweist
sich dabei als konstitutiv. Sie wird in formative (Sub-)Objekte (Exposés, Mess-
datenreihen, Skripte, Protokolle etc.) angelegt und im Zielobjekt publizierter
Erkenntnis mit Blick auf legitime Kritiken bis auf Weiteres stillgestellt.[46]
Die Laborstudien lehren, dass die maßgeblichen Darstellungsnormen in der
Herstellung nicht befolgt, wohl aber abgearbeitet werden. Knorr-Cetinas
Beobachtungen des Apparats-im-Betrieb fordert diesen Hyper-Realismus, der
den Wert der profansten Handgriffe und Sozialformen als Kapazitäten würdigt.
Erkenntnis wird im Laborbetrieb wahrscheinlich gemacht.

3) Tsings Wälder und Plantagen: Ökologien als Quasi-Apparate?

Die zwei bisherigen Fallstudien haben Apparate, trotz ihrer Hinwendung zur
(sozio-)materiellen Ausstattung, vor allem als ›menschengemacht‹ gefasst: als ausgeklügelte Anlagen monopolisierter Herrschaftsausübung oder als findige Pflege

---

[45] »So kann das Gespräch zur ›Lösung‹ eines ›Problems‹ führen, das man vorher nicht hatte,
während das gesprächsinitiierende Problem lösungslos bleibt.« Knorr-Cetina, Das naturwissenschaftliche Labor, S. 95.

[46] Stefan Laube/Jan Schank/Thomas Scheffer: »Constitutive Invisibility: Exploring the Work of
Staff Advisers in Political Position-Making«, in: *Social Studies of Science* 50/2 (2020), S. 292–
316.

und Nutzung einer lokalisierten Gelegenheitsstruktur. Die apparativ gebündelten Produktivkräfte waren mal Mittel kolonialer Geopolitik, mal naturwissenschaftlicher Erkenntnisfabrikation. Die dritte Fallstudie markiert demgegenüber einen Grenzfall: Zwar sind die beobachteten regelmäßigen Wirkungen für die Gattung Mensch überlebenswichtig, diese werden aber nur am Rande von Menschen hervorgebracht. Anna Tsing konfrontiert uns in ihren Fallstudien mit allerlei »discursive gaps and discursive risks«,[47] wo sich Wirkungsweisen nicht mehr unumwunden auf humanistische Kategorien wie Wissen, Technik oder Arbeit herunterbrechen lassen.

Die von Tsing angeführten reproduktiven Zusammenhänge (Plantage und Mischwald) bezeichnen zunächst diametrale Ökologien.[48] Nur eine entspringt auch menschlichen Unternehmungen und ist als Lösungsstrategie für agrarwirtschaftliche Fragen zurechenbar. Demgegenüber entziehen sich in ontologischer (das Sein des Wirkungszusammenhangs) wie epistemologischer Hinsicht (das greifbare Wissen dazu) die hier behandelten Ökologien der Apparateform als stabilisierte Problemarbeit. Der Apparatebegriff wird von Komplexen der verwickelten »non-human labor« und seiner Wirkungsweise herausgefordert.[49]

Derart auch ethnographisch zur grundlagentheoretischen Explikation gedrängt, kontrastiert Tsing ihre Fälle: hier der bodenständige Mischwald, der in seiner symbiotischen »resurgence« nur in Ansätzen gewusst und als solcher bewährt und geschützt wird; dort die invasive Plantage, die demgegenüber als (Gegen-)Apparat die je lokal vorgefundenen symbiotischen Lebensgemeinschaften plündert und ruiniert.[50] Mischwald und Plantage demonstrieren gegenläufige Umgangsweisen mit und Wissensformen von ökologisch-reproduktiven Zusammenhängen.

Tsings Fallkontrast schärft den Begriff des Apparats, indem er Unschärfen anzeigt. Einerseits wird der Status des menschlichen Treibens von einer

---

[47] Kim Fortun: »Ethnography in Late Industrialism«, in: *Cultural Anthropology* 27(3)/2017, S. 446–464, hier: S. 452.

[48] Hier radikalisiert Tsings Betonung des Symbiotischen noch die ökosozialistische Diagnose, wie Kovel schreibt: »Society and nature are not independent bodies bouncing off each other, like billiard balls. Therefore, the crisis is not about an ›environment‹ outside us, but the evolution, accelerating with sickening velocity, of an ancient lesion in humanity's relation to nature. To think in terms of such a relation is ecological thinking, which requires that we see the world as an interconnected whole.« Joel Kovel: *The Enemy of Nature: The End of Capitalism or the End of the World?*, London 2021, S. 14.

[49] Maan Barua: »Nonhuman labour, encounter value, spectacular accumulation: The geographies of a lively commodity«, in: *Transactions of the Institute of British Geographers* 42/2 (2017), S. 274–288; Anna Krzywoszynska: »Nonhuman Labor and the Making of Resources: Making Soils a Resource through Microbial Labor«, in: *Environmental Humanities* 12/1 (2020), S. 227–249.

[50] Tsing nutzt hier Motive marxistischer Kapitalismuskritik über deren angestammte Anwendung hinaus: »Through alienation, people and things become mobile assets; they can be removed from their life worlds in distance-defying transport to be exchanged with other assets form other life worlds, elsewhere. This is quite different from merely using others as part of a life world – for example, in eating and being eaten. In that case, multispecies living spaces remain in place.« Anna Lowenhaupt Tsing: *The Mushroom at the End of the World. On the Possibility of Life in Capitalist Ruins*, Princeton 2021, S. 5.

definitorischen zu einer empirisch variablen Größe; andererseits bietet auch hier ein stabilisierter Wirkungszusammenhang verlässliche Antworten auf eine Reihe drängender Fragen – eine apparative Kapazität mit allerdings nur peripherem menschlichen Zutun! Im Fall der Plantage ist der menschliche Eingriff in die ökologische Reproduktion intensiv *und* prekär: ein beständiger Anspruch umfassender Übernahme, die auf lokale Bedingungen kaum Rücksicht nimmt.[51] Die Plantage wirkt als gewalthafter Apparat, der gegen die vorgefundene Gemengelage gerichtet ist, vergleichbar der kolonisierenden »portuguese vessel«. Die angelegte, ausschließende (und anfällige) Monokultur aus standortfremden Nutzpflanzen wird dabei gegen das Wiedereindringen der angestammten ›Unkräuter‹ verteidigt. Die Plantage fungiert als Landnahme, die einen dauernden, intensiven (biochemischen) Aufwand zur Durchsetzung erfordert. Eine Kriegsführung gegen die ansässige Lebensgemeinschaft.

Anders das Bild des standortgebundenen Mischwaldes. Hier wissen die Waldbauern und -bäuerinnen wie die Pilzsammler*innen[52] um symbiotisch-reproduktive Zusammenhänge, die sie für eine turnusmäßige Ernte nutzen. Ihre Sorge gilt der Hege und Pflege eingebetteter Pflanzengemeinschaften. Die Entnahme der ›Früchte‹ folgt der Eigenzeit wie dem Eigenraum des Forstes, den Rhythmen wie der Intraaktionsordnung aus »oaks, pines, and matsutake«.[53] Genutzt werden die Eigenkräfte der dichten Wald-Ökologie inklusive ihrer fortwährenden, undurchschaubaren »resurgence«.[54] Die extensive Waldpflege begleitet und wacht über diese re/produktiven Prozesse. Sie erwächst zum integralen Teil der Lebensgemeinschaft. In zyklischer Folge kultiviert sie die zurückhaltende Entnahme der reichen wie bescheidenen Funde: des oberirdischen Teils des Wildpilzes. Die Ernte ist auf Dauer gestellt. Sie speist gleichwohl im Weiteren eine weltumspannende Ökonomie des Handels wie der Veredelung des Pilzes als Delikatesse.

Die Pilz-Entnahme fußt auf einer Apparateform, wo sie als zyklische, minimale Bewirtschaftung über ein ausgedehntes Reservat zu wachen beginnt und dieses als

---

[51] »Portuguese planters stumbled on a formula for smooth expansion. They crafted self-contained, interchangeable project elements, as follows: exterminate local people and plants; prepare now-empty unclaimed land; and bring in exotic and isolated labor and crops for production. This landscape model of scalability became an inspiration for later industrialization and modernization.« Tsing, The Mushroom, S. 39.

[52] »Life lines are entangled: candy cane and matsutake; matsutake and its host trees; host trees and herbs; mosses, insects, soil bacteria, and forest animals; heaving bumps and mushroom pickers. Matsutake pickers are alert to lifelines in the forest; searching with all the senses creates this alertness. It is a form of forest knowledge and appreciation without the completeness of classification. Instead, searching brings us to the liveliness of beings experienced as subjects rather than objects.« Tsing, The Mushroom, S. 243.

[53] Tsing, The Mushroom, S. 162. Für Haraway ist der Kompost bzw. die Kompostierung ein Paradefall einer solchen »Sympoiesis«, in der eine Vielzahl von Symbionten hoch verdichtet zusammenwirken und immer wieder neu fruchtbaren Humus hervorbringen. Vgl. Donna Haraway, Unruhig bleiben; Zum Begriff der Symbiose vgl. Myra J. Hird: »Coevolution, Symbiosis and Sociology«, in: *Ecological Economics* 69/4 (2010), S. 737–742.

[54] Tsing, The Mushroom, S. 179.

Produktionsbedingung zu stabilisieren sucht. Die eingespielte komplexe Lebensform will auch gegen konkurrierende Nutzungsweisen verteidigt sein. Die nach-
haltige Apparateform rückt dabei nun vermehrt ins Zentrum gesellschaftlicher
Kalküle, wo an den Wald wie an seinen Grund und Boden andere Fragen heran-
getragen werden. Im Zeitalter des Klimawandels und Artensterbens gewinnt der
Wald an ›unschätzbarem Wert‹, der zugleich vielfach kalkuliert und – allerdings
nur zögerlich – gesichert wird. Wälder erwachsen zum anerkannten, gesellschaftlichen Überlebensmittel.[55] Gleich anderer Apparate – wie in Konkurrenz mit
diesen – erscheint der Wald nun, etwa im globalen Klimaregime, als unersetzbare
Kapazität. Gleiches gilt für Fragen des Artenschutzes, der Wasserwirtschaft, bzw.
der »resurgence« allgemein.[56] Der Mischwald, so meine Einordnung, gerinnt just
in dem historischen Moment zur Apparateform, wo angesichts der ökologischen
Frage verlässliche Beiträge zur gesellschaftlichen Reproduktion schwinden.
Tsings Öko-Ethnographie gewinnt so gegenwartsdiagnostisch wie gesellschaftsanalytisch Relevanz.

Aspekte und Varianten apparativer Kapazitäten

Ein Apparat bietet relativ verlässlich Antworten auf eine Problemstellung; er ist
befestigt nach außen, angeordnet nach innen und verschiedenen Bedingungen
ausgesetzt. Apparate stabilisieren lokal ein gerichtetes Zusammenwirken von
Komponenten, das sich nicht ohne Weiteres an anderer Stelle einrichten läßt.
Das Zusammenwirken kann auf mechanischen, organisatorischen, symbiotischen
Verbindungen beruhen und kann im Lichte behandelter wie herangetragener
Bezugsprobleme als Kapazität gelten. Die apparative Kapazität ist je bedingt,
insofern sie situativ zu entfalten ist, sie an eine Ausstattung gebunden bleibt, sie
gegen konkurrierende Apparate bestehen muss, ihre Wirkungsweise wechselnden
Umständen standhält und die sich stellenden Probleme in Quantität und Qualität
variieren.[57]

---

[55] So wird der Amazonas als »Lunge der Welt« bezeichnet. Die globale Klimapolitik ist abhängig
von ihrem Fortbestand. Brasilianische Nationalist*innen wehren sich gegen diese Globalisierung
des Territoriums. Sie verbuchen ihre Landnahme unter dem globalen Ordnungsprinzip nationaler
Souveränität.

[56] (Zwischen-)Staatliche Schutzprogramme kalkulieren den Raumbedarf ökologisch-selbst-
tragender Reservate. Im Artenschutz- wie Klimaschutz-Regime betrifft dieses Befestigungs-
kalkül unterschiedliche Ökologien als eigenwerte Apparate einer Reproduktion, wie
Regenwälder, Moore, Küstenzonen etc. Sie sind durch anthropozentrische Apparate auch mit
aufwendigster Technologie nicht zu ersetzen. Vgl. etwa Versuche zur bienenfreien Bestäubung
oder zur Regenwaldfreien Wolkenbildung.

[57] Die konkurrierenden soziologischen Begriffe, wie Institution (Befestigung), Organisation
(Anordnung) und System (Zurechnung), gewinnen an/in den Apparaten praktische Bedeutung.
Sie erscheinen im Apparatebetrieb als empirische Größen einer relativen Institutionalisierung,
Organisierung und Systembildung.

Auf dieser Grundlage lassen sich im provisorischen Überblick für die drei Fälle Parallelen und Varianten aufzeigen. Sie verweisen auf innere wie äußere Verhältnisse der Apparate. So ähneln sich etwa die Plantage und die »portuguese vessels«. Sie sind jeweils Herrschaftsmittel und als solche gefordert. Der Mischwald ist demgegenüber selbsttragend und dicht, ja überkomplex. Er führt die Kasuistik an seine Grenze, wo die symbiotische Lebensgemeinschaft zwar verlässliche Effekte zeigt, diese aber nur sehr partiell ›berechenbar‹ sind: etwa in der Entnahme der Wildpilze als marktgängige Tauschwerte. Der Mischwald entzieht sich in seiner komplexen Kapazität einer Funktionsbestimmung. Der Forst wäre Gesamtzusammenhang einer als relevant erachteten, berechenbaren Problemarbeit. Der Wald fügt sich erst dort der gesellschaftlichen Apparateform, wo seine ›wertvollen‹ Reproduktionsbeiträge übersetzt und honoriert werden. Seine Formierung als Apparat stabilisiert sich, wo diese Ökologie im Rahmen eines Dispositivs – als abgestimmte Bearbeitung einer existentiellen Frage – Geltung wie »accountability«[58] erlangt. Letzteres erfolgt trotz oder gerade wegen seiner unüberschaubaren Wirkungsweisen.[59] Für gesellschaftsanalytische wie gegenwartsdiagnostische Einordnungen möchte ich den Begriff des Apparats weiter qualifizieren: 1) anhand der Probleme, die Apparate regelmäßig fordern, 2) anhand des Wechselspiels von Rechenschaft und Invisibilisierung der Problemarbeit sowie 3) abschließend anhand der gesellschaftlichen Anordnung apparativer Kapazitäten.

Problemhaushalt, Problemstellung und Operationalisierung

Apparate stabilisieren eine Problemarbeit. Sie sind darin befestigt, ausgestattet und ausgerichtet. Doch um was für Probleme handelt es sich? Apparate beackern Vollzugs-, Bezugs- *und* Durchsetzungsprobleme.[60] Die Fallstudien haben bezogen auf diesen Problemhaushalt jeweils Schwerpunkte gesetzt. Während Law anhand

---

[58] Hier sind es Berechnungen zur CO_2-Kompensation, wie sie etwa im Zusammenhang mit Flugreisen, bezogen auf die Schwerindustrie oder generell im Kauf von Verschmutzungsrechten angestellt werden. Mit dem CO_2 erwächst eine globale, gleichsam ›negative‹ Währung als Gegenrechnung zur hegemonialen Bilanzierung.

[59] In diesem Sinne können Apparate durch »wildes Denken« entdeckt und kreiert werden. Sie setzen nicht notwendig (natur-)wissenschaftliches Wissen voraus. Claude Lévi-Strauss: *The Savage Mind*, Chicago 1969. Im Falle der Ökotope bemüht sich etwa die Biologie, um eine handhabbare Bestimmung und Eingrenzung des Wirkungszusammenhangs, um ein Maß an Reproduzierbarkeit zu erreichen. Ähnlich auch die Pharmazie, die in Untersuchungsreihen die Wirksamkeit von Substanzen spezifiziert und für bestimmte Symptome zur Anwendung bringt.

[60] Diese Problemdimensionen habe ich zur Entwicklung einer »kritischen Ethnomethodologie« unterschieden, um die enge Bindung der Ethnomethodologie an die naheliegenden Probleme zu lockern und sie gesellschaftsanalytisch anschlussfähig zu machen. Vgl. Thomas Scheffer: »Kritische Ethnomethodologie«, in: *Zeitschrift für Soziologie* 49/4 (2020), S. 218–235.

der neuzeitlichen Kriegsschiffe die verlässliche Behandlung von ›kolonialen‹ Bezugs- und Durchsetzungsproblemen fokussiert, konzentriert sich Knorr-Cetinas Analyse der Labore auf die kunstfertige Behandlung situativer Vollzugs- und Bezugsprobleme in der Fabrikation von Erkenntnis. Bei Tsing rücken schließlich Bezugsprobleme als existentielle Fragen ins Zentrum. Sie kontrastiert antagonistische Wirkungsweisen, wobei diese Fragen bedrohter Reproduktion entweder selbst bezogen auf ›konkurrierende‹ Lebensgemeinschaften befördern (Plantage) oder immer schon ›symbiotisch‹ einfangen (Mischwald). Eine Apparateform des Ökotops wird erst in Konfrontation mit gesellschaftlichen Existenzfragen (etwa wissenschaftlich) sichtbar und (politisch, rechtlich) erstritten.

Die Analytik apparativer Kapazitäten sucht den kompletten, bearbeiteten Problemhaushalt einzubeziehen: die Probleme, die sich mit dem abgestimmten, kollaborativen Vollzug selbst stellen (Vollzugsprobleme), die sachlich eingeübt und angeeignet sind (Bezugsprobleme), die mit der Konkurrenz gegen andere Apparate erwachsen (Durchsetzungsprobleme) oder die im Lichte der fraglich gewordenen gesellschaftlichen Reproduktion zugemutet werden (existentielle Probleme). Letztere tangieren in letzter Instanz alle Apparate, ihre Kapazitäten wie ihr Zusammenspiel.

Die Rolle der existentiellen Probleme als Herausforderung *aller* Apparate deutet sich in den Fallstudien nur an. Im ersten Fall, wo die »portuguese vessels« kriegerische Manöver vollführen und mit Gegenangriffen oder Widerstand rechnen; im Fall der Labore, wo deren soziokulturelle Forschungsarbeit auf bestimmte existentielle Fragen (etwa der Impfstoffentwicklung als Antwort auf eine Pandemie) angesetzt werden kann; im Fall der Plantagen und Wälder, wo diese mal als Teil des Problems (etwa der Biodiversität), mal als Teil der Lösung (etwa als CO_2-Speicher) in den gesellschaftlichen Fokus geraten. Das Drängen existentieller Probleme motiviert die Mobilisierung wie Demobilisierung ausgesuchter Apparate; es schafft eine gesellschaftliche Nachfrage nach apparativen Kapazitäten. Machbarkeit wird zum knappen Gut.

Im Lichte des Problemhaushalts ist der Apparatebegriff von Begriffen der Organisation und der Institution unterschieden: Die Bearbeitung der Vollzugsprobleme verweist auf das situierte Geschehen des apparativen Gefüges; die Bearbeitung des Bezugsproblems verweist auf Operationalisierungen am formativen Objekt. Die Problemarbeit vollzieht sich jeweils situativ und mittelbar. Sie steht unter Wirkungsvorbehalt. Am Objekt werden Parameter, Verfahren, Modelle ins Feld geführt, um apparative Kapazitäten für Weitere/s verfügbar zu machen. Der Apparatebegriff betont bei all dem die empirische Möglichkeit, dass die apparative Problemarbeit an den sachlichen Anforderungen wie an der Gesamtlage scheitern kann. Probleme können zu gravierend, zu schwer, zu vertrackt sein. Diese Betonung der Machbarkeitsfrage ist umso wichtiger, als mit jedem existentiellen Problem für viele Apparate *zusätzliche* Aufgaben und Anforderungen erwachsen. Dies führt selbst oder gerade bei bereits etablierten Apparaten zu Stress, Überforderung, Verdrängung – und in der Summe allzu leicht in ein Systemversagen.

Von der Darstellung zur Herstellung: Invisibilisierung und Offizialisierung

Konträr zu ›oberflächlichen‹ System- und Diskurstheorien[61] bezieht der ethno-methodologische Apparate-Begriff Herstellung *und* Darstellung aufeinander. Dichte ethnographische Fallstudien des Apparatebetriebs beobachten regelmäßige, gekonnte und gerichtete Herstellungsarbeiten. Apparate leisten diese entlang gewachsener Methoden sowie mit Blick auf diskursive Maßgaben zur Rechenschaft gegenüber relevanten Öffentlichkeiten.[62] Sie liefern juristische Urteile,[63] behördliche Bescheide, militärische Befehle, politische Positionen, marktgängige Tauschwerte oder akademische Publikationen. Letztere werden zirkuliert, gehen ein in Formationen und weisen die apparative Arbeit – oftmals allerdings im Namen einer Instanz oder Institution – generell aus. Die Leitobjekte speisen diskursive Prozesse und Konkurrenzen der Rechtssetzung, des Meinungsstreits, der Preisbildung, etc. Im Schatten der Leitwerte finden sich Anti-Objekte, wie die Befehlsverweigerung,[64] die Sabotage oder die Blockade.[65]

Objekte im Werden durchlaufen Vorläufigkeiten, Vagheiten und Konflikte – und absorbieren diese zugunsten einer idealisierenden Rechenschaft.[66] So etwa im Zuge der Laborarbeiten, die sich auf die Fabrikation bestimmter Erkenntnisse kaprizieren. Sie erarbeiten Beiträge allgemeiner Geltung, nicht unähnlich der skalierbaren Plantage bei Tsing. Das gefertigte Objekt wird autorisiert und erhält Gewicht; es verspricht einen Beitrag zum angestammten Bezugsproblem im Namen einer Instanz und Kraft einer Autorität. Dies mag erklären, warum die betriebsamen Apparate hinter den produzierten Werten verschwinden.

Ein anderer Aspekt begründet eine gesellschaftliche Missachtung von Kapazitäten: solche, die weder bekannt noch gefragt sind, weil sie sich ungeachtet in

---

[61] Komplexe Begriffe wie Lebenswelt, Kultur oder Praxis fungieren demgegenüber zugleich als Unterfütterung und als Begrenzung von Generalisierungen zur System-Differenzierung oder Diskurs-Hegemonie.

[62] Grenzfälle stellen demgegenüber Quasi-Apparate dar, die zwar verlässlich originäre Wirkungen bieten, in dieser aber weder per Rechenschaft noch per Anrechnung eine soziale Anerkennung und Befestigung finden.

[63] Etwa in Anwaltskanzleien: »In other words, it is to deal with a conflict as ›a new problem‹ for which a solution can be delivered in relation to ›existing solutions‹ available in the legal system. In this way, continuity of the legal system is assumed when a problem is placed under the auspices of the legal system; and at the same time, when a solution is delivered in relation to ›existing solutions,‹ the continuity of the legal system is maintained.« Nozomi Ikeya: »A Reading of Sacks' Lawyer's Work as an Invitation to Ethnomethodological Studies of Work«, in: *Ethnographic Studies* 16 (2019), S. 167–180, hier S. 171.

[64] Scheffer, Micro-Politics.

[65] Pierre Dubois: *Sabotage in Industry*, London 1979; Michael Burawoy: *The Contours of Production Politics*, Berlin 1984; Andrew Barry: *Political Machines. Governing a Technological Society*, London 2001.

[66] Laube/Schank/Scheffer, Constitutive Invisibility.

allzu dichten oder abseitigen Gefügen vollziehen. Hier wäre der Fall des Waldes exemplarisch, mit all dem, was hier laufend vollbracht wird.[67] Die gängige Rechenschaft richtet sich auf selektive Produktivitäten, nicht auf unüberschaubare Reproduktion. So im Falle der Plantage, die auf eine ›reiche Ernte‹ hin ausgerichtet ist und alles andere nachordnet; oder wie die ›schiffbare‹ Kolonie, die zur gezielten Plünderung angeeignet wird. Die Rechenschaft vermag, im Fokus auf ein Problem, anderweitige Kapazitäten als Verluste oder Widerstand zu entwerten, gleich dem unterdrückten ›Wildwuchs‹ der Plantage. Der Mischwald, als Vorform des Apparats, erscheint demgegenüber zunächst vor allem als ›unberechenbar‹. Dies nicht aufgrund seiner Armut oder Kargheit, sondern aufgrund seiner Überfülle. Er steht angesichts eines vielseitigen, v. a. kapitalistischen Verwertungsdrucks unter Anerkennungsvorbehalt.

Es mögen, darüber hinaus, solche Aspekte des apparativen Betriebs der Rechenschaft vorenthalten werden, die als Treiber eines existentiellen Problems gelten. Die Externalisierung von Kosten, Lasten, Zerstörungen, etc. verdankt sich auch Techniken der ›Verrechnung‹. Die Differenz von Gebrauchs- und Tauschwerten sowie von Allgemeingütern und Marktgütern bietet hier für eine Rekonstruktion apparativer *accountability* erste Aufschlüsse.[68] Die Aberkennung und Nichtanrechnung von Kapazitäten sei, so die marxistische Wertlehre im Rückgriff auf Prozesse der Ausbeutung (von Arbeitskraft) und Plünderung (von Naturgütern), die Voraussetzung für kapitalistischen Profit schlechthin. Umgekehrt nehmen Transformationsprogramme die Modifizierung des Accountings in den Blick: der Bepreisung ›neuer‹ Knappheiten wie der Anrechnung bis dato unsichtbarer Arbeit. Apparative Kapazitäten durchlaufen in diesem (hier: ökonomischen) Sinne wechselhafte Karrieren der Anrechnung. Existentielle Krisen befördern derlei Neuberechnung.[69]

Zur Mobilisierbarkeit apparativer Kapazitäten

Folgen wir Karin Knorr-Cetina in ihrer Mikrofundierung wissenschaftlicher Erkenntnisfabrikation im Labor oder Anna Tsings Diagnose symbiotischer Selbstheilungskräfte, dann erweisen sich Apparate als kapazitär in ihrer Überfülle.

---

[67] Vgl. Karl Marx/Friedrich Engels: *Marx Engels Werke*, Bd. 1, Berlin 1981 (MEW) zum »Holzdiebstahlgesetz« und zur beiläufigen Kapazität der allgemeinen Versorgung mit Fallholz. Der Forst wird mit dem Gesetz von der beiläufigen Allmende zum erweiterten Privatwald.

[68] Lauren Berlant: »The commons: Infrastructures for troubling times«, in: *Environment and Planning D: Society and Space* 34/3 (2016), S. 393–419.

[69] Ein Beispiel, das Beck wiederholt anführt, sind die Risikoberechnungen der Versicherungsbranche, die nun als Versicherungsbeiträge Eingang finden in betriebswirtschaftliche Kalkulation. Atomreaktoren lassen sich heute, nach tatsächlich entstandenen Schäden, nicht mehr kleinrechnen.

Oder anders: Die stabilisierte, je situierte Problemarbeit beruht auf einem Maß an Eigenkomplexität und Eigenleben. Hierin liegt die Spannung zwischen Kapazität und Mobilisierbarkeit, denn der Eigensinn der Apparate begründet und behindert zugleich die gesellschaftliche Anordnung. Ich möchte im Folgenden weitere Erwägungen anschließen, die die Frage der Mobilisierbarkeit tangieren. Sie sind für eine empirische Gesellschaftsdiagnose apparativer Kapazitäten grundlegend. Die Erwägungen deuten an, wie das differenzierte analytische Vokabular aus *Apparaten* und *Apparatur* ergiebige empirische Fallstudien wie eine analytische Kasuistik anregt.

Zwischen Überdeterminierung und Eigenmacht

Diagnosen negieren Schätzungen von Kapazitäten, wo Apparate, wie im Fall der von John Law analysierten Dreimaster, *einer* Herrschaft – oder, analog bei Max Weber, *einer* programmierten Bürokratie oder bei Karl Marx *einem* profit-maximierenden Konzern – einverleibt sind. Der lokale Betrieb erscheint dann immer schon als eingespannt in ein ausgreifendes und feingliedriges Dispositiv. Die »portuguese vessel« oder die »Plantage« wären dann auf nur *eine* Funktion ausgelegt: ein mono-, kein multipotenter Apparat. Derlei Betriebe stünden ganz im Schatten ihrer übergeordneten Aneignung. Wie lässt sich verhindern, dass die kritisch naheliegende Diagnose einer Überdeterminierung der Apparate nicht per se ihre vielseitigen Kapazitäten negiert?

Überdeterminierte Apparate sind weder eigensinnig noch eigenmächtig. Sie sind eindimensional, ausgedünnt, kolonisiert, durchrationalisiert. Als solche bedürfen sie keiner eigenen Praxis- und Feldforschung: Es genügt, die allgemeine Struktur zu kennen, die sich ihrer bedient. Entsprechend verstehen Bourdieu und Wacquant einen Apparat als »pathologischen Zustand« der sich einstellt, wenn in einem Feld alle Widerstände niedergeschlagen sind.[70] Derlei Vereinheitlichung legt auch der Begriff des Staatsapparats nahe. Die kritische Staatstheorie[71] etwa analysiert »den Staat« als *einheitlichen* Apparat, der all seine Organe letztlich am Klassenkampf ausrichtet. Althusser bezieht diese Vereinheitlichung auf die ideologische Naturalisierung der Herrschafts- und Gewaltverhältnisse. Hier wären wiederum alle internen Differenzen »pathologisch« getilgt.[72]

---

[70] Sie formulieren dies so: »Wenn es dem Herrschenden gelingt, den Widerstand und die Reaktionen des Beherrschten niederzuschlagen und zunichte zu machen, wenn alle Bewegungen ausschließlich von oben ausgehen, hören der Kampf und die Dialektik, die für das Feld konstitutiv sind, tendenziell auf.« Bourdieu/Wacquant, Reflexive Anthropologie, S. 133.

[71] Joachim Hirsch: *Materialistische Staatstheorie: Transformationsprozesse des kapitalistischen Staatensystems*, Hamburg 2005.

[72] Von dieser Vereinheitlichung löst sich der Begriff des Staates als »Apparategefüge«. Vgl. Richthofen, Suchbewegung, S. 42.

Als Mittel zur souveränen ›Gleichschaltung‹ der Kapazitäten gilt die Erklärung des Ausnahmezustands. Verfügbare Apparate werden dann einer Kriegswirtschaft, einer Ökodiktatur, einer Armutsbekämpfung unterworfen. Der bei Carl Schmitt konstatierte und poststrukturalistisch kritisierte Kern souveräner Gewalt erscheint allerdings mindestens zweischneidig. Sollen wir den Ausnahmezustand per se und ausschließlich, entlang einer »Kritik der Souveränität«, als bloßes Machtmittel einordnen?[73] Sollten wir ihn nicht zumindest als Antwort auf eine gegenwärtige Problemlage historisieren? Es wäre dann just im historischen Moment einer umfassenden Ermächtigung, dass die die Ausnahme erklärende Zentralgewalt selbst fraglich wird. Sie droht im Ringen mit den überbordenden Problemen zu unterliegen. Verloren geht im Ausnahmezustand ja gerade die Selbstverständlichkeit des Normalzustands, in der eine ›hintergründige‹ Herrschaft gar nicht erst in Erscheinung treten müsste.

Eine Konfliktsoziologie würde hier stärker differenzieren. Sie rechnete, trotz oder gerade wegen der »Monopolisierung der legitimen symbolischen und physischen Gewalt«, mit Auseinandersetzungen innerhalb des Staates und hier zwischen den eingefassten Apparaten.[74] Der Staat erscheint nicht als Block, sondern als Arena von Kämpfen um die Anordnung und Ausrichtung der Apparate wie ihrer Aufgaben und Probleme.[75] Eine Analytik der Kämpfe begreift den Staat entlang ›seiner‹ eigenmächtigen Apparate mit ihren Fliehkräften und Fragmentierungen – und damit konträr zu Reifizierungen des Staates per Staatskritik. Sie erlaubt es, apparative Kapazitäten jenseits einer angepeilten Überdeterminierung zu schätzen. Versuche der Einordnung der Apparate in eine Apparatur wie den Staat bleiben demnach stets voraussetzungsvoll, vorläufig und unvollkommen.

Die Überdeterminierung der Apparate wäre damit eine Strategie, die eine Formation von Apparaten einem maßgeblichen Kalkül unterwirft. Das strategische Kalkül fungiert dabei nicht nur als Schauseite einer Kampagne, sondern wirkt womöglich bis hinein in die praktischen Vollzüge. Alles Tun wäre dann Teil eines Apparate-übergreifenden Getriebes. Die Kasuistik der Apparate zielt demgegenüber auf ein Unterscheidungsvermögen, das die Fall-Varianten zwischen der Eigenmacht der Apparate und einer Übermacht der Apparatur erfasst. Quer zu den Fällen ließen sich allgemeine Tendenzen im Lichte der je gegenwärtigen existentiellen Fragen historisch einordnen.

---

[73] Daniel Loick: *Kritik der Souveränität*, Frankfurt a. M. 2012, S. 212.

[74] Pierre Bourdieu: *Über den Staat: Vorlesungen am Collège de France 1989–1992*, Berlin 2014, S. 18.

[75] Michel Callon: »Struggles and Negotiations to Define What is Problematic and What is Not«, in: Karin Knorr-Cetina/Roger Krohn/Richard Whitley (Hg.), *The Social Process of Scientific Investigation*, Dordrecht 1981, S. 197–219.

Die Anordnung der Apparate in Markt und Staat

Das Begriffspaar Apparat/Apparatur erlaubt es, die historische Zusammen-stellung eines Dispositivs sowie die Beiträge und Widerstände der zusammen-gestellten Apparate zu rekonstruieren. Apparate, so die Arbeitshypothese, gehen nur in Grenzfällen in der Apparatur auf; sie bewahren ein Maß an Eigenmächtig-keit, schon um ihre Kompetenzen mit Kapazitäten in der Sache zu begründen. Als Apparatur verstehen wir also, im Sinne der »extended case studies«, eine kontingente Mobilisierung, die lokale Apparate auf allgemeine Fragen auszu-richten sucht.[76] Eine Apparatur einzurichten, erscheint aus der vorgeschlagenen Perspektive und angesichts drängender Fragen schwieriger, als es die herrschafts-kritische Dispositivanalyse impliziert. Die heuristische Staffelung von Apparat und Apparatur erschließt, entgegen »flacher Ontologien«, gerade die ›Höhen und Tiefen‹ der gesellschaftlichen Mobilisierung angesichts drängender Fragen.[77]

Die aktuelle Corona-Pandemie wäre eine solche »Dringlichkeit«,[78] die eine ganze Phalanx an Apparaten auf den Plan ruft: Intensivstationen mit ihren Behandlungskapazitäten, Labore mit ihren Testkapazitäten, Fabriken mit ihren Produktionskapazitäten (für medizinisches Equipment wie Beatmungs-geräte, OP-Masken oder Schutzanzüge), etc. Die Zusammenstellung des Dis-positivs setzt diese Anerkenntnis von Kapazitäten voraus, die an verschiedene Apparate anknüpft und sie zur konzertierten Antwort einspannt. Diese Sicht auf die Anordnung der Apparate erlaubt es, Dispositive – v. a. mit Blick auf neue Prüfungen – als unvollkommen, überholt, angreifbar oder prekär zu betrachten. Forderungen nach dem Vorsorgestaat oder nach der staatlichen Einhegung des Marktes machen hier bedrohliche Steuerungsdefizite geltend. Die Corona-Pandemie führt darüber hinaus, als globales existentielles Problem, in eine folgenreiche Systemkonkurrenz der verschiedenen – autoritären bis liberalen – Staatsmodelle, als verschiedene Modi der Indienstnahme und Mobilisierung apparativer Kapazitäten. Hinzu treten Apparaturen, die jenseits des Staates in Anschlag gebracht werden.

Nicht nur der Staat, auch der Markt weckt den kritischen Verdacht einer Aus-zehrung apparativer Kapazitäten. Märkte vermögen, unterschiedlich durch-dringend, Unternehmen, ihre Apparate und deren Produktivkräfte mittels Accounting mehr oder weniger effizient durchzurationalisieren. Dies ins-besondere dort, wo sie vermittels des internen Controlling quasi-existentielle Probleme der Marktkonkurrenz durchsetzen. Das Überleben am Markt wird selbst zum maßgeblichen Bezugsproblem: eine ›betriebliche‹ Existenzfrage, die

---

[76] Michael Burawoy: »The Extended Case Method«, in: *Sociological Theory* 16/1 (1998), S. 4–33.

[77] Bruno Latour: *Pandora's Hope. Essays on the Reality of Science Studies*, Cambridge, Mass. 2000.

[78] David Stark: »Testing and Being Tested in Pandemic Times«, in: *Sociologica* 14/1 (2020), S. 67–94.

alle Verausgabungen bindet. Derart überbietet die kapitalistische Konkurrenz mit ihren unmittelbaren Notwendigkeiten das zunächst nur mittelbare Drängen der existentiellen Fragen.[79] Mit der Radikalisierung globalisierter Märkte entbinden Deregulierungen die Wirtschaftsakteure von Rücksichten, etwa der sozialen Sicherung oder der ökologischen Nachhaltigkeit. Die Intensivierung von Ausbeutung (der Arbeitskraft) und Plünderung (natürlicher Ressourcen) wird den Konkurrent*innen zur Überlebensfrage. Abgestimmte Marktregulierungen suchen demgegenüber die ›Kräfte des Marktes‹ im Lichte gesellschaftlicher Probleme zu bändigen, ja auf diese anzusetzen: indem Rechenschaften abverlangt, Allgemeingüter bepreist oder Vernutzungsschranken gesetzt werden. Märkte sollen so nicht nur überkommene Geschäftsmodelle diskriminieren, sondern neue Antworten auf existentielle Fragen provozieren.

Die Kasuistik apparativer Kapazitäten behandelt die Apparaturen von Staat und Markt empirisch differenziert, indem sie deren Wirkungen auf den apparativen Betrieb fokussiert. Welche Kräfte entfesseln die regulierenden Anordnungen? Wie wirken sie auf die Entwicklung ›innovativer‹ Problemarbeiten? Eine problemgetriebene Transformation fahndet in diesem Sinne nach tauglichen Disponierungen von Kapazitäten auch jenseits von Formen der Staatlichkeit und Marktregulierung.[80] Die umkämpfte, transformative Ausrichtung der Apparate forciert ein Kalkül ihrer Aneignung als gesellschaftliches Vermögen. Sie sucht sich dieser Kapazitäten unter dem Eindruck der drängenden Fragen zu bemächtigen.

Schluss: Apparate, Apparaturen und die Vergesellschaftung existentieller Fragen

Ein Gemeinwesen, das sein Vermögen apparativer Kapazitäten mobilisiert und auf die sie bedrängenden existentiellen Probleme ansetzt, erscheint aus liberaler Perspektive als radikal, gar als demokratiefeindlich. Anderen gilt es als »Erfindung

---

[79] Entsprechend werden für Beiträge etwa zur Klimapolitik von Unternehmen Kompensationen gefordert oder diese mit Blick auf erschwerte Bedingungen im Vergleich zur Weltmarkt-Konkurrenz zurückgewiesen. Märkte organisieren solche Konkurrenzen dabei durchaus unterschiedlich, entlang verschiedener *devices*. Vgl. Michel Callon/Yuval Millo/Fabian Muniesa (Hg.): *Market devices*, Massua 2007. Märkte unterwerfen Staaten und ihre Politiken, wo diese gegeneinander um Investitionen konkurrieren und hier jeweils zu ›freundlichen‹ Standorten degradiert werden.

[80] Wird eine Prüfung auf zu umfassende Einheiten bezogen, verwischen die Kapazitäten. Es ist entsprechend nicht überraschend, dass Luhmann für die Funktionssysteme letztlich keine relevanten Beiträge zur Problemarbeit ausmachen konnte. Seine Analyse zeigt eher, wie die Ökonomie, das Recht oder die Politik sich entlang ihrer Codierung der Vereinnahmung durch die ökologische Frage entziehen. Vgl. Niklas Luhmann: *Ökologische Kommunikation: Kann die moderne Gesellschaft sich auf ökologische Gefährdungen einstellen?*, Opladen 1986.

des Politischen«,[81] wieder anderen als eigentliche Bestimmung des Kommunismus.[82] Die Substanz der existentiellen Mobilisierung sind die Apparate vor Ort wie deren Verknüpfung in abgestimmten Kollaborationen. Unsere Hinwendung zu den Apparaten ist also eine doppelte: Sie ist zunächst mikroanalytisch, wo sie die Betriebe selbst in dichten Beschreibungen erschließt, um deren Kapazitäten zu schätzen; sie ist makroanalytisch, indem sie die Prüfung und De-/Mobilisierung dieser Kapazitäten angesichts existentieller Probleme diagnostiziert.

Apparate sind, so die Ausgangshypothese, vielseitig kapazitär und darin auch mobilisierbar. Die behandelten drei Einstiegsfälle erweisen sich als instruktive Varianten einer Kasuistik der Apparate: Laws »portuguese vessels« als zentrale Voraussetzung kolonialer Herrschaft; Knorr-Cetinas Labore als soziokulturell angelegte Gelegenheitsstruktur, die Probleme und Lösungen zusammenführt; Tsings Ökologien schließlich erinnern daran, wie verläßliche Wirksamkeiten an Orte gebunden und anderweitigen Verwertungen entzogen werden. Die genannten Apparate erweisen sich als Varianten in verschiedensten Hinsichten und laden zu weiteren Spekulationen und Fallstudien ein.

Eine dramatische Bewandtnis gewinnt unsere Analytik im Lichte der gegenwärtigen existentiellen Prüfungen: Apparate gelten mal als Teil der Lösung, mal des Problems, als Gegenstand der Mobilisierung oder Demobilisierung – und in Abschwächung dieser Binarität, als mehr oder weniger transformierbar. Die Binarität, wie sie in vielen Kritiken und angestachelt durch die drängenden Probleme in den Vordergrund tritt, wird außerdem durchkreuzt, wo apparative Kapazitäten gleich von mehreren existentiellen Problemen geprüft werden: von der Pandemie, der Klimakrise, den Kriegen, der sozialen Frage oder auch von der quasi-existentiellen Frage des Marktgeschehens, die dem Gemeinwesen zur maßgeblichen ›Natur‹ geworden ist. Apparate werden in der Multi-Krise zu Problem und Lösung, zur Belastung und zum Mittel.

Das Studium der Apparate findet in den existentiellen Fragen und den gesellschaftlichen Mobilisierungen seine makroanalytischen Bezüge. Es bleibt dabei, als Feld- und Diskursforschung, zuerst auf die Bedingtheiten der apparativen Kapazitäten verwiesen. Bedingt sind Kapazitäten im unhintergehbar situierten Betrieb der Apparate, im tagtäglichen Ringen mit den Gegenständen, in der Operationalisierung der Problem- als Objektarbeit, in der aufwendigen Kultivierung von Methoden und Arbeitsweisen. Ist nicht angesichts all dieser praktischen Bedingtheiten die positive Hinwendung zu den Apparaten ein

[81] Ulrich Beck: *Die Erfindung des Politischen*, Frankfurt a. M. 1993, S. 204 ff.
[82] Slavoj Žižek skizziert einen Kommunismus als eine die existentiellen Probleme ins Zentrum rückende Verbindung kommunitaristischer, staatlicher und transnationaler Anstrengungen. Eine solche Minimalversion vertritt er etwa in einem Interview mit Renata Ávila auf DiEM25 TV: »By communism I don't mean Soviet Union central committees, I mean simply these 3 things: relatively efficient state which has the power to violate the market rules, to organize healthcare and so on (…) supplemented on the top with strong, active international cooperation, and at the bottom with local mobilization.« (https://soundcloud.com/diem25/slavoj-zizek-and-renata-avila-communism-or-barbarism-its-that-simple-diem25-tv, zuletzt aufgerufen am 22.7.2022.)

hoffnungsloses, machtanalytisch naives Unterfangen? Ist sie dies nicht umso mehr, wenn die Apparate eh schon mit allerlei bürokratischen oder marktförmigen Aufgabenstellungen belegt sind?

Eine kritische Praxeologie der Kapazitäten klammert diese Vorbehalte ein, um ihre Analytik im Hin und Her zwischen gegenwärtigen Notwendigkeiten und Möglichkeiten zu entfalten. Sie überführt die generalisierte Machtkritik, die Apparate und Apparaturen allzu leicht gleichsetzt, in eine Analytik zu mobilisierender Kapazitäten. Sie wird von dichten Fallanalysen der Apparate getragen und durch das Drängen der existentiellen Probleme motiviert. Beide Seiten des Wandels, das aktuell Mögliche wie Notwendige, fußen dabei ihrerseits auf apparativen Kapazitäten und ihrer Anordnung in Apparaturen. Die Kritik wäre damit mehr als Ethik oder Haltung; sie wäre mehr als theoretische Distanzierung oder Besserwisserei. Sie wäre zuallererst selbst als Forschungsapparat von den existentiellen Problemen auf die Probe und infrage gestellt. Sie gäbe die sichere wie zynische Distanz zu den Bedrohungen auf, die sich vielerorts bereits als Zerstörung manifestiert und die Abhängigkeit von apparativen Kapazitäten zunehmend vor Augen führt.

Literatur

Agamben, Giorgio: *What Is an Apparatus? And Other Essays*, Stanford 2009.

Althusser, Louis: *Für Marx*, Frankfurt a. M. 1968.

Anderson, Bob/Sharrock, Wes: »Work flow in a pediatric clinic«, in: Button, Graham/Lee, John R.E.: (Hg.): *Talk and Social Organization*, Clevedon U.K. 1987, S. 244–260.

Baecker, Dirk: *Systemrelevanz. Corona-XXVI*, kure.h.org/1023 (zuletzt aufgerufen am 12.3.2021).

Barad, Karen: Agentieller Realismus. *Über die Bedeutung materiell-diskursiver Praktiken*, Berlin 2012.

Barry, Andrew: *Political Machines. Governing a Technological Society*, London 2001.

Barua. Maan: »Nonhuman labour, encounter value, spectacular accumulation: The geographies of a lively commodity«, in: *Transactions of the Institute of British Geographers* 42/2 (2017), S. 274–288.

Beck, Ulrich: »Ortsbestimmungen der Soziologie. Wie die kommende Generation Gesellschaftswissenschaften betreiben will«, in: *Soziale Welt* 50/4 (1999), S. 343–349.

Beck, Ulrich: *Die Erfindung des Politischen*, Frankfurt a. M. 1993.

Berlant, Lauren: »The commons: Infrastructures for troubling times«, in: *Environment and Planning D: Society and Space* 34/3 (2016), S. 393–419.

Bourdieu, Pierre: *Über den Staat: Vorlesungen am Collège de France 1989–1992*, Berlin 2014.

Bourdieu, Pierre/Loïc, Wacquant: *Reflexive Anthropologie*, Frankfurt a. M. 1996.

Breidenstein, Georg: *Teilnahme am Unterricht: Ethnographische Studien zum Schülerjob*, Wiesbaden 2006.

Burawoy, Michael: »The Extended Case Method«, in: *Sociological Theory* 16/1 (1998), S. 4–33.

Burawoy, Michael: *The Contours of Production Politics*, Berlin 1984.

Callon, Michel: »Struggles and Negotiations to Define What is Problematic and What is Not«, in: Karin Knorr-Cetina/Roger Krohn/Whitley, Richard (Hg.): *The Social Process of Scientific Investigation*, Dordrecht 1981, S. 197–219.

Callon, Michel/Millo, Yuval/Muniesa, Fabian (Hg.): *Market devices*, Massua 2007.

Dubois, Pierre: *Sabotage in Industry*, London 1979.

Fortun, Kim: »Ethnography in Late Industrialism«, in: *Cultural Anthropology* 27(3)/2017, S. 446–464.

Foucault, Michel: *Power/knowledge. Selected interviews and other writings* 1972–77, New York 1980.

Garfinkel, Harold: *Studies in Ethnomethodology*, Englewood Cliffs, N.J. 1967.

Goffman, Erving: *Asylums: Essays on the Social Situation of Mental Patients and Other Inmates*, Garden City NY 1961.

Göhler, Gerhard: »Einleitung«, in: *Institutionenwandel: Leviathan Sonderheft* 16 (1996), S. 7–17.

Haraway, Donna: *Companion Species Manifesto. Dogs, people and significant others*, Chicago 2003.

Haraway, Donna: *Staying with the Trouble: Making Kin in the Chthulucene*, Durham 2016.

Haraway, Donna: *Unruhig bleiben. Die Verwandtschaft der Arten im Chthuluzän*, Frankfurt a. M. 2018.

Hirsch, Joachim: *Materialistische Staatstheorie: Transformationsprozesse des kapitalistischen Staatensystems*, Hamburg 2005.

Ikeya, Nozomi: »A Reading of Sacks' Lawyer's Work as an Invitation to Ethnomethodological Studies of Work«, in: *Ethnographic Studies* 16 (2019), S. 167–180.

Kalthoff, Herbert: *Wohlerzogenheit. Eine Ethnographie deutscher Internatsschulen*, Frankfurt a. M., New York 1997.

Keller, Reiner: »Technikrisiken und wissenssoziologische Diskursforschung«, in: *TATuP – Zeitschrift für Technikfolgenabschätzung in Theorie und Praxis* 23/2 (2014), S. 15–21.

Keller, Reiner: »Wissenssoziologische Diskursforschung«, in: Felder, Ekkehard (Hg.): *Faktizitätsherstellung in Diskursen. Die Macht des Deklarativen*, Berlin 2013, S. 197–224.

Knoblauch, Hubert/Heath, Christian: »Technologie, Interaktion und Organisation. Die Workplace Studies«, in: *Schweizerische Zeitschrift für Soziologie* 25/2 (1999), S. 163–181.

Knorr-Cetina, Karin: »Das naturwissenschaftliche Labor als Ort der ›Verdichtung‹ von Gesellschaft«, in: *Zeitschrift für Soziologie* 17/2 (1988), S. 85–101.

Knorr-Cetina, Karin: »The Couch, the Cathedral, and the Laboratory: On the Relationship Between Experiment and Laboratory in Science«, in: Andrew Pickering (Hg.): *Science as Practice and Culture*, Chicago 1992, S. 113–138.

Kolanoski, Martina: »Trans-sequential Analysis, or: A production-focused approach to procedurally organized work«, in: *Ethnographic Studies* 15 (2018), S. 58–82.

Kovel, Joel: *The Enemy of Nature: The End of Capitalism or the End of the World?*, London 2021.

Krzywoszynska, Anna: »Nonhuman Labor and the Making of Resources: Making Soils a Resource through Microbial Labor«, in: *Environmental Humanities* 12/1 (2020), S. 227–249.

Latour, Bruno: *Pandora's Hope. Essays on the Reality of Science Studies*, Cambridge, Mass. 2000.

Laube, Stefan/Schan, Jan/Scheffer, Thomas: »Constitutive Invisibility: Exploring the Work of Staff Advisers in Political Position-Making«, in: *Social Studies of Science* 50/2 (2020), S. 292–316.

Law, John: »On the Methods of Long-Distance Control: Vessels, Navigation and the Portuguese Route to India«, in: *Sociological Review, Special Issue Monograph Series: Power, Action and Belief. A New Sociology of Knowledge*, 32/S1 (1986), S. 234–263.

Lévi-Strauss, Claude: *The Savage Mind*, Chicago 1969.

Liefke, Mirco: »New(s) Challenges!–Old Patterns? Structural Transformation and TV News in a Mediatized World«, in: Thimm, Caja/Anastasiadis, Mario/Einspänner-Pflock, Jessica (Hg.), *Media Logic(s) Revisited. Transforming Communications – Studies in Cross-Media Research*, London 2008, S. 239–264.

Loick, Daniel: *Kritik der Souveränität*, Frankfurt a. M. 2012.

Luhmann, Niklas: *Legitimation durch Verfahren*, Frankfurt a. M. 1989.

Luhmann, Niklas: *Ökologische Kommunikation: Kann die moderne Gesellschaft sich auf ökologische Gefährdungen einstellen?*, Opladen 1986.

Lynch, Michael/Bogen, David (Hg.): *The Spectacle of History. Speech, Text, and Memory at the Iran-Contra Hearings*, Durham 1996.

Marx, Karl/Engels, Friedrich: *Marx Engels Werke*, Bd. 1, Berlin 1981 (MEW).

Nassehi, Armin: *Muster. Theorie der digitalen Gesellschaft*, München 2019.

Ragin, Charles/Becker, Howard (Hg.): *What Is a Case? Exploring the Foundations of Social Inquiry*, Cambridge 1992.

Redecker, Eva von: *Praxis und Revolution. Eine Sozialtheorie radikalen Wandels*, Frankfurt a. M. 2018.

Richthofen, Frederik: »Eine Suchbewegung zwischen Karen Barad und Louis Althusser: Von den (Un-)Möglichkeiten eines agentiell-realistischen Staatsbegriffs«, in: *New Research in Global Political Economy* 01 (2021), S. 2–55.

Schatzki, Theodore R.: *The Site of the Social. A Philosophical Account of the Constitution of Social Life and Change*, University Park, Pa. 2002.

Scheffer, Thomas: »Die trans-sequentielle Analyse – und ihre formativen Objekte«, in: Reinhard Hörster, Stefan Köngeter, Burkhard Müller (Hg.): *Grenzobjekte. Soziale Welten und ihre Übergänge*, Heidelberg 2013, S. 87–115.

Scheffer, Thomas: »Kritische Ethnomethodologie«, in: *Zeitschrift für Soziologie* 49/4 (2020), S. 218–235.

Scheffer, Thomas: »Micro-Politics by Hesitation: How Combat Soldiers Work on and Against an Order to Kill«, in: *Ethnographic Studies* 15 (2018), S. 122–158.

Schmelzle, Cord: »Menschheit als Argument. Politisches Handeln angesichts existenzieller Risiken«, in: *ZPTh – Zeitschrift für Politische Theorie* 11/1 (2021), S. 45–58.

Schmidt, Robert: »Praktiken des Programmierens. Zur Morphologie von Wissensarbeit in der Software-Entwicklung«, in: *Zeitschrift für Soziologie* 37/4 (2008), S. 282–300.

Stark, David: »Testing and Being Tested in Pandemic Times«, in*: Sociologica* 14/1 (2020), S. 67–94.

Tsing, Anna L.: *The Mushroom at the End of the World. On the Possibility of Life in Capitalist Ruins*, Princeton 2021.

Weber, Max: *Wirtschaft und Gesellschaft. Grundriss der verstehenden Soziologie*, Tübingen 1972.

Žižek, Slavoj: *Communism or barbarism, it's that simple*, https://soundcloud.com/diem25/slavoj-zizek-and-renata-avila-communism-or-barbarism-its-that-simple-diem25-tv (zuletzt aufgerufen am 22.7.2022).

»Please sign here«. Formulare als Medien der Entwicklungszusammenarbeit in Uganda

Astrid Wiedmann

> »Der Zensus hat schließlich eine der ältesten Formen von Listen überhaupt hervorgebracht, die Einwohnerlisten, die seit dem allweihnachtlich wiederholten ›...apográphesthai pásan tèn oikouménen‹ des Lukas-Evangeliums fest im kulturellen Gedächtnis des christlichen Abendlands verankert sind.«[1]

»Ich sitze im Workshop einer ugandischen NGO zum Thema *Permaculture* in einem kleinen Ort 40 km außerhalb der Hauptstadt Kampala. Der Workshop oder *workshopi*,[2] wie man in Uganda häufig sagt, findet in einer schlichten Hotelanlage auf einem erhöhten und überdachten Platz statt. Mehrere blaue und weiße Plastikstühle sind hintereinander aufgereiht. Vorne steht ein wackliges Flipchart, an dem der *Facilitator* Anwar das Logo der NGO aufmalt und erzählt, dass die NGO schon seit den 1990er-Jahren im Bereich Landwirtschaft in Uganda tätig ist. Neben mir sitzen die Teilnehmenden: Lehrer*innen und Eltern von Schüler*innen dreier unterschiedlicher Grundschulen. Auch ich bin als Teilnehmerin hier und möchte mehr über Permakultur und den Ablauf des *workshopi* erfahren.

Ich beobachte wie ein Papierdokument im DIN-A4-Format und ein Stift durch die Reihen herumgereicht werden. Jeder Teilnehmende schreibt eifrig darauf, bevor beide Dinge an die Sitznachbar*innen weitergegeben werden. Als das Papier bei mir ankommt, sehe ich, dass es sich um eine Teilnehmerliste handelt. Auf dem Papier sind Spalten mit den Bezeichnungen Name, Adresse, Telefonnummer,

---

[1] Cornelia Vismann: *Akten. Medientechnik und Recht*, Frankfurt a. M. 2011, hier S. 20.

[2] Englischsprachigen Wörtern wird in Luganda häufig ein ›i‹ angehängt, da dies die Aussprache erleichtert.

Dieser Artikel hat ein Peer Review Verfahren durchlaufen.

A. Wiedmann (✉)
GK »Locating Media«, Universität Siegen, Siegen, Deutschland
E-Mail: astrid.wiedmann@hotmail.com

© Der/die Autor(en) 2024
A. Echterhölter et al., *Apparate*, AdminiStudies. Formen und Medien der Verwaltung 3, https://doi.org/10.1007/978-3-662-67712-4_3

Arbeitsstelle und E-Mail-Kontakt angegeben und ein Feld für die Unterschrift. Die Liste wird von jedem Teilnehmenden ordentlich ausgefüllt. Auch ich trage meine Daten ein und reiche das Blatt an meine Sitznachbarin weiter. Am nächsten und übernächsten Tag beobachte ich die gleiche Prozedur und bin beeindruckt davon, dass alle Spalten jeden Tag sorgfältig ausgefüllt werden. Da ich meine ugandische Handynummer nicht auswendig kann, trage ich sie am dritten Tag des Workshops nicht in die dafür vorgesehene Spalte ein. Als ich die Liste weitergeben will, schüttelt meine Sitznachbarin den Kopf und weist mich darauf hin, dass ich nicht alles korrekt ausgefüllt habe. Pflichtbewusst nehme ich sie zurück und krame in der Tasche nach meinem Handy.«[3]

Dieser Einstieg verdeutlicht unterschiedliche Phänomene, die ich während meiner Feldforschung in Uganda immer wieder beobachten konnte. So werden im *workshopi* jeden Tag Dokumente produziert, indem täglich Teilnehmerlisten herumgereicht, sorgfältig ausgefüllt und unterschrieben werden. Die Listen bilden dabei kein zentrales Element der Situation, sondern werden nebenbei unterschrieben. Dieser Moment des Listenausfüllens ist ein routinierter Vorgang, den niemand in Frage zu stellen scheint. Mein Interesse an diesem Dokument, das in meinen Augen ›nur‹ eine Liste war, der ich keinen hohen Stellenwert zuordnete, wurde insbesondere durch die Tatsache geweckt, dass mein unvollständiges Ausfüllen der Liste eine Reaktion der Kontrolle auslöste und direkt kommentiert wurde. Vor diesem Hintergrund stellt sich die Frage, warum das korrekte Ausfüllen dieser Liste so wichtig ist und was mit ihr geschieht. Ausgehend von der Akteur-Netzwerk-Theorie, welche menschliche und nicht-menschliche Akteure gleichermaßen in die Analyse einbezieht, hinterfrage ich die Bedeutung dieser Dokumente.

Im Folgenden werde ich den Fokus auf die Verwaltungsmaterialen der ugandischen NGO richten und aus zwei unterschiedlichen Perspektiven beleuchten. Im ersten Teil des Artikels gehe ich der Frage nach, inwiefern die Liste von den verschiedenen Akteuren der Entwicklungszusammenarbeit als Kontrollorgan genutzt wird und welche Aspekte die räumliche Distanz der Akteure dabei spielt. Im zweiten Teil des Artikels nehme ich die Zirkulation der Liste in den Blick und untersuche sie ausgehend von dem Konzept der *boundary objects* hinsichtlich ihrer Kooperationseigenschaft.

Diese Perspektiven tragen zu einem besseren Verständnis der Rolle von Verwaltungsmaterialien in einem Entwicklungsprojekt in Uganda bei, welche zwischen den menschlichen Akteuren d. h. den Teilnehmenden, *Facilitators* und *Donors* zirkulieren. Die methodologische Perspektive der Akteur-Netzwerk-Theorie legt offen, wie Dokumente einen wichtigen Stellenwert im Akteursnetzwerk des untersuchten Projektes einnehmen. Mit anderen Worten, ich interessiere mich zum einen für die Praktiken der Verwaltungsarbeit, die es ermöglichen, dass Wissen, Personal und Geld zirkuliert. Zum anderen beschäftigt mich

---

[3] Überarbeitete Feldforschungsnotiz 2015, Kakiri, Uganda.

die Frage, wie dies über Raum und Zeit sowie über unterschiedliche Erwartungen und Ziele hinweg gelingt.[4] Insbesondere werde ich mich hier auf ein zentrales Artefakt der Verwaltungsarbeit konzentrieren: Unterschriftenlisten. Sie werden in diesem Beitrag vor allem in ihrer Eigenschaft als *accounting practices*[5] untersucht, um zu beschreiben, inwiefern die Liste lokale Praktiken reguliert und gleichzeitig global zirkuliert.

Überblick über das Feld und seine Akteure

Grundlage meiner Untersuchung bildet eine siebenmonatige Feldforschung in dem Entwicklungsprojekt *Landwirtschaft an Schulen* im Wakiso District, Uganda. Der Ausgangspunkt des Projektes ist ein *workshopi*, in welchem die Grundlagen von Permakultur an die Lehrkräfte und Eltern von Schüler*innen dreier Grundschulen vermittelt werden. Während meiner Feldforschung konnte ich beobachten, dass die Kommunikation und Verwaltungsarbeit insbesondere zwischen drei Akteursgruppen geschieht. Dazu gehören i) die Spenderorganisation im globalen Norden (*Donor*), deren Mitarbeitende nur sehr sporadisch nach Uganda reisen, ii) die Teilnehmenden, die heterogenen beruflichen und sozialen Hintergründen entstammen, und iii) die *Facilitators*, die Mitarbeitenden der ugandischen NGO, die ein Studium im Bereich Landwirtschaft absolviert haben, die die Arbeit vor Ort umsetzen und zudem von zwei unterschiedlichen Kulturen Ugandas abstammen. Das Arbeitsfeld der untersuchten NGO besteht also aus Personen, die in unterschiedlichen Ländern und Kulturen leben und sozialisiert wurden. Deshalb liegt mein Augenmerk auf den bürokratischen Strukturen, die es den diversen Akteuren ermöglichen miteinander zu kommunizieren und Hindernisse zu überwinden, die aufgrund der Herkunft aus »unterschiedlichen sozialen Welten«[6] entstehen.

Während manche *Donor* auf regelmäßige Besuche oder ständige Anwesenheit von Entwicklungshelfer*innen in Projekten setzen, wird in diesem Projekt eine Verbindung zwischen *Donor* und NGO vor allem durch bürokratische Strukturen hergestellt. So entstehen im Laufe des Projektes unterschiedliche Verwaltungsmaterialen, die als *Kooperationsmedien der Abwesenheit* fungieren: Zertifikate, Fotografien, Projektberichte und Teilnehmerlisten. Das Zertifikat wird den Teilnehmenden für die erfolgreiche Teilnahme am Workshop in

---

[4] Vgl. Susan Leigh Star: »Kooperation ohne Konsens in der Forschung. Die Dynamik der Schließung in offenen Systemen«, in: Jörg Strübing et al. (Hg.), *Kooperation im Niemandsland*, Wiesbaden 2004, S. 58–76.

[5] Harold Garfinkel: *Studies in Ethnomethodology*, Englewood Cliffs 1967, S. 280.

[6] Susan Leigh Star/James R. Griesemer: »Institutionelle Ökologie, ›Übersetzungen‹ und Grenzobjekte. Amateure und Professionelle im Museum of Vertebrate Zoology in Berkeley, 1907–39 (1989)«, in: Susan Leigh Star, *Grenzobjekte und Medienforschung*, hg. von Sebastian Gießmann/ Nadine Taha (Hg.), Bielefeld 2017, S. 81–116, hier S. 81.

einer Zeremonie überreicht und stellt ein Dokument zur Standardisierung der
Kommunikation über Kompetenzen und Wissensaneignung dar. Es eröffnet den
Teilnehmenden die Möglichkeit, an eine *moderne* Gesellschaft anzuschließen,
in welcher Nachweise über erlernte Qualifikationen essenziell sind. Weitere
Kooperationsmedien wie Fotografien vermitteln nicht nur die Dokumentation
des Projektsfortschritts, sondern auch die Hervorbringung, die Vermittlung sowie
die Rezeption von Praktiken der Entwicklungszusammenarbeit. Sie eröffnen
zudem eine visuelle Perspektive auf das Projekt für den abwesenden *Donor*.
Insbesondere das Festhalten des Entstehungsprozesses der Gärten durch Vor-
her-Nachher-Bilder machen die Fotografien zu wichtigen Präsentations- und
Dokumentationsmedien. Das visuelle Anschauungsmaterial lässt eine Einordnung
in die Kategorien Erfolg (blüht, trägt Früchte) oder Misserfolg (vertrocknet, keine
Ernte) zu und stellt so eine Repräsentation für Erfolg/Misserfolg dar.[7] Die unter-
schriebenen Teilnehmerlisten und Projektberichte, welche an die *Donor* verschickt
werden, fungieren als eine Übersetzung der eigenen Arbeit in Worte,[8] welche
zugleich eine gängige Repräsentationsform über erlerntes Wissen darstellt und die
Arbeit der NGO beobachtbar, berichtbar und nachvollziehbar macht.

Während mit den *Donors* fast nur über Schriftstücke zusammengearbeitet
wird, basiert die Kooperation vor Ort stark auf Mündlichkeit, wie beispielsweise
die Wissensvermittlung im Workshop und verschiedene Begrüßungs- und Gebets-
rituale. Um die schriftliche Kooperation zu ermöglichen, sind bestimmte Praktiken
vonnöten, die in diesem Artikel genauer betrachtet werden. Während die meisten
der genannten Verwaltungsmaterialien zwei Bezugsgruppen, *Donor* und NGO
oder NGO und Teilnehmende, miteinander verbinden, stellen die Teilnehmerlisten eine Verbindung zwischen allen drei Akteursgruppen dar. Aus diesem Grund
lege ich in diesem Artikel den Fokus auf die Teilnehmerlisten und die damit ver-
knüpften Praktiken.

Listen als Kontrolle auf Distanz

»Heute ist der dritte Tag des Workshops Permaculture Training. Als ich um kurz
vor acht am Hotel ankomme, sitzen ein paar Teilnehmende draußen auf Plastik-
stühlen und essen gerade ihr Frühstück und begrüßen mich herzlich. Auch ich bin
diesmal als Teilnehmerin hier und möchte mehr über Permakultur und den Ablauf

---

[7] Vgl. Astrid Wiedmann: »Follow the actors? Follow whom? Follow what? Die methodischen und
praktischen Folgen der Umsetzung der Losung ›follow the actors‹«, in: Astrid Wiedmann et al.
(Hg.), *Wie forschen mit den ›Science and Technology Studies‹? Interdisziplinäre Perspektiven*,
Bielefeld 2020, hier S. 51–80.

[8] Vgl. Antoine Hennion/Cécile Méadel: »In den Laboratorien des Begehrens. Die Arbeit der
Werbeleute«, in: Tristan Thielmann/Erhard Schüttpelz (Hg.), *Akteur-Medien-Theorie*, Bielefeld
2013, S. 341–376, hier S. 353.

von Workshops erfahren. Wenig später machen wir uns gemeinsam auf den Weg zum Workshop. Wir betreten den überdachten Platz und mein Blick fällt auf den alten Holztisch, der mit Papierbögen des Flipcharts bedeckt ist. Anwar und Maria, die *Facilitator*s, sind gerade dabei Lerninhalte auf Blätter zu schreiben, welche erst im Workshop und später als Vorlage für den Bericht an die *Donors* genutzt werden. Sie lächeln fröhlich als wir ankommen und begrüßen alle mit Handschlag und einem kleinen Schwätzchen über die Nacht und ob das Frühstück denn auch gut gewesen sei.«[9]

Der NGO-Mitarbeiter Anwar, der *Facilitator* des *workshopi*, ist einerseits dafür verantwortlich, die Erwartungen und Vorstellungen der Teilnehmenden, andererseits die Bedingungen und Richtlinien des *Donor* und zudem seine eigenen Vorstellungen zu erfüllen. Dabei fällt ihm die Funktion eines Mediators,[10] im Sinne eines Mittlers, zu, der die vielfältigen Interessen miteinander verbindet.[11] So muss er beispielsweise den Teilnehmenden das erforderliche Hintergrundwissen über Permakultur beibringen und die praktische Umsetzung an der Schule anleiten und betreuen. Außerdem fällt ihm die Aufgabe zu, die formalen Richtlinien des *Donors*, wie das Ausfüllen von Registrierungsbögen und die Arbeitsdokumentation, zu gewährleisten, indem er Fotos von Arbeitsmaterialien und Teilnehmenden macht sowie einen Bericht über den *workshopi* verfasst. Richard Rottenburg beschreibt in seiner Studie *Weit hergeholte Fakten*, dass Entwicklungsorganisationen es damit zu tun hätten, »zuverlässige Verfahren der Fernerkundung und -steuerung zu etablieren, die organisiertes Handeln und Kontrolle auf Distanz ermöglichen«.[12] Dabei ginge es insbesondere um die »*Repräsentation von Wirklichkeit durch organisatorische Verfahren*«.[13]

Ein solches organisatorisches Verfahren ist die Unterschriftenliste, welche die Anwesenheit der Teilnehmenden repräsentiert. Damit das Projekt *Landwirtschaft an Schulen* umgesetzt werden kann, ist sowohl die Repräsentation der Anwesenheit als auch die Anwesenheit an sich von Relevanz. Die Wissensvermittlung im Projekt ist auf die Anwesenheit der Teilnehmenden angewiesen und die NGO ist dem *Donor* gegenüber verpflichtet Rechenschaft über die Anwesenheit der Teilnehmenden abzulegen. Aus diesem Grund weisen die *Facilitators* während des *workshopi* immer wieder auf das Ausfüllen der Unterschriftenliste hin. Aufgrund der schlechten Strominfrastruktur und des erschwerten und teuren Internetzugangs ist besonders die körperliche Präsenz und die *face-to-face* Kommunikation

---

[9] Überarbeitete Feldforschungsnotiz 2015, Kakiri, Uganda.

[10] Zum Begriff des Mediators in der Akteur-Netzwerk-Theorie vgl. Erhard Schüttpelz: »Elemente einer Akteur-Medien-Theorie«, in: Tristan Thielmann/Erhard Schüttpelz (Hg.), *Akteur-Medien-Theorie*, Bielefeld 2013, S. 9–70, hier S. 18 f.

[11] Vgl. auch Martin Zillinger: *Die Trance, das Blut, die Kamera. Trance-Medien und Neue Medien im marokkanischen Sufismus*, Bielefeld 2013, hier S. 281 ff.

[12] Richard Rottenburg: *Weit hergeholte Fakten. Eine Parabel der Entwicklungshilfe*, Stuttgart 2002, hier S. 8.

[13] Ebd. Herv. im Original.

ausschlaggebend für die Arbeit der NGO. Da eine Telekommunikation auf Distanz praktisch ausgeschlossen ist, findet die Wissensvermittlung von Permakultur vornehmlich im *workshopi* statt. Die Anwesenheit der Teilnehmenden stellt folglich die Voraussetzung für die Vermittlung von theoretischem und praktischem Wissen über biologisch-ökologische Landwirtschaft dar. Mit anderen Worten: Die einzelnen Teilnehmenden und *Facilitators* sowie ihre kommunikativen Praktiken konstituieren zusammen mit den materiellen Artefakten den *workshopi*. Aufgrund dieses wechselseitigen Abhängigkeitsverhältnisses setzt die NGO verschiedene Mechanismen ein, um die Anwesenheit der Teilnehmenden zu gewährleisten. Dazu zählen verschiedene inhaltliche, monetäre und symbolische Anreize, wie das Erlernen von Permakultur, das Zahlen von *allowances* (einer Aufwandsentschädigung) und das Überreichen eines Zertifikates. Dass das Erlernen von Wissen häufig nicht als einziger Anreiz ausreicht, erklärt mir der *Facilitator* Anwar:

»Als ich Anwar während des Abendessens auf die Zahlungen von *allowances* anspreche ist er überrascht. Das sei für ihn ganz normal. Er erklärt mir, dass viele der Teilnehmenden außerhalb des Workshops anderweitige Verpflichtungen hätten, wie etwa einen Zweitjob, den sie ausüben würden. Auch Lehrerin Annet erzählt mir Wochen später, dass sie zusätzlich Geld verdienen müsse, um die *school fees* ihrer drei Töchter bezahlen zu können. So singt sie beispielsweise in einem Chor und bekommt für die Auftritte etwas Geld.«[14]

Aus diesem Grund ist es nachvollziehbar, dass die NGO, finanziert durch die *Donor*, *allowances* für die Teilnahme am *workshopi* auszahlt, denn nur so ist es für viele Teilnehmende überhaupt möglich, am *workshopi* teilzunehmen. Dass sich die NGO eine gewisse Kontrolle über die Anwesenheit der Teilnehmenden bewahren möchte und nicht nur auf die Anreize setzt, wird daran deutlich, dass *Facilitator* Anwar während des *workshopi* mehrfach betont, dass die Listen täglich ausgefüllt werden müssen und dass nur diejenigen am Ende die *allowances* ausbezahlt bekommen würden, die auf der Liste stünden. Die Etablierung und Nutzung von Listen ist mittlerweile so selbstverständlich, dass sie weder von den Teilnehmenden noch von den *Facilitators* hinterfragt werden. Bei unterschiedlichen Workshops konnte ich beobachten, dass die Praktik des Listenausfüllens und Herumreichens zur Routine gehören. Stellen wir uns die Frage, warum das Ausfüllen der Listen für die NGO so wichtig ist, dann führt uns der Blick zu den *Donors* und den Nachweisen, die diese einfordern. Der *Donor* benötigt bestimmte Mechanismen, um über das Geschehen vor Ort informiert zu werden. Die Listen als ein »Verfahren der statistischen Erhebung und ihrer diagrammatischen Repräsentation«[15] sind eines von mehreren Mitteln, um eine gewisse Kontrolle darüber zu erhalten, dass Geld und Wissen so eingesetzt werden wie es intendiert

---

[14] Überarbeitete Feldforschungsnotiz 2015, Wakiso District, Uganda.

[15] Erhard Schüttpelz: »Die medientechnische Überlegenheit des Westens«, in: Jörg Döring/ Tristan Thielmann (Hg.), *Mediengeographie*, Bielefeld 2009, S. 67–110, hier S. 73.

war.[16] Die Liste stellt ein Dokument zur Standardisierung der Kommunikation über Anwesenheit und Wissensaneignung dar. Denn »Listen [...] kontrollieren Übertragungsvorgänge. [...] Festgehalten werden die einzelnen Posten nicht zu Erinnerungszwecken [...], sondern um Güter, Sachen oder Personen zu verwalten. Listen sortieren und lassen zirkulieren«.[17] Grundsätzlich ist die reine Form der Liste variabel und kann sich in Aufbau oder Reihenfolge der abgefragten Daten unterscheiden, das bürokratische Verfahren, die Praxis und Bewertung der Legitimation und die Herstellung von *accountability*, ist ein standardisiertes Verfahren, weshalb im Folgenden von *standardisierten Prozessen* gesprochen wird.

Das, was durch die Listen verwaltet wird, erklärt mir Anwar folgendermaßen: Da der *Donor* vor Ort nicht anwesend ist, benötige er Nachweise darüber, dass sowohl das zur Verfügung gestellte Geld planmäßig eingesetzt wird als auch der Wissenstransfer im *workshop* stattgefunden hat. Aus diesem Grund reicht die NGO regelmäßig Dokumente per Email ein, in denen Rechenschaft über die geleistete Arbeit abgelegt wird. Zu diesen Dokumenten zählen eine Teilnehmerliste mit Namen, Telefonnummer und Arbeitsstelle der Teilnehmenden, Projektberichte sowie Belege von allen Rechnungen. Die Listen sind für die NGO insofern wichtig, als sie pro Teilnehmendem Gelder bezahlt bekommt. Die Dokumentation der lückenlosen Teilnahme der Teilnehmenden erhöht zudem die Chance der NGO auf weitere Fördergelder oder die Projektverlängerungen durch den *Donor*.

Ausschlaggebend für die Verlängerung des Projektes ist neben den inhaltlichen Komponenten die Korrektheit der bürokratischen Dokumente. Da der *Donor* das Projekt nur selten besucht, bedarf es Formen der Verwaltung, welche eine Ausübung von Macht und Kontrolle auch an entfernten Orten ermöglicht.[18] Eine solche stellt die Unterschriftenliste dar, da sie Informationen gebunden auf Papier über weite Entfernungen hinweg transportiert, ohne dass sich diese verändern. Die Daten der Teilnehmenden werden in dem »Registrierungsmedium«[19] Liste schriftlich fixiert und durch die Beweglichkeit der Listen mobil, sie werden übertragbar und transportabel.[20] Auf den Listen festgehalten, können die Daten durch ihre formstabile Übersetzung an anderen Orten präsentiert und bei den *Donors* in »Rechen(schafts)zentren«[21] weiterverarbeitet und zirkuliert werden. Die Kontrolle, die durch die standardisierte Liste ausgeübt wird, geschieht »durch

---

[16] Vgl. Bruno Latour: »Drawing Things Together. Die Macht der unveränderlich mobilen Elemente«, in: Andréa Belliger/David J. Krieger (Hg.), *ANThology*, Bielefeld 2006, S. 259–307.

[17] Vismann, Akten, 21.

[18] Vgl. Schüttpelz, Akteur-Medien-Theorie.

[19] Vgl. Erhard Schüttpelz: »Infrastrukturelle Medien und öffentliche Medien«, in: *Media in action* 0 (2016), hier S. 13.

[20] Vgl. Latour, Drawing.

[21] Bruno Latour: *Science in Action. How to Follow Scientists and Engineers Through Society*, Milton Keynes 1987; Rottenburg, Fakten.

die beschleunigte Mobilität fixierbarer Gestalten einer Formkonstanz«.[22] Bruno Latour hat für Objekte, die »*mobil,* aber auch *unveränderlich, präsentierbar, lesbar* und miteinander *kombinierbar*«[23] sind, den Begriff der *immutable mobiles* geprägt.[24] Die Unterschriftenliste macht die Praktiken der NGO sichtbar, analysierbar und vergleichbar, im garfinkelschen Sinne »accountable«.[25] Aus diesem Grund werden Daten auf Papier festgehalten, in Berichtform digitalisiert und im Geberland algorithmisiert.

Würden Daten auf der Unterschriftenliste fehlen, hätte dies Konsequenzen für die *Facilitator* und die Teilnehmenden. Wie wichtig die Unterschrift für die Mitarbeitenden der NGO ist, konnte ich während eines anderen Workshops beobachten. Dort verschwanden die Teilnehmenden an manchen Tagen und waren nicht lückenlos über den Zeitraum des *workshopi* anwesend. Die Mitarbeitenden der NGO berichteten mir, dass sie sich Sorgen um die Projektverlängerung machen würden, da nicht alle Teilnehmenden jeden Tag unterschrieben hätten. Um keine Lücken auf der Teilnehmerliste zu haben, versuchten die Mitarbeitenden die Teilnehmenden zu überzeugen, die restlichen Tage dauerhaft anwesend zu sein oder forderten sie dazu auf trotz ihres Fehlens zu unterschreiben. Die Relevanz der Liste zeigt sich hier deutlich zum einen an dem Auftreten von Störungen und Auseinandersetzungen, welche das Fehlen von Informationen auf der Liste hervorruft sowie zum anderen an der sich daran anschließenden Aufforderung zum Unterschreiben der Liste.[26] Schauen wir auf die »[…] organisatorischen, technischen, institutionellen und ästhetischen Verkettungen[…]«[27] im Ablauf des *workshopi,* so wird deutlich, dass die Rechenschaft, welche über die Listen geschaffen wird, kein einseitiger Prozess ist, welcher *nur* von der NGO ausgeführt wird, sondern eine Verknüpfung von Teilnehmenden und materiellen Artefakten ist. Das Unterschreiben der Listen als kooperative Praktik stellt eine »wechselseitige Verfertigung gemeinsamer Abläufe, Ziele und Mittel«[28] dar, welche dazu genutzt wird, Rechenschaft über die Anwesenheit der Teilnehmenden abzulegen und den *workshopi* aufrechtzuerhalten.[29] Die Unterschriften sind insofern von Belang, als sie einen wichtigen Platz im Prozess der Transformation der

---

[22] Schüttpelz, Akteur-Medien-Theorie, S. 33 f.

[23] Latour, Drawing, S. 266. Herv. im Original.

[24] Ebd.

[25] Garfinkel, Ethnomethodology, S. 34.

[26] Vgl. Geoffrey C. Bowker/Susan Leigh Star: *Sorting Things Out. Classification and Its Consequences,* Cambridge 2000, hier S. 3.

[27] Erhard Schüttpelz/Sebastian Gießmann: »Medien der Kooperation. Überlegungen zum Forschungsstand«, in: Mark Dang-Anh et al. (Hg.), *Medienpraktiken: Situieren, erforschen, reflektieren. Navigationen. Zeitschrift für Medien- und Kulturwissenschaft* 17/1 (2017), S. 7–55, hier S. 9.

[28] Erhard Schüttpelz/Christian Meyer: »Ein Glossar zur Praxistheorie ›Siegener Version‹«, in: Dang-Anh, Medienpraktiken, S. 157.

[29] Vgl. Schüttpelz/Gießmann, Medien der Kooperation, S. 10.

Teilnehmenden in Tabellen einnehmen. Vergleichbar ist dieser Prozess mit dem, was Callon, Latour folgend, beschreibt: Teilnehmende werden in Unterschriften, Unterschriften in Zahlen, »[…] die Zahlen in Tabellen und Kurven transformiert, die leicht zu transportierende, reproduzierbare und zu verbreitende Papierblätter darstellen […]«.[30] Auf dieser Grundlage wird dann über weitere Projekte und Projektgelder entschieden. Die Unterschriften der Teilnehmenden nehmen also einen wichtigen Stellenwert in der Entscheidung über die finanzielle Zukunft der NGO ein. Aus dieser Perspektive heraus wird deutlich, dass die Teilnehmerlisten den *Donors* im Ausland als Kontrollorgan dienen, um über die Anwesenheit der Teilnehmenden informiert zu werden. Rottenburg macht mit seiner Formulierung »Rechen(schaft)«[31] in der Übersetzung der latourschen »centers of calculation«[32] deutlich, dass die Dokumente nicht nur zur Berechnung von Teilnehmenden und Ein- und Ausgaben dienen, sondern durch ihre Eigenschaft der Kombinierbarkeit dazu genutzt werden, Rechenschaft abzulegen. Die Spenderorganisation ist der Ausgangspunkt des Projektes, da sie neben der finanziellen Grundlage auch die inhaltliche Ausrichtung und die Förderungsdauer des Projektes bestimmt. Gleichzeitig stellt sie auch den Ort dar, an welchen die Dokumente der Rechenschaft (Listen, Formulare, Berichte) zurückgeschickt werden. Diese Dokumente helfen dem *Donor* bei seiner Entscheidung über die Fortführung des Projektes und stellen als Ausgangs- und Endpunkt des Akkumulationskreislaufes einen »Ort der Macht«[33] dar. Gebündelt mit Informationen aus anderen Projekten werden die Daten aus dem hier beschriebenen Projekt in den Organisationen der *Donors* in der Regel aufgearbeitet und dienen so wiederum als Rechenschaftsgrundlage für staatliche Behörden oder die Mitglieder der Spenderorganisation.

In Bezug auf mein Feld heißt das, dass alle Daten in Dokumenten, welche die NGO an die *Donors* einreicht, verglichen und in Beziehung gesetzt werden können und als Basis der »organisierbaren Steuerung der Zirkulation von Zeichen, Personen und Dingen«[34] dienen können. So lässt sich über die Distanz hinweg nachhalten und gegenüberstellen, wieviel Geld in Summe aber auch im Einzelnen etwa für Essen, Druck- und Fahrtkosten pro Teilnehmenden ausgegeben wurde. Auf diesem Weg erlangt das Unterschreiben der Listen über die lokale Ebene hinaus an Bedeutung und das Medium Unterschriftenliste leistet eine Verknüpfung von lokaler zu globaler Ebene. Es dient nicht nur als Nachweis des Wissenserwerbs, sondern im globalen Zusammenhang der Kontrolle über Anwesenheit von Personen und Ausgaben finanzieller Mittel. Derart lassen sich mittels des

---

[30] Michel Callon: »Einige Elemente einer Soziologie der Übersetzung«, in: Andréa Belliger/David J. Krieger (Hg.), *ANThology*, S. 163.

[31] Rottenburg, Fakten.

[32] Latour, Science in Action.

[33] Isabell Otto: »›I put a study into the field that very night‹: The Invasion from Mars als ›faitiche‹ der Medienwissenschaft«, in: Thielmann/Schüttpelz, Akteur-Medien-Theorie, S. 167–200.

[34] Schüttpelz, Akteur-Medien-Theorie, S. 34.

Standards Liste nicht nur Informationen weitergeben, sondern auch eine Kontrolle über die Praktiken vor Ort ausüben.[35]

Kooperation und Listen

Die Arbeit der NGO ist geprägt von Hürden und Unsicherheiten. Diese entstehen einerseits durch die Heterogenität der zusammenarbeitenden Akteure, andererseits durch die befristeten Laufzeiten der Projekte und die damit einhergehende Unsicherheit der Arbeitsplätze.

In diesem Abschnitt wird ein neuer Aspekt aufgegriffen, indem der Frage nachgegangen wird, wie unter den Bedingungen der Heterogenität zusammengearbeitet werden kann und welche Akteure dabei von Relevanz sind. Die Voraussetzung für ein erfolgreiches Projekt und damit auch für die Ermöglichung eines Nachfolgeprojektes ist die Zusammenarbeit der unterschiedlichen Akteure, die im Feld der Entwicklungszusammenarbeit vertreten sind. Dazu zählen die *Donors* mit ihren Mitarbeitenden im globalen Norden, im globalen Süden die Mitarbeitenden der ugandischen NGO sowie die Teilnehmenden des Projektes. Sie alle kommen aus »unterschiedlichen sozialen Welten«,[36] haben vielfältige Interessen und Erfahrungen und verfolgen unterschiedliche persönliche, operative und ökonomische Ziele. Diese Ziele können nun durch unterschiedliche Objekte »(neu) geformt und übersetzt werden«.[37] Nach Susan Leigh Star und James R. Griesemer besteht der »Trick der Übersetzung«[38] in zwei Bedingungen: Es müssten erstens Methoden entwickelt und angewendet werden, »um die Informationen [der jeweiligen Akteure] zu ›disziplinieren‹«,[39] und zweitens müssten Grenzobjekte (*boundary objects*[40]) gebildet und genutzt werden, »die sowohl die Autonomie der einzelnen Welten wie die Kommunikation zwischen ihnen maximieren würden«.[41] Diese *boundary objects* müssen demnach den Anforderungen der multiplen Akteure gerecht werden, um als Mittel der Übersetzung zu fungieren. Wie die heterogenen Akteure in meinem Projekt trotz der unterschiedlichen Ausgangslage zusammenarbeiten, möchte ich anhand der Unterschriftenliste verdeutlichen, die bereits im vorherigen Abschnitt unter dem Aspekt der Kontrolle auf Distanz thematisiert wurde.

---

[35] Vgl. auch Rottenburg, Fakten.

[36] Star/Griesemer, Institutionelle Ökologie, S. 81.

[37] Zillinger, Trance, S. 297.

[38] Star/Griesemer, Institutionelle Ökologie, S. 100.

[39] Ebd.

[40] Susan Leigh Star/James R. Griesemer: »Institutional Ecology, ›Translations‹ and Boundary Objects. Amateurs and Professionals in Berkeley's Museum of Vertebrate Zoology, 1907–39«, in: *Social Studies of Science* 3 (1989), S. 387–420.

[41] Star/Griesemer, Institutionelle Ökologie, S. 100.

Da die Teilnehmenden, *Facilitators* und *Donors* aus »unterschiedlichen sozialen Welten«[42] stammen, kann es Schwierigkeiten bei der Verständigung über das Projekt geben. Verwaltungsmaterialien können dazu genutzt werden, um solche Probleme zu lösen, indem sie als gemeinsame Basis zwischen den Gruppen dienen. Die Unterschriftenlisten wurden von den *Donors* eingeführt und stellen neben der Selbstdokumentation für die Aktivitäten der NGO auch ein Dokument dar, um Rechenschaft über das Projekt abzulegen. Während die Liste einerseits als Kontrollorgan genutzt wird, so schafft sie andererseits auch eine Grundlage, auf der unterschiedliche Akteure miteinander kommunizieren können. Im Verlauf meiner Feldforschung konnte ich beobachten, welche individuellen Bedeutungen die Liste für die unterschiedlichen Akteure hat. So weist mich Ines, eine Teilnehmerin des Permakultur-Workshops, auf mein fehlerhaftes Ausfüllen der Unterschriftenliste hin und erklärt mir, dass es wichtig sei, korrekt darauf zu unterschreiben, um am Ende des Workshops das wichtige Teilnehmerzertifikat und die versprochenen *allowances* zu erhalten. Dies sei für sie besonders wichtig, weil sie mit dem Erhalt des Zertifikats die Hoffnung auf eine bessere berufliche Zukunft verbinde. Auch Anwar, der *Facilitator* desselben Workshops, achtet auf die Korrektheit der ausgefüllten Liste und lässt mich nicht mit meinem Kugelschreiber mit schwarzer Mine unterschreiben, da alle anderen mit einem blauen Stift unterzeichnet haben. Begründet liegt dieses Verhalten in der Sorge um die Existenz seiner Arbeitsstelle, da die Abweichung vom *Donor* als Betrug ausgelegt werden könnte. Bridget, die Mitarbeiterin einer Medien-NGO, erklärt mir, dass von der Unterschrift der Teilnehmenden die Zukunft des geförderten Projektes abhängig sei. Wenn das Projekt nicht gut dastehe, zum Beispiel dadurch, dass Unterschriften fehlten, könnte das bedeuten, dass die finanzielle Förderung des Projektes nicht verlängert würde und man neue *Donors* suchen müsste. Während einer vorherigen Studie in einer deutschen Entwicklungsorganisation konnte ich beobachten, wie die Daten aus den Materialien, wie Berichte und Unterschriftenlisten verschiedener Entwicklungsprojekte, in Charts und Diagrammen aufgearbeitet wurden, um Rechenschaft gegenüber ihren Spendern und staatlichen Organen abzulegen.[43] Diese Aussagen zeigen einerseits, dass sich in der Liste für die unterschiedlichen Akteure verschiedene Hoffnungen, Wünsche, aber auch Ängste und Unterstellungen widerspiegeln. Andererseits kann sie aber auch als gemeinsame Referenz fungieren, auf die sich die multiplen Akteure berufen können: Das Projekt *Landwirtschaft an Schulen* und seine Teilnehmenden werden auf Listen in Inskriptionen übersetzt, reduziert und mittels technischer Infrastruktur zirkuliert. Die Liste dient dabei als Maßstab für die Anwesenheit der Teilnehmenden. Mit anderen Worten: Die vermittelte Erwartung der durchgängigen Anwesenheit manifestiert sich in Form der Unterschriftenliste. Insbesondere die Reduktion, welche durch die Übersetzung in Inskriptionen geschieht, ermöglicht die Nutzung

---

[42] Ebd. S. 81.

[43] Vgl. Astrid Wiedmann: *Kooperation und Repräsentation in der Entwicklungszusammenarbeit*, Universität Siegen 2014, unveröffentlichte Masterarbeit.

in unterschiedlichen Zusammenhängen, wie etwa in Archiven oder als Grundlage für Berechnungen.[44] Die Liste, und die darauf enthaltenen Daten wie Namen, Adresse, Telefonnummer, Beruf und Unterschrift kann also für jede Personengruppe eine spezifische Bedeutung haben. Sie ermöglicht aber trotz allem eine Zusammenarbeit über Grenzen hinweg. Dabei sind die Akteure nicht gezwungen einen Konsens zu schaffen, sondern können die Liste in Form eines Anknüpfungspunktes der gemeinsamen Kooperation nutzen. Aufgrund dieser Eigenschaften kann sie als *boundary object* betrachtet werden, welche nach Star und Griesemer unterschiedliche Interessen und Handlungen über einen gemeinsamen, identischen Referenzpunkt verbinde und den Akteuren ermögliche in Kooperation zu treten. Damit eine »Kooperation ohne Konsens« dauerhaft gelingen kann, bedarf es also Objekten, die

> »sowohl plastisch genug sind, um sich lokalen Anforderungen und Einschränkungen von mehreren Parteien anzupassen und zugleich robust genug sind, um eine gemeinsame Identität über Ortswechsel hinweg aufrechtzuerhalten. Sie sind im gemeinsamen Gebrauch schwach strukturiert und werden beim ortsspezifischen Gebrauch stark strukturiert.«[45]

Die beschriebene Liste kann als ein solches Grenzobjekt verstanden werden. Auf den Listen findet eine Übersetzung von Personen, Zahlen und Fakten in Inskriptionen statt, welche sich leicht transportieren, zirkulieren und archivieren lassen. Grundsätzlich unterscheiden Star und Griesemer zwischen vier Idealtypen von *boundary objects*: *repository, ideal type, coincident boundaries* und *standardized form*.[46] In die Kategorie der *standardized forms* lassen sich standardisierte Verzeichnisse und *immutable mobiles*[47] einordnen, durch die Informationen unverändert weitergegeben und empfangen werden können.[48] Durch die Listen werden infolgedessen die unterschiedlichen Interessengruppen mit unterschiedlichen Erfahrungen und Handlungsmöglichkeiten zusammengeführt, was eine Kooperation über Raum, Zeit und heterogene Kontexte hinweg ermöglicht und die Voraussetzung für die Zusammenarbeit unterschiedlichster Personen schafft.[49] Insbesondere das standardisierte Layout und die Formkonstanz der Liste unterstützten die Zirkulation, Weiterverarbeitung und

---

[44] Vgl. Bruno Latour: *Die Hoffnung der Pandora. Untersuchungen zur Wirklichkeit der Wissenschaft*, übers. von Gustav Roßler, Frankfurt a. M. 2017, hier S. 69.

[45] Susan Leigh Star: »Die Struktur schlecht strukturierter Lösungen: Grenzobjekte und heterogenes verteiltes Problemlösen (1988/89)«, in: Star, Grenzobjekte, S. 131–150, hier: S. 141.

[46] Star/Griesemer, Institutional Ecology.

[47] Latour, Drawing.

[48] Vgl. Star/Griesemer, Institutional Ecology. Objekte dieser Kategorie können Bestandteil von Objekten des Typs *repository* werden, einer geordneten Sammlung von Objekten. Menschen aus »unterschiedlichen sozialen Welten« können die Objekte aus den »Stapeln« für ihre eigenen Zwecke verwenden oder daraus Nutzen ziehen, ohne direkt die Unterschiede im Gebrauch verhandeln zu müssen. Star, Kooperation ohne Konsens, S. 72.

[49] Zillinger, Trance.

Archivierung der Daten in *centers of calculation*, in denen Fakten aus entfernten Ländern gesammelt und mit anderen Dingen zusammengeführt werden.[50]
Die Standardisierung und klare Struktur des Dokuments hilft dabei eine Verbindung zwischen multiplen Akteuren herzustellen, ohne dass ein Bezug auf
ihre individuelle Interpretation genommen wird. So macht das Logo der *Donors*
auf der Liste die Spenderorganisation im *workshopi* präsent und andersherum
sind die Teilnehmenden durch ihre Namen und Positionen im Büro der *Donor*
anwesend. Die Formalisierung und Standardisierung von Verfahren trägt insofern in diesem Prozess dazu bei, als dass sie den fehlenden *Konsens* zwischen
der ugandischen NGO und den *Donors* im globalen Norden überbrücken und
zur Operationalisierung der Arbeitsprozesse der NGO beitragen.[51] Das Grenzobjekt Liste kann auch vor Ort eine Verbindung zwischen Teilnehmenden und
Facilitators herstellen. Denn auch hier sind verschiedene Wünsche, Vorstellungen
und Ziele mit der Unterschrift auf der Liste verbunden. Während die NGO damit
die Rechenschaft gegenüber den *Donors* verknüpft und die Weiterführung des
Projektes sicherstellen möchte, verknüpfen die Teilnehmenden mit dem Unterschreiben der Liste zum einen die Hoffnung, mittels des ausgehändigten Zertifikats einen besser bezahlten Job zu bekommen und zum anderen die Auszahlung
von *allowances*, die ihre finanzielle Lage verbessert. Aufgrund ihrer »interpretative[n] Flexibilität«[52] ist die Liste gleichermaßen für gemeinsame wie heterogene Zwecke nützlich und stabilisiert die Zusammenarbeit verschiedener Akteure.

Schluss

In meinem Beitrag habe ich die Formen der Verwaltung in Papierform und das
verwaltungsmäßige Handeln vor Ort in einem Entwicklungsprojekt in Uganda
beschrieben und analysiert. Dabei habe ich rekonstruiert, wie die Verwaltungsmaterialien in der alltäglichen Praxis der Entwicklungszusammenarbeit, im
workshopi, entstehen und genutzt werden. Ausgehend von der Frage, warum
einer Unterschriftenliste verhältnismäßig viel Beachtung zuteil wird und welche
Rolle dieses Registrierungsmedium in den Workshops spielt, wurde aufgezeigt,
inwiefern die Unterschriftenliste als Standard für die Verwaltungsarbeit eingesetzt wird. Etablierte Standards rufen zum einen soziale Praktiken wie das
unhinterfragte Eintragen der Daten in Listen hervor und vermittelzum anderen
bestimmte Ansprüche wie die Erwartungshaltung an die Anwesenheit der Teilnehmenden. Die Analyse der alltäglichen Praktiken, die mit der Unterschriftenliste verknüpft sind, gibt Aufschluss darüber, wie im konkreten Vollzug Kontrolle

---

[50] Latour, Science in Action; Rottenburg, Fakten, S. 121.

[51] Vgl. ebd., S. 139.

[52] Susan Leigh Star: »Dies ist kein Grenzobjekt. Reflexionen über den Ursprung eines Konzepts
(2010)«, in: Star, Grenzobjekte, S. 212–228, hier: S. 214.

und Kooperation stattfinden. Um Kontrolle über Entfernungen hinweg auszuüben, fordern die *Donors* Informationen über die Arbeit der NGO und Daten über die Teilnehmenden ein.

Aus diesem Grund werden Informationen auf Papier festgehalten, in Berichtform digitalisiert und im Geberland gebündelt, geordnet und zur Ablegung von Rechenschaft weiterverarbeitet. Die Formkonstanz und Mobilität der Liste ermöglicht dabei die Zirkulation von Daten über räumliche und zeitliche Grenzen hinweg. Dabei erfüllt sie unterschiedliche Funktionen: Für die NGO stellt sie ein Werkzeug der Selbstdokumentation dar und legt gleichzeitig Rechenschaft über ihr Verhalten gegenüber dem *Donor* ab. Der *Donor* wiederum nutzt das Registrierungsmedium Liste als ein Kontrollwerkzeug, um das Verhalten der Personen vor Ort zu beeinflussen. Daneben muss auch er Rechenschaft gegenüber seinen Spendern ablegen, was ebenso auf der Grundlage der Daten aus dem Projekt geschieht. Listen sind folglich nicht nur als passive Zwischenglieder zu verstehen, sondern als Mittler, die den Prozess der Entstehung von Wirklichkeit aktiv mitgestalten.[53] Die Liste als »zirkulierende Referenz«[54] schafft Dokumentation und Nachprüfbarkeit über das Projekt und seine Teilnehmenden. Dabei stellt die Liste nur eine von verschiedenen Formen von *accountability* dar, welche in verschiedenen Übersetzungsketten bemüht werden. Der zweite Strang des Beitrages widmet sich der Frage, inwiefern Listen Bestandteile von kooperativen Praktiken sind. Dabei konnte gezeigt werden, dass die Liste einen gemeinsamen Referenzpunkt für die heterogenen Akteure bildet, welche sich in der Zusammenarbeit auf sie berufen können, aber gleichzeitig eine Nutzung der Liste für die Teilnehmenden, NGO-Mitarbeitenden und *Donors* in ihrem eigenen Verständnis ermöglicht. Diese Perspektive vertieft das Verständnis davon, wie Prozesse der Verwaltungsarbeit zur Kooperation beitragen. Betrachtet man das Unterschreiben auf Dokumenten oder Listen als Medienpraktik in Form von Grenzobjekten, so zeigt sich, dass das Medium Liste hierbei die Aufgabe der Organisation und Regulation von Prozessen übernimmt. So reguliert sie einerseits vor Ort die Praktiken der Teilnehmenden, jeden Tag anwesend zu sein, um zu unterschreiben. Andererseits ermöglicht die Liste als *Kooperationsmedium der Abwesenheit* die Organisation der Kontrolle auf Distanz. Aus diesem Blickwinkel betrachtet, fungiert das Medium Liste als Stabilisator der Kooperation verschiedener Interessensgruppen. Diese kleinen alltäglichen Praktiken, wie das Ausfüllen von Teilnehmerlisten, stehen in Beziehung zur internationalen Kooperation, da nur durch das Erfüllen bestimmter bürokratischer Vorgaben eine Zusammenarbeit über die Entfernung hinweg möglich ist. So gelingt es den Akteuren, »[...] unterschiedliche Gruppeninteressen in gemeinsame Formulare und Gegenstände zu übersetzen, und eine Kooperation ohne Konsens

---

[53]Vgl. Bruno Latour: *Reassembling the Social. An Introduction to Actor Network Theory*, New York 2005.

[54]Vgl. Bruno Latour: »Zirkulierende Referenz. Bodenstichproben aus dem Urwald am Amazonas«, in: Latour, Pandora, S. 36–95.

in Gang zu setzen«.[55] Dabei fügt sich die Liste in ein Netzwerk von unterschied-lichen *Kooperationsmedien der Abwesenheit* ein, welche die Transformations-prozesse der Projektarbeit realisieren. Dazu zählen Fotos als Präsentations- und Dokumentationsmedien, Zeichenpläne, auf denen die Anlegung der Gärten abgebildet wird, sowie Projektberichte, in denen die Arbeit vor Ort dokumentiert und zirkuliert wird. Die unterschiedlichen Kooperationsmedien, ihre Verfertigung und ihr Zusammenspiel verfolge ich im Rahmen meines Dissertationsprojekts weiter (Wiedmann, im Erscheinen).

Literatur

Bowker, Geoffrey C./Star, Susan Leigh: *Sorting Things Out. Classification and Its Consequences,* Cambridge 2000.

Callon, Michel: »Einige Elemente einer Soziologie der Übersetzung«, in: Andréa Belliger/David J. Krieger (Hg.): *ANThology*, Bielefeld 2006, S. 135–174.

Garfinkel, Harold: *Studies in Ethnomethodology,* Englewood Cliffs 1967.

Hennion, Antoine/Méadel, Cecile: »In den Laboratorien des Begehrens. Die Arbeit der Werbe-leute«, in: Thielmann, Tristan/Schüttpelz, Erhard (Hg.): *Akteur-Medien-Theorie*, Bielefeld 2013, S. 341–376.

Latour, Bruno: »Drawing Things Together. Die Macht der unveränderlich mobilen Elemente«, in: Belliger, Andréa/Krieger, David J. (Hg.): *ANThology*, Bielefeld 2006, S. 259–307.

Latour, Bruno: *Die Hoffnung der Pandora. Untersuchungen zur Wirklichkeit der Wissenschaft,* übers. von Gustav Roßler, Frankfurt a. M. 2017.

Latour, Bruno: *Reassembling the Social. An Introduction to Actor Network Theory*, New York 2005.

Latour, Bruno: *Science in Action. How to Follow Scientists and Engineers Through Society,* Milton Keynes 1987.

Otto, Isabell: »›I put a study into the field that very night‹: The Invasion from Mars als ›faitiche‹ der Medienwissenschaft«, in: Thielmann, Tristan/Schüttpelz, Erhard (Hg.): *Akteur-Medien-Theorie*, Bielefeld 2013, S. 167–200.

Rottenburg, Richard: *Weit hergeholte Fakten. Eine Parabel der Entwicklungshilfe,* Stuttgart 2002.

Schüttpelz, Erhard: »Die medientechnische Überlegenheit des Westens«, in: Döring, Jörg/Thielmann, Tristan (Hg.): *Mediengeographie*, Bielefeld 2009, S. 67–110.

Schüttpelz, Erhard: »Elemente einer Akteur-Medien-Theorie«, in: Thielmann, Tristan/Schüttpelz, Erhard (Hg.): *Akteur-Medien-Theorie*, Bielefeld 2013, S. 9–70.

Schüttpelz, Erhard/Meyer, Christian: »Ein Glossar zur Praxistheorie ›Siegener Version‹«, in: Dang-Anh, Mark et al. (Hg.): *Medienpraktiken: Situieren, erforschen, reflektieren. Navigationen, Zeitschrift für Medien- und Kulturwissenschaften* 17/1 (2017), S. 157–163.

Schüttpelz, Erhard: »Infrastrukturelle Medien und öffentliche Medien« in: *Media in action* 0 (2016).

Schüttpelz, Erhard/Gießmann, Sebastian: »Medien der Kooperation. Überlegungen zum Forschungsstand«, in: Dang-Anh, Mark et al. (Hg.): *Medienpraktiken: Situieren, erforschen, reflektieren. Navigationen. Zeitschrift für Medien- und Kulturwissenschaft* 17/1 (2017), S. 7–55.

---

[55] Schüttpelz bezieht sich in seiner Aussage zwar auf Formulare, dennoch ist die Feststellung auf die beschriebene Teilnehmerliste übertragbar, vgl.: Schüttpelz, Akteur-Medien-Theorie, S. 38.

Star, Susan Leigh/Griesemer, James R.: »Institutionelle Ökologie, ›Übersetzungen‹ und Grenzobjekte. Amateure und Professionelle im Museum of Vertebrate Zoology in Berkeley, 1907–39 (1989)«, in: Susan Leigh Star, *Grenzobjekte und Medienforschung*, hg. v. Sebastian Gießmann/Nadine Taha, Bielefeld 2017, S. 81–116.

Star, Susan Leigh: »Die Struktur schlecht strukturierter Lösungen: Grenzobjekte und heterogenes verteiltes Problemlösen (1988/89)«, in: Susan Leigh Star, *Grenzobjekte und Medienforschung*, hg. v. Sebastian Gießmann/Nadine Taha, S. 131–150.

Star, Susan Leigh: »Dies ist kein Grenzobjekt. Reflexionen über den Ursprung eines Konzepts (2010)«, in: Susan Leigh Star, *Grenzobjekte und Medienforschung*, hg. v. Sebastian Gießmann/Nadine Taha, Bielefeld 2017, S. 212–228.

Star, Susan Leigh: »Kooperation ohne Konsens in der Forschung. Die Dynamik der Schließung in offenen Systemen«, in: Jörg Strübing et al. (Hg.): *Kooperation im Niemandsland*, Wiesbaden 2004, S. 58–76.

Star, Susan Leigh/Griesemer, James R.: »Institutional Ecology, ›Translations‹ and Boundary Objects. Amateurs and Professionals in Berkeley's Museum of Vertebrate Zoology, 1907–39«, in: *Social Studies of Science* 3 (1989), S. 387–420.

Vismann, Cornelia: *Akten. Medientechnik und Recht,* Frankfurt a. M. 2011.

Wiedmann, Astrid: »Follow the actors? Follow whom? Follow what? Die methodischen und praktischen Folgen der Umsetzung der Losung ›follow the actors‹«, in: Astrid Wiedmann et al. (Hg.): *Wie forschen mit den ›Science and Technology Studies‹? Interdisziplinäre Perspektiven*, Bielefeld 2020, S. 51–80.

Wiedmann, Astrid: *Kooperation und Repräsentation in der Entwicklungszusammenarbeit,* Universität Siegen 2014, unveröffentlichte Masterarbeit.

Wiedmann, Astrid: *Medien der Entwicklungszusammenarbeit. Eine medienethnographische Untersuchung in Uganda,* Bielefeld im Erscheinen.

Zillinger, Martin: *Die Trance, das Blut, die Kamera. Trance-Medien und Neue Medien im marokkanischen Sufismus,* Bielefeld 2013.

Papier und Automatisierung in Speyer. Von der Tyrannei des Ortes und der Dauer der Akten

Christoph Engemann

Öffentliche Verwaltung – so stellte der Jurist und Oberregierungsrat Niklas Luhmann 1966 in einer Untersuchung für das Deutsche Forschungsinstitut für öffentliche Verwaltung Speyer fest – unterscheidet sich von Verwaltungen privater Unternehmungen darin, dass die von ihnen angefertigten Entscheidungen nicht nur interne Vorgänge sind. Sie dienen vielmehr der »Lösung gesellschaftlicher Probleme durch verbindliches Entscheiden«[1] und werden »der Umwelt zugestellt und von ihr als verbindlich anerkannt«.[2] Somit ist »Staat Verwaltung im selbständigen Betrieb«.[3]

Gegenstand von Luhmanns Untersuchung ist die Automation der öffentlichen Verwaltung. Carl Hermann Ule, Direktor der örtlichen Schwesterinstitution, der Hochschule für Verwaltungswissenschaften Speyer, spricht Luhmanns Arbeit in seinem Vorwort »besonderen Wert« zu, denn sie scheue nicht vor »kühnen, auf den ersten Blick oft sogar bestürzenden Feststellungen zurück«.[4] Luhmann selbst schreibt sehr viel trockener vom »erfrischenden Denkzwang«,[5] den die Automatisierung der Verwaltung mit sich brächte. Um letztere ging es in der Schrift,

---

[1] Niklas Luhmann: *Recht und Automation in der öffentlichen Verwaltung. Eine verwaltungswissenschaftliche Untersuchung*, Berlin 1966, S. 16.

[2] Ebd., S. 17.

[3] Ebd.

[4] Ebd., S. 6.

[5] Ebd., S. 9.

Dieser Artikel hat ein Peer Review Verfahren durchlaufen.

C. Engemann (✉)
Institut für Medienwissenschaften, Ruhr-Universität Bochum, Bochum, Deutschland
E-Mail: christoph.engemann@rub.de

A. Echterhölter et al., *Apparate*, AdminiStudies. Formen und Medien der Verwaltung 3, https://doi.org/10.1007/978-3-662-67712-4_4

die unter dem Titel *Recht und Automation in der öffentlichen Verwaltung* als Band 29 in der Schriftenreihe der Speyerer Hochschule erschienen war.

Was Ule als bestürzend erscheint und Luhmann als erfrischend markiert, ist die »Übertragbarkeit von Entscheidungen an Maschinen«, die aber zugleich dem Verwaltungsrecht neue Möglichkeiten bietet. Luhmann resümiert in seiner Arbeit, dass, um nicht »an politischer Sensibilität« zu verlieren, der »Lenkungstil«[6] vom »Befehl auf Systemplanung umorientiert werden muss«.[7]

Mit Automation ist 1966 und damit gut zwanzig Jahre nach dem historischen Auftreten der ersten dieser Maschinen in den Weltkriegslaboren der USA und des Vereinigten Königreichs der digitale Computer gemeint. Zu diesem Zeitpunkt hatten die öffentlichen Verwaltungen in Deutschland bereits mehr als zehn Jahre Erfahrungen mit dieser Technik und den Herausforderungen, die sie für die Organisation und ihr Selbstverständnis bedeuteten. Luhmanns Einlassung steht dabei in einer Reihe von um 1960 erscheinenden Versuchen von Verwaltungswissenschaftler*innen und Juristi*innen, diese Herausforderungen zu fassen.[8] Weithin öffentlich sichtbar war der Einsatz von Computern in der staatlichen Verwaltung erstmals durch die Rentenreform von 1956–57 geworden.[9] Die Einführung des Umlageverfahrens koppelte die Renten an die Bruttolohnentwicklung und setzte die jahresaktuelle Berechenbarkeit der Bezugsgrößen Löhne und Rentenbedarfe für die Versicherten voraus. Eine Aufgabe, die ohne die Automatisierung nicht leistbar gewesen wäre. Die Berechnungen und somit die Entscheidungen, auch solche, die die individuelle Rentenhöhe betreffen, wurden automatisiert. Die Zustellung dieser Entscheidungen allerdings blieb der Papierform vorbehalten.[10] Die Rentenmitteilung und den eventuellen Rentenbescheid erhielten die Versicherten weiterhin per Post. Das ist bis heute der Fall, aber die Umwelt – wie Luhmann die Gesellschaft nennt, der die Verwaltung ihre Entscheidungen zustellt – ist inzwischen selbst digital geworden und wird kaum noch mittels papierener Briefe, sondern vielmehr durch E-Mails und Messenger-Nachrichten adressiert.

Mit dieser medialen Differenz zwischen digitaler Verwaltung und analoger Umwelt, die sich Zug um Zug umgekehrt hat und mit jedem Evolutionssprung der Digitalcomputer von den Modems der 1980er-Jahre oder den Smartphones und Wearables der 2010er-Jahre in eine digitale Umwelt bei vergleichsweise analoger Administration verwandelt hat, gehen die Verwaltungen in Deutschland bis heute um. Denn ihrer Systemplanung hat sich diese bisweilen stürmisch verlaufende Entwicklung in der Gesellschaft entzogen. Spätestens mit der Corona-Krise von

---

[6] Ebd., S. 131.

[7] Ebd.

[8] Ricky Wichum: »Verwaltungsrecht und Automation um 1960«, in: Dennis-Kenji Kipker u. a. (Hg.), *Der normative Druck des Faktischen: Technologische Herausforderungen des Rechts und seine Fundierung in sozialer Praxis*, Baden-Baden 2019, S. 69–88.

[9] Thomas Kasper: *Wie der Sozialstaat digital wurde: Die Computerisierung der Rentenversicherung im geteilten Deutschland*, Göttingen 2020, 54 f.

[10] Ebd.

2020 und dem damit einhergehenden Digitalisierungsschub ist diese Diskrepanz zwischen der Verwaltungs- und der von ihr bedienten Umweltwirklichkeit erneut offenbar geworden. Mit frappierender Geschwindigkeit wurden insbesondere im sozialstaatlichen Verwaltungsapparat bislang als unmöglich erachtete Prozessschritte von der Papierform auf digitale Varianten umgestellt. Dazu gehörte die Krankschreibung, die Arbeitslosenmeldung und die Ummeldung des Wohnorts. Allen drei Fällen war gemein, dass sie das Erscheinen der Person am Ort des Verwaltungsaktes erforderten: der Arztpraxis, der Arbeitsagentur oder dem Bürgeramt. Wo das Erscheinen in Person zum Risiko wurde, musste die Verwaltung auf neue Medien umstellen, die sie intern zwar schon lange benutzt, aber selbst nur bestimmten Prozessschritten vorbehalten hatte. Denn Aktenführung und Entscheidungsregistratur blieben auch nach der vollständigen Umstellung auf PC-Arbeitsplätze in den öffentlichen Verwaltungen in wesentlichen Teilen papierbasiert. Für die Dauer der Pandemie wurde das in den einschlägigen Rechtsvorschriften gestellte Erscheinungsgebot aufgehoben. Eine lediglich zeitliche Suspendierung, denn die verbindliche Zustellung von Entscheidungen, wie auch deren Veranlassung, bestand und besteht auch trotz Corona immer noch aus Begegnungen zwischen Amtsräumen, Körpern und Papieren. Es ist diese Trias, an der sich der deutsche Staat abarbeitet, seitdem digitale Netze nicht mehr nur der internen Kommunikation von privatwirtschaftlichen und staatlichen Institutionen dienen.

Erste Schritte, elektronische Medien an die Stelle der Papiere in Bürgerhand zu setzen, wurden bereits in den 1980er-Jahren unternommen, als nach dem Erfolg des französischen Minitel die deutsche Post das Bildschirmtextsystem BTX einrichtete.[11] Damit überschritten in Europa und in Deutschland digitale Netzwerke erstmals privatwirtschaftliche und institutionelle Gefüge und wurden Konsument*innen zugänglich. Während in Frankreich zwischen 1980 und 1990 Minitel zu einem kulturellen Phänomen avancierte, wie es in Howard Rheingolds Buch *The Virtual Community* von 1993 besungen wurde,[12] blieb das deutsche BTX ein Mauerblümchen.[13] Beide Projekte entstanden vor dem Hintergrund der in den 1970er-Jahren zunächst in Frankreich und dann auch in Deutschland intensiv diskutierten Dominanz amerikanischer IT-Firmen.[14] Der heute unter dem Stichwort »digitale Souveränität« verhandelte Konnex des Verlustes staatlicher Kontrolle und Handlungsmacht an diejenigen digitalen Infrastrukturen, die von Drittstaaten entwickelt, implementiert und verkauft werden, ist eine wiederkehrende Debatte.

---

[11] Wolfgang Zink: *E-Government in Frankreich und Deutschland. Ein policy-analytischer Vergleich der Programme auf nationaler Ebene*, Würzburg 2005.

[12] Howard Rheingold: *The Virtual Community. Homesteading on the Electronic Frontier*, Reading, Massachusetts 1993.

[13] Vgl. Zink, E-Government in Frankreich und Deutschland; sowie auch: Kasper, Wie der Sozialstaat digital wurde.

[14] Simon Nora/Alain Minc: *Die Informatisierung der Gesellschaft*, Frankfurt a. M. 1979.

Seit den 1970er-Jahren kommt es periodisch zur Skandalisierung extraterritorialer Kontrollpotentiale der medientechnischen Grundlagen der eigenen Verwaltungen.

Was Luhmann in seiner bereits angeführten frühen Automationsschrift Systemplanung nannte, wird hier zu einer Fragestellung, die die Medien der Verwaltung selbst betrifft. Dabei gerät sukzessive das Papier in den Blick und beschäftigt bis heute sowohl Politiker und damit den Gesetzgeber wie auch die hauptamtlich mit Systempflege, -revision und nicht zuletzt Systemvisionen beschäftigten Verwaltungswissenschaftler. Es ist das Aufkommen des World Wide Webs in den 1990er-Jahren und die damit einhergehende Verbreitung von Personal Computern in immer mehr Privathaushalten, welche die vor allem von der Softwareindustrie ausgehende Begriffsschöpfung Electronic Government (E-Government) mit sich bringt – all dies verschärft unter dem Einfluss des New Public Managements seit den 1980er-Jahren und unter dem akuten Eindruck der New Economy in der zweiten Hälfte der 1990er-Jahre. Unter dem Begriff New Public Management setzt ein Diskurs ein, der die Beziehungen zwischen Verwaltung und Bürgern drastisch neu gestalten will und dabei den unübersetzbaren deutschen Begriff *Medienbruch* erfindet.[15]

E-Government vs. Verwaltungsinformatik

Einer der zentralen Schauplätze der E-Government-Debatte in Deutschland ist nicht zuletzt eben jener Ort, an dem Luhmann in den 1960er-Jahren und vor seiner wissenschaftlichen Karriere als Soziologe an der Bielefelder Universität arbeitete: das Deutsche Forschungsinstitut für öffentliche Verwaltung Speyer. Nach dem Zweiten Weltkrieg wurde 1947 zunächst die Deutsche Universität für Verwaltungswissenschaften Speyer nach Vorbild der 1945 gegründeten Ecole Nationale d'Administration (ENA) von der französischen Besatzungsverwaltung eingerichtet. 1962 wurde die verwaltungswissenschaftliche Forschung in die heute als Deutsches Forschungsinstitut für öffentliche Verwaltung Speyer titulierte Institution ausgegliedert, zu dessen erster Kohorte der dort forschenden Wissenschaftler Niklas Luhmann zählte. Der Titel seines Buchs *Recht und Automation in der öffentlichen Verwaltung* zog dabei mit dem Recht und der Verwaltung zwei aufeinander verwiesene Komplexe zusammen, die spätestens ab den 1970er-Jahren je eigene Diskursstränge der Auseinandersetzung mit dem Computer hervorgebracht haben. Innerhalb der Rechtswissenschaften entstand eine sich »Rechtsinformatik« nennende Disziplin, während aus dem Umkreis der beiden

---

[15] Jörn von Lucke/Heinrich Reinermann: *Electronic Government in Deutschland* (= Speyerer Forschungsberichte), Speyer 2002, S. 68 f.; Heinrich Reinermann: *Die Krise als Chance: Wege innovativer Verwaltungen* (= Speyerer Forschungsberichte), Speyer 1994, S. 60 und S. 84; Heinrich Reinermann/Jörn von Lucke: *Portale in der öffentlichen Verwaltung. Internet. Call Center. Bürgerbüro* (= Speyerer Forschungsberichte), Speyer 2002, S. 136. Zum Medienbruch vgl. Engemann 2024 (im Erscheinen).

Speyerer Institutionen personelle und konzeptuelle Beiträge zur Formierung einer »Verwaltungsinformatik« genannten akademischen Disziplin kamen. Teils getrennt, teils gemeinsam versuchten beide Disziplinen die Begegnung und Beziehung von Recht, Verwaltung und Computern zu systematisieren und programmatisch zu rahmen.[16] Die historisch etwas früher ab Mitte der 1960er-Jahre aufkommende Rechtsinformatik stand personell und in ihrer Problem-orientierung zunächst in engem Kontakt mit der Verwaltung.[17] Allerdings orientierte sich die Debatte schnell an Fragen, ob und wie mit Computern die unsichere Epistemologie des Rechts auf eine formale Grundlage zu stellen wäre,[18] inwiefern das Recht kybernetischen Steuerungsmodellen entspräche,[19] oder mit diesen zu orientieren sei, und ob Recht und Verwaltungsvorschriften nicht *automationsgerechter* gestaltet werden könnten.[20] Zu den exponiertesten Vertretern dieser zunächst unter Begriffen wie »Rechtskybernetik«, »juristische Informatik« und »Verwaltungsautomation« laufenden Diskurse gehörten Herbert Fiedler, Wilhelm Steinmüller und Spiros Simitis. Der Mathematiker und Jurist Herbert Fiedler war einer der ersten Rechtsverständigen in Deutschland, der mit einer programmatischen Publikation zum Einsatz von Computern in der Verwaltung auftrat[21] und der in den 1960er-Jahren eine mathematisch fundierte Episteme des Rechts zu entwickeln suchte. Die Juristen Spiros Simitis und Wilhelm Steinmüller, auf dessen 1970 erschienenes Buch *EDV und Recht. Einführung in die Rechtsinformatik* die Bezeichnung Rechtsinformatik zurückgeht, wurden in den siebziger Jahren zu entscheidenden Akteuren in der Entwicklung von neuen juristischen Konzepten des Informationsrechts und Datenschutzes. Dabei wendeten sie sich von den wissenschaftstheoretischen Debatten der Rechtsinformatik weitgehend

---

[16] Roland Traunmüller/Maria A. Wimmer: »Von der Verwaltungsinformatik zu E-Government«, in: Roland Traunmüller/Maria Wimmer (Hg.), *Informatik in Recht und Verwaltung: Gestern – Heute – Morgen*, Bonn 2009, S. 7–22, hier S. 10.

[17] Hans Peter Bull: *Verwaltung durch Maschinen. Rechtsprobleme der Technisierung der Verwaltung*, Köln, Berlin 1964; Herbert Fiedler: »Probleme der elektronischen Datenverarbeitung in der öffentlichen Verwaltung«, in: *Deutsche Rentenversicherung*, o. O. 1964, S. 40–47; Herbert Fiedler: »Rechenautomaten in Recht und Verwaltung«, in: *JuristenZeitung* 21/21 (1966), S. 689–696.

[18] Ulrich Klug: *Juristische Logik*, Berlin, Heidelberg 1966; Herbert Fiedler: »Juristische Logik in mathematischer Sicht: Einige Bemerkungen und Beispiele«, in: *Archiv für Rechts- und Sozialphilosophie* 52/1 (1966), S. 93–116; Wilhelm Steinmüller: *EDV und Recht. Einführung in die Rechtsinformatik*, Berlin 1970.

[19] Spiros Simitis/Helmar Frank: *Rechtliche Anwendungsmöglichkeiten kybernetischer Systeme*, Tübingen 1966.

[20] Ulrich Klug/Herbert Fiedler: »Die Berücksichtigung der automatisierten Gesetzesausführung in der Gesetzgebung«, in: *Deutsche Rentenversicherung*, o. O. 1964, S. 269–276; Spiros Simitis: *Automation in der Rechtsordnung – Möglichkeiten und Grenzen*, Karlsruhe 1967 (= Schriftenreihe/Juristische Studiengesellschaft Karlsruhe); Malte von Berg: *Automationsgerechte Rechts- und Verwaltungsvorschriften*, Köln 1968; Steinmüller, EDV und Recht; Wichum, Verwaltungsrecht und Automation um 1960.

[21] Fiedler, Probleme; Fiedler, Juristische Logik.

ab und stellten die praktischen Rechtsfolgen des Computers in den Mittelpunkt
ihrer Interessen. Die Rechtsinformatik selbst war ab den achtziger Jahren nur noch
eine randständige Debatte. Zugleich wurden über die aus ihr hervorgegangenen
Konzepte der *informationellen Selbstbestimmung* und dem daraus abgeleiteten
Datenschutz die Rechtswissenschaften in Deutschland zu einer der einfluss-
reichsten Größen in der politischen Gestaltung nicht nur digitaler Medien.[22]

Unterdessen hatten sich ab Mitte der sechziger Jahre die Verwaltungen innerhalb kürzester Zeit zu »Hauptnutzern der IT«[23] mit praktischem Regelungs-
und Reflexionsbedarf entwickelt, der von Verwaltungswissenschaftler*innen
und Verwaltungsjurist*innen ab den siebziger Jahren disziplinär in die sich
ausbildende Verwaltungsinformatik kanalisiert wurde. Etwas später als die
Rechtsinformatik und im engen Austausch mit dieser entstanden, erhielt die Verwaltungsinformatik in den siebziger und achtziger Jahren des letzten Jahrhunderts
großzügige Förderungen durch die DFG und seitens der VolkswagenStiftung,
in deren »Arbeitskreis Verwaltungsinformatik« auch der spätere Juraprofessor
und Autor Bernhard Schlink mitwirkte. Dennoch behielt sie wie die Rechtsinformatik den Status eines vergleichsweise exotischen Nischenfachs,[24] welches
aber eine Reihe einschlägiger Studiengänge an Hochschulen und Fachhochschulen
etablieren konnte. Inzwischen hatte die Position des Verwaltungsinformatikers
Eingang in die offiziellen Stellentableaus der öffentlichen Verwaltungen in der
Bundesrepublik gefunden. Die maßgeblichen Akteure bei der Einrichtung und
Verstetigung der Verwaltungsinformatik waren im Gegensatz zu den Rechts-
informatiker*innen und der Mehrzahl der akademischen Verwaltungswissenschaftler*innen von ihrer Grundausbildung her keine Jurist*innen.

Das gilt auch für Heinrich Reinermann, einen Mitbegründer dieser Disziplin
und einer ihrer profiliertesten Vertreter. Nach einer kaufmännischen Ausbildung
und dem Studium der Betriebswirtschaftslehre, das mit einer vom *operations
research* geprägten Arbeit über den Einsatz des Computers zur »optimale(n)
Gestaltung der Arbeitszeit im Industriebetrieb«[25] abgeschlossen wurde, absolvierte
Reinermann Ende der 1960er-Jahre zusätzlich einen MBA in Stanford. In dieser
Zeit wechselte er das Fach und wird zu einem Verwaltungswissenschaftler.[26]
In Stanford lernt Reinermann zum einen den aktuellen Stand der Computer-

---

[22] Kei Ishii/Bernd Lutterbeck/Frank Pallas: *Forking, Scratching und Re-Merging. Ein
informatischer Blick auf die Rechtsinformatik*, Berlin 2008.

[23] Traunmüller/Wimmer, Von der Verwaltungsinformatik zu E-Government, S. 10.

[24] Heinrich Reinermann: »Verwaltungsinformatik – auch eine Wirtschaftsinformatik!« in: Lutz J.
Heinrich (Hg.), *Geschichte der Wirtschaftsinformatik. Entstehung und Entwicklung einer Wissenschaftsdisziplin*, Berlin, Heidelberg 2011, S. 131–145, hier S. 144.

[25] Heinrich Reinermann: *Die optimale Gestaltung der täglichen Arbeitszeit im Industriebetrieb.
Beispiel der optimalen Steuerung physiologischer und psychologischer Leistungsdeterminanten
mit Hilfe der mathematischen Programmierung*, Wiesbaden 1968.

[26] Jörn von Lucke: »Die Speyerer Schule der Verwaltungsinformatik«, in: Jörn von Lucke/Klaus
Lenk (Hg.), *Verwaltung, Informationstechnik & Management*, Baden-Baden 2017, S. 31–50.

technik und dessen Integration in die betriebswirtschaftliche Ausbildung und zum anderen die intellektuellen Vorläufer des New Public Management (NPM) kennen. Das betrifft insbesondere das vom ehemaligen Leiter der Wirtschaftsabteilung des RAND Think-Tanks Charles J. Hitch und Robert McNamara entwickelte *planning-programming-budgeting-system* (PPBS),[27] mit dem die öffentlichen Verwaltungen in den USA nach Vorbild privatwirtschaftlicher Betriebsführung umgebaut werden sollen.[28] Zurück in Deutschland entwickelte Reinermann eine kritische Adaption des PPBS für die Planung und Automatisierung der Verwaltung des Bundes in Westdeutschland. Für die Arbeit *Programmbudgets in Regierung und Verwaltung – Möglichkeiten und Grenzen von Planungs- und Entscheidungssystemen*[29] erhielt er 1973 an der Universität Mannheim die Venia Legendi in Betriebswirtschaft. Im selben Jahr wurde Reinermann auf den neugeschaffenen Lehrstuhl für Verwaltungswissenschaft, Datenverarbeitung und quantitative Methoden in Speyer berufen, wo er sogleich ein Rechenzentrum aufbaute. Seine Denomination wird später in Lehrstuhl für Verwaltungswissenschaft und Verwaltungsinformatik umbenannt und er bleibt trotz zahlreicher Rufe anderer Universitäten bis zu seiner Emeritierung 2003 in Speyer. Anders als die vorwiegend juristisch geprägte Verwaltungswissenschaft in Deutschland ist der Ökonom Reinermann früh ein Befürworter des NPM und vertritt die Neuorganisation staatlicher Leistungserbringung entlang wirtschaftlicher statt kameralistischer Erwägungen.[30] Eine Position, die er und seine Schüler auch in der Verwaltungsinformatik propagieren, die mit der Selbstbezeichnung »Speyerer Schule der Verwaltungsinformatik« auftritt.[31]

Viele Ideen der Speyerer Schule verdienen separate Würdigungen – etwa die Rolle des Computers als eines Mediums der Artikulation ökonomischer Ansprüche in öffentliche Verwaltungen hinein oder die Frage, inwieweit die gleichzeitigen Systemplanungsambitionen der Verwaltungsinformatik von den spezifischen Pfadabhängigkeiten und Strukturen der deutschen Verwaltungslandschaft geprägt sind. Für den vorliegenden Argumentationsgang sind jedoch zwei miteinander verzahnte Aspekte relevant: 1. dass im Diskurs der Verwaltungsinformatik die Frage, was eine Akte sei, erst relativ spät thematisch wird, und 2. dass das Papier in den neunziger Jahren des 20. Jahrhunderts unter dem Druck von am privatwirtschaftlichen Markt erfolgreichen Beratungs- und Softwareunternehmen erneut Beachtung findet. Letztere durchkreuzten mit dem E-Government faktisch den Diskurshoheitsanspruch und die Systemplanungsambitionen der

---

[27] Benjamin Seibel: *Cybernetic Government. Informationstechnologie und Regierungsrationalität von 1943–1970*, Wiesbaden 2016, S. 192 f.

[28] Von Lucke, Die Speyerer Schule der Verwaltungsinformatik; Reinermann, Die Krise als Chance, S. 84.

[29] Heinrich Reinermann: *Programmbudgets in Regierung und Verwaltung: Möglichkeiten und Grenzen von Planungs- und Entscheidungssystemen*, Wiesbaden 1973.

[30] Reinermann, Die Krise als Chance.

[31] Von Lucke, Die Speyerer Schule der Verwaltungsinformatik.

deutschen Verwaltungsinformatik, als sie – von der rot-grünen Koalition protegiert – die Liberalisierung der etatistisch orientierten deutschen Verwaltungsdatenverarbeitung vorantrieben und diesen Anspruch mit Verweis auf ihre Erfahrungen als Systemintegratoren des inzwischen in den USA und Großbritannien tatsächlich implementierten New Public Management untermauerten. Ab Mitte der 1990er-Jahre betrieben Softwareunternehmen wie Microsoft und IBM sowie die Beratungsfirmen Roland Berger, PricewaterhouseCoopers, Accenture und McKinsey aggressive Lobbyarbeit für die Auslagerung von Teilen der Verwaltungskommunikation und -datenverarbeitung in Public-Private-Partnerships. Bestandteil dieser Interventionen waren auch großzügige Finanzierungen von Forschungsprojekten und im Fall von IBM die 1996 erfolgte Einrichtung des *IBM Institute of Electronic Government*. Ebenfalls unter Beteiligung von IBM sowie 200 deutscher Unternehmen und Verbände gründete sich 1999 in Berlin ein bis heute bestehender Think-Tank namens *Initiative D21*, der neben dem E-Commerce das E-Government in Deutschland mit Studien und Projekten unterstützt. Mit dem Internet – so der Tenor sowohl im nationalen wie im internationalen E-Government-Diskurs – könne eine Entbürokratisierung der Staatlichkeit einhergehen und die öffentliche Verwaltung effizienter, bürgernäher und vor allem billiger und transparenter werden. Diese Positionen, die auch von der Verwaltungsinformatik artikuliert worden waren, wurden aber von den genannten Akteuren und vor allem Softwarefirmen sehr viel effizienter in ihrer Lobbyarbeit bei der Politik und der Öffentlichkeit angebracht. Reinermann stellt 2011 resigniert fest, dass die »akademische Verwaltungsinformatik nicht über hinreichend Masse [verfügte], um Unterstützungswünschen aus der Praxis nachkommen zu können, so dass beispielsweise das Feld der E-Government-Projekte ganz überwiegend von anderen, etwa aus dem Hersteller- und Beratungsbereich, bestellt wird«.[32]

In Deutschland markiert der Regierungswechsel 1998 zur rot-grünen Koalition unter Bundeskanzler Gerhard Schröder die Übernahme der E-Government-Rhetorik ins politische Vokabular und den Übergang zu einer auch öffentlich sichtbaren und politisch forcierten Electronic-Government-Politik. In der ersten Legislatur bis 2002 und unter dem Eindruck des Dotcom-Booms und der New Economy verspricht die Bundesregierung die deutschen Verwaltungen über das Internet zugänglich zu machen. Die bei Luhmann 1964 noch apodiktisch gemachte Feststellung, Staat sei »Verwaltung im selbständigen Betrieb«[33] (die auch unter Druck des in Deutschland »Neues Steuerungsmodell« genannten NPMs zumindest auf Bundes- und Länderebene weitgehend Geltung hatte) erodiert. Jetzt wird die Trennung zwischen öffentlicher und privater Verwaltung seitens der Bundesregierung in Frage gestellt und das Internet zugleich als Chance wie als Voraussetzung für die privatwirtschaftliche Leistungserbringung im

---

[32] Reinermann, Verwaltungsinformatik, S. 144.
[33] Luhmann, Recht und Automation, S. 18.

Bereich öffentlicher Güter angeführt. Als Legitimationsnarrativ wird dabei geltend gemacht, dass das Internet neue Formen der Leistungserstellung und -zustellung ermögliche und die gewachsenen Verfahren nicht mehr zeitgemäß wären. »Die Daten sollen laufen, nicht die Bürger« formulierte der Bundeskanzler Gerhard Schröder die einschlägige Forderung auf dem Höhepunkt des Dotcom-Booms im Jahre 2000[34]. Im Unterschied zu früheren, durch digitale Medien geprägten Reformepisoden öffentlicher Verwaltungen steht hier nicht die Umgestaltung verwaltungsinterner Abläufe im Mittelpunkt. Vielmehr verhandelt das E-Government, in Luhmanns Diktion formuliert, eine durch die Medienentwicklungen notwendig erachtete Neukonfiguration der System-Umwelt-Grenzen zwischen Verwaltung und Gesellschaft. Es wird damit zu einer Intervention in die über Jahrhunderte gewachsene Trias von Körpern, Ämtern und Papieren in der öffentlichen Verwaltung, die die neuzeitliche Staatlichkeit genauso auszeichnete, wie sie von ihr hervorgebracht war. Denn Papier ist trotz fast vierzig Jahre währender Automatisierung der Verwaltung das dominierende Medium von öffentlich registrierten Akten und Dokumenten geblieben, die zwischen Verwaltung und ihrer Umwelt zirkulieren. Solange es Papiere gibt, müssen diese Körpern zugestellt werden und in vielen Fällen von Körpern zu Ämtern getragen werden. Im E-Government dagegen bedeutet das »Laufen« der Daten, dass die Körper nicht mehr diese Wege machen müssen, sondern die Verwaltung zu ihnen kommen kann.

Die Umsetzung dieser um das Jahr 2000 in Deutschland vielerorts artikulierten Vision gestaltete sich jedoch schwierig. In der von Föderalismus und Ressortprinzip geprägten Verwaltungsstruktur der Bundesrepublik Deutschland bleiben die E-Government-Initiativen der rot-grünen Bundesregierung faktisch auf die Bundesverwaltung und damit auf eine weit vom Bürger entfernte Ebene beschränkt. Die Verwaltungseinrichtungen auf Länderebene sowie diejenigen der Kommunen haben demgegenüber in ihren Verwaltungsvorschriften und -verfahren weitgehende Autonomie. In diesem Zuge hatte es vor allem auf der kommunalen Ebene schon sehr viel früher ambitionierte Experimente bei der Einrichtung von Onlinezugängen zur Verwaltung gegeben.[35] Gleichzeitig hat die IT-Industrie eben die Ressortzuständigkeiten und den Föderalismus für seine Geschäftszwecke geschickt auszunützen gewusst. Denn anstelle von strukturübergreifenden und zueinander kompatiblen Lösungen war es ökonomisch sinnvoller, verschiedenen Verwaltungseinheiten und -ressorts jeweils eigene Lösungen zu verkaufen und deren Kompatibilität, wenn überhaupt, nachträglich und als weitere Leistung anzubieten. Auf der politischen Bühne der Bundespolitik versuchte die Bundesregierung im Jahr 2000 unter dem Titel *BundOnline 2005* eine

---

[34] Holger Bleich: »Schröder: ›Die Daten, nicht die Bürger sollen laufen‹«, *heise online,* http://www.heise.de/newsticker/Schroeder-Die-Daten-nicht-die-Buerger-sollen-laufen--/ meldung/11977, vom 18.09.2000 (zuletzt aufgerufen am 2.6.2022).

[35] Tino Schuppan: »E-Government in Deutschland – Entwicklung, Naivitäten und Déjà-Vus«, in: *Verwaltung und Management – Zeitschrift für allgemeine Verwaltung* 18/4 (2012), S. 188–192, hier S. 188.

Reihe von Verwaltungsdienstleistungen der Bundesverwaltung unter der Adresse
www.bund.de über das Internet zugänglich zu machen. In diesem Zuge sollten »quer-
schnittliche[] Infrastrukturprojekte«[36] mit Referenzimplementierungen für Authen-
tifikations-, Workflow- und Archivierungssysteme entstehen, die dann auf der Ebene
der Länder und Kommunen übernommen werden konnten. Besonders engagiert
war die rot-grüne Regierung bei der rechtlichen und technischen Regelung für die
Implementierung von digitalen Authentifikationsmechanismen wie der digitalen
Signatur, die den damaligen Absichten zufolge ab 2006 mit dem elektronischen
Personalausweis und der Gesundheitskarte der Schriftform äquivalente Instrumente
für digitale Behördengänge ergeben sollten.[37]

Medienbrüche: Die Speyerer Definition des E-Government

Die Begegnung von Computer und Verwaltung hat mit diesen Prozessen die
grauen Hinterbühnen der verwaltungswissenschaftlichen Akademien und Zirkel
verlassen und steht im Rampenlicht der Öffentlichkeit. Auf diese neue Situation
und die Dominanz der Beratungs- und Softwarefirmen darin reagieren Reinermann und seine Schüler mit einer Reihe von Schriften, die um das Jahr 2000
erschienen sind und die bis heute im deutschen E-Government-Diskurs rezipiert
werden. Mit der intellektuellen Nähe zum NPM suchen die Speyerer Vertreter der Verwaltungsinformatik an die von der Politik hektisch betriebenen
und zugleich konzeptuell von der Lobbyarbeit der Software- und Beratungs-
industrie dominierten Debatte anzuschließen. Zugleich muss für diesen Zeitpunkt das Scheitern der ursprünglichen Ansprüche der Verwaltungsinformatik
konstatiert werden. Reinermann selbst schreibt 2000 hoffnungsvoll: »Lange
Zeit verhallten die Rufe der Verwaltungsinformatik allerdings in der Wüste«.[38]
Wie dieser Text mit dem Titel *Der öffentliche Sektor im Internet* erheben die um
2000 entstandenen einschlägigen Schriften Reinermanns und seiner Schüler
zum E-Government nicht weniger als definitorische Ansprüche. Tatsächlich sind
die hier vorgestellten Konzepte und Begriffe direkt in den einschlägigen Gesetz-
gebungskommentaren und parlamentarischen Publikationen zu Verwaltungs-
reformen bis heute referenzialisiert.[39] Dies trifft neben dem eben benannten Text

---

[36] Wissenschaftlicher Dienst des Bundestags: »E-Government in Deutschland. Aktueller Stand
auf Bundes- und Landesebene«, 28.06.2019, S. 4.

[37] Christoph Engemann: »Digitale Identität nach Snowden. Grundordnungen zwischen
deklarativer und relationaler Identität«, in: Gerrit Hornung/Christoph Engemann (Hg.), *Der
digitale Bürger und seine Identität* (= Der elektronische Rechtsverkehr 36), Baden-Baden 2016,
S. 23–64.

[38] Heinrich Reinermann: *Der öffentliche Sektor im Internet. Veränderungen der Muster
öffentlicher Verwaltungen*, Speyer 2000, S. 2.

[39] Tobias Jakobi: »E-Government in Deutschland«, in: Andreas Busch/Yana Breindl/Tobias
Jakobi (Hg.), *Netzpolitik. Ein einführender Überblick*, Wiesbaden 2018, S. 191–224, hier S. 193;
Wissenschaftlicher Dienst des Bundestags: E-Government in Deutschland, S. 4.

insbesondere auf zwei mit seinem Schüler Jörn von Lucke verfasste Arbeiten zu. Zunächst erschien im Jahr 2000 die achtseitige *Speyerer Definition von Electronic Government* und zwei Jahre später die fast 260 Seiten umfassende Schrift *Electronic Government in Deutschland – Ziele, Stand, Barrieren, Beispiele, Umsetzung.*[40]

Die *Speyerer Definition von Electronic Government* schlägt bündig vor, E-Government als »Abwicklung geschäftlicher Prozesse im Zusammenhang mit Regieren und Verwalten (Government) mit Hilfe von Informations- und Kommunikationstechniken über elektronische Medien« zu fassen. Papier, als das zu diesem Zeitpunkt weiterhin dominierende Medium der Verwaltungsabwicklung wird nicht benannt, ist aber implizit über den Begriff des Medienbruchs angesprochen.[41] Explizit und mit konkretem Bezug auf das Problem der Akte unter elektronischen Bedingungen kommt Papier im zweiten Text zur Sprache. Ausführlich thematisieren die beiden Autoren die Differenzen zwischen elektronischen Medien und Papier und stoßen dabei auf eine durch die mediale Struktur bedingte notwendige Veränderung der Rolle und Position der Akten im Gefüge zwischen Staat und Bürgern. Im Abschnitt 1.3.10.4 »Dokumentenmanagement und Aktenablage« heißt es, dass die Aktenablage »eine typische Ausbildungsbeschäftigung für Nachwuchskräfte«[42] gewesen sei und diese damit faktisch von den aktiven Prozessen der verwalterischen Entscheidungsfindung ferngehalten wurden: »Registraturen und erst recht Archive wurden zum Aufbewahrungsort für alte Akten, die nach einem abgeschlossenen Geschäftsprozess nicht mehr gebraucht wurden, aber aus rechtlichen Gründen, etwa wegen eines möglichen Auflebens eines Vorgangs, nicht vernichtet werden dürfen«.[43]

Es sind Kerneigenschaften des Papiers: seine Dauerhaftigkeit unter geeigneten Lagerungsbedingungen, wie auch seine einfache Vernichtbarkeit, die in den bemerkenswerten Formulierungen »Aufleben« und »Vernichtung« hinterlegt sind. Auf diesen Eigenschaften ruhen die möglichen Zukunftsbezüge einer Akte auf. Sie ist entweder, wie der Begriff Vernichtung in aller Radikalität nahelegt, aus der Existenz zu bringen, oder wird untoter Bewohner eines Archivs, um dort auf ihr Wiederaufleben durch einen sie betreffenden Vorgang zu warten. Bis dahin bleibt sie passives Lagergut und das Archiv ein vom aktiven Verwaltungsgeschehen weitgehend getrennter Ort. Reinermann und von Lucke zufolge ist diese Trennung zwischen Entscheidungsfindung und -registratur im E-Government aber nicht mehr gültig: »Für die elektronischen Dokumente ergibt sich eine neue Lage, da sich im Prinzip das Archiv vom aktiven Vorgang nicht mehr systematisch unterscheidet«.[44]

---

[40] Jörn von Lucke/Heinrich Reinermann, »Speyerer Definition von Electronic Government«, Speyer 2000. Von Lucke/Reinermann, Electronic Government in Deutschland.

[41] Von Lucke/Reinermann, Speyerer Definition, S. 6.

[42] Von Lucke/Reinermann, Electronic Government in Deutschland, S. 41.

[43] Ebd.

[44] Ebd.

Was das für die Ausbildungsbeschäftigungen in der deutschen Verwaltungs-
wirklichkeit bedeuten würde, lassen die Autoren offen. Aber an dieser Passage
wird die Differenz zu der von Luhmann in den sechziger Jahren thematisierten
Situation deutlich. Automatisierte Entscheidungsfindung und elektronische
Aktenführung[45] sind in der Verwaltung zu diesem Zeitpunkt eine bereits seit
mehr als vierzig Jahren akzeptierte Realität. Es geht jetzt aber nicht mehr um
die Beunruhigungen durch die Übertragung der Entscheidungsfindung an die
Maschine, sondern um die Frage der Übertragbarkeit des Status der Akte in mit
der Umwelt vernetzte elektronische Medien. Es sind mediale Grundlagen der
Verwaltung berührt und die Verwaltungswissenschaft beginnt sich selbst in der
Perspektive ihrer Medienabhängigkeit zu befragen. Ort und Funktion des Archivs
ändern sich, und Reinermann bindet diese Veränderung explizit an das Papier. In
dem von ihm allein verfassten Forschungsbericht *Der öffentliche Sektor im Internet*, welcher wesentliche Aspekte der beiden mit von Lucke verfassten Texte
vorbereitet, findet sich ein mit *Der Clou der heutigen Informationstechnik* über-
schriebener Abschnitt. Dort heißt es, dass digitale Daten ein »Manko« überwinden, das »auf Papier gespeicherten Daten anhaftet – Lokalität«.[46] Drastisch
formuliert Reinermann weiter, dass »digitale elektronisch vernetze Daten« nicht
mehr der »Tyrannei der Ortsgebundenheit« unterlägen.[47] Schließlich würden
»nicht nur Daten, sondern ebenso Verfahren und Programme von ihrer Lokalität« befreit. In einem solchen digitalen Verwaltungswesen »verliert Verwaltung an
Bodenhaftung«.[48]

Radikaler lässt sich die Vision einer Neuordnung der Systemgrenzen zwischen
Verwaltung und Umwelt kaum formulieren. In dieser enthusiastischen Phase des
deutschen E-Government-Diskurses zählen die genannten Schriften aus Speyer
zu den visionärsten Beiträgen, die aus dem Kontext der Verwaltungswissenschaft kommen. Das Papier figuriert bei Reinermann als Fessel, zwingt mit seinen
Anforderungen an trockene und geschützte Umgebungen und den Schwierigkeiten
seiner sicheren Vervielfältigung die Verwaltung in steinerne Gebäude und damit
die Bürger dazu, zu ihnen zu kommen. Diesem Bilderhaushalt werden digitale
Netze der »Speyerer Definition« als befreiend gegenübergestellt. Sie führen,
einem anderen Buzzword der Zeit folgend, zu einer »virtuelle(n) Verwaltung«, die
»vorgefundene institutionelle Abgrenzungen« »überwinde«.[49] »Medienbedingt«
ergebe sich dabei eine »Neue Erreichbarkeit« von Personen, Abläufen, Daten und
Objekten als den wesentlichsten Bestimmungsgrößen des Verwaltungshandelns

---

[45] Kasper, Wie der Sozialstaat digital wurde, S. 99, S. 186 und S. 416; Franz-Martin Fehn, »Das
integrierte System der gesetzlichen Rentenversicherung«, in: Herbert Reinermann u. a. (Hg.),
Organisation informationstechnik-gestützter öffentlicher Verwaltungen, Heidelberg 1981, S. 185–
196, hier S. 189.

[46] Reinermann, Der öffentliche Sektor im Internet, S. 8.

[47] Ebd., S. 9.

[48] Ebd.

[49] Von Lucke/Reinermann, Speyerer Definition, S. 6.

für grenzüberschreitende Lösungen«.[50] Betroffen wäre von der »Neuen Erreichbarkeit« auch die jeweilige Archivstruktur der einzelnen Verwaltungsinstanzen. Denn nicht nur ist die Unterscheidung zwischen aktivem und passivem Vorgang aufgehoben, in ihrer Vision einer vollständig digital restrukturierten Verwaltung heben von Lucke und Reinermann damit auch die Trennung zwischen Innen und Außen eines Archivs auf. Es sollen die elektronischen Dokumentenverwaltungssysteme sein, die sowohl intern wie extern die dauerhafte Zugänglichkeit von elektronischen Dokumenten garantieren. Denn die Bürger selbst können die sichere und dauerhafte Ablage der sie betreffenden Daten nicht garantieren: »Nach einem Systemcrash seines PC können sämtliche Unterlagen gelöscht sein«[51]: Folglich brauche die Verwaltung die Funktion eines elektronischen Archivs nicht nur für sich selbst, sondern müsse diese auch »als Service für die Bürger anbieten«.[52]

In der so aufgemachten Differenz zwischen papierenen und digitalen Medien der Verwaltung werden Legitimationsbedingungen des E-Government nach Reinermann und von Lucke ausgesprochen: der Verdacht gegenüber den technischen Kompetenzen der Bürger, das Problem der Flüchtigkeit digitaler Daten und der Einsatz der öffentlichen Verwaltung als Garant der Dauerhaftigkeit solcher Daten. Die Dauerhaftigkeit von papierenen Akten und Registern ergab sich aus der Kombination der Materialität des Papiers und entsprechenden Lagerbedingungen in der Kontrolle der öffentlichen Verwaltung. In der Dauerhaftigkeit seiner Register liegt zugleich die Dauerhaftigkeit der Staatlichkeit aufgehoben: »Register sind tendenziell unabschließbar. Sie dauern, so wie die Herrschaft dauert. Diese kann, als autoregistrierende, nicht mehr untergehen. Der stetige Grund des Staates ist sein Register«.[53]

Es lohnt sich die Differenz zu der von Luhmann 35 Jahre früher im Zeitalter von raumfüllenden Mainframecomputern aufgemachten Problemlage zu betrachten. Bevor überhaupt das von Luhmann angesprochene verbindliche Entscheiden innerhalb von Verwaltungen stattfinden kann, um dann »der Umwelt zugestellt« zu werden,[54] müssen Reinermann und von Lucke zufolge in der digital gewordenen gesellschaftlichen Umwelt Daten durch die öffentliche Verwaltung aktenfähig gemacht werden. Denn entschieden wird nach Aktenlage; nun aber sind die Akten selbst Produkt von Verwaltungsakten. Die paradoxalen Verschränkungen von Umwelt und Verwaltung, die mit einem solchen E-Government einhergehen würden, sind offenkundig: Die Verwaltung muss überhaupt erst eine medientechnische Umwelt herstellen, von der sie sich unterscheiden kann, um diese wiederum zu verwalten. Die Herstellung einer solchen medientechnischen Umwelt

---

[50] Ebd.

[51] Von Lucke/Reinermann, Electronic Government in Deutschland, S. 42.

[52] Ebd., S. 42.

[53] Cornelia Vismann: *Akten – Medientechnik und Recht*, Frankfurt a. M. 2000, S. 143 f.

[54] Luhmann, Recht und Automation, S. 17.

ist die öffentliche Produktion der Dauerhaftigkeit digitaler Daten. Neue Erreich-
barkeit würde faktisch die Produktion einer neuen Dauerhaftigkeit bedeuten: Eine
digitale Dauerhaftigkeit, die im digitalen Medium die materiellen Eigenschaften des
Papiers substituieren soll und in diesem Prozess zugleich sich selbst als öffentliche
Verwaltung hervorbringt und legitimiert. Wo die Archive und Register sich von der
Tyrannei des Ortes und ihrer Bodenhaftung lösen sollen, tritt die Zeitdimension der
Verwaltung und ihrer Akten umso deutlicher hervor. Verwaltung muss sozusagen
eine Zeitmaschine werden: Sie bringt eine veraktenbare Gegenwart hervor, um eine
Zukunft zu haben. Reinermanns im obigen Zitat ersichtliches terminologisches
Schwanken zwischen Archiv und Register trifft hier den Punkt: Eine solche papierlose Aktenstruktur wäre beides. Erstens ein Register, das die fraglichen Daten
registriert und über diesen Eintrag ihre Existenz beglaubigt. Zweitens müsste die
öffentliche Verwaltung auch eine digitale Kopie eben dieser Daten vorhalten, um
den von Reinermann geforderten *Service für Bürger* anbieten zu können.

Tatsächlich hat sich das Papier gegenüber den Imaginationen Reinermanns
und von Luckes als widerständiger erwiesen als erwartet. Dem COVID-19-
bedingten Intermezzo zum Trotz laufen noch immer eher die Bürger als die
Daten, auch wenn seit 2000 in einer bis heute anhaltenden Kaskade von Gesetzes-
änderungen und Anpassungen von Vorschriften versucht wird, das Papier in den
Verwaltungen zurückzudrängen.[55] Dabei hat die in den Schriften Reinermanns und
von Luckes prominente Klage über den papierbedingten Medienbruch ihren Weg
in die einschlägigen Gesetzgebungskommentare gefunden.[56] Wirft man heute,
zwanzig Jahre nach dem E-Government-Hype und den in den Speyerer Schriften
mobilisierten Systemplanungsvisionen einen Blick zurück auf das Papier, so
scheint das Papier in seiner Resilienz selbst ein Medium der System-Umwelt-
Grenze zwischen Verwaltung und Gesellschaft zu sein.

Literatur

Berg, Malte von: *Automationsgerechte Rechts- und Verwaltungsvorschriften*, Köln 1968.
Bleich, Holger: »Schröder: ›Die Daten, nicht die Bürger sollen laufen‹«, in: *heise online*,
    http://www.heise.de/newsticker/Schroeder-Die-Daten-nicht-die-Buerger-sollen-laufen--/
    meldung/11977 (zuletzt aufgerufen am 2.6.2022).
Bull, Hans Peter: *Verwaltung durch Maschinen. Rechtsprobleme der Technisierung der Ver-
    waltung*, Köln, Berlin 1964.
Bundesministerium des Innern, Referat 02: *Minikommentar zum Gesetz zur Förderung der
    elektronischen Verwaltung sowie zur Änderung weiterer Vorschriften*, 26.07.2013.

---

[55] Deutscher Bundestag: *Gesetz zur Förderung der elektronischen Verwaltung sowie zur
Änderung weiterer Vorschriften (E-Government-Gesetz – EGovG)*; Deutscher Bundestag: *Gesetz
für sichere digitale Kommunikation und Anwendungen im Gesundheitswesen (E-Health-Gesetz)*.

[56] Bundesministerium des Innern, Referat 02: *Minikommentar zum Gesetz zur Förderung der
elektronischen Verwaltung sowie zur Änderung weiterer Vorschriften*, 26.07.2013.

Deutscher Bundestag: *Gesetz zur Förderung der elektronischen Verwaltung sowie zur Änderung weiterer Vorschriften (E-Government-Gesetz – EGovG)*;

Deutscher Bundestag: *Gesetz für sichere digitale Kommunikation und Anwendungen im Gesundheitswesen (E-Health-Gesetz)*.

Engemann, Christoph: »Digitale Identität nach Snowden. Grundordnungen zwischen deklarativer und relationaler Identität«, in: Gerrit Hornung/Christoph Engemann (Hg.): *Der digitale Bürger und seine Identität* (= Der elektronische Rechtsverkehr 36), Baden-Baden 2016 S. 23–64.

Fehn, Franz-Martin: »Das integrierte System der gesetzlichen Rentenversicherung«, in: Herbert Reinermann et al. (Hg.): *Organisation informationstechnik-gestützter öffentlicher Verwaltungen*, Heidelberg 1981, S. 185–196.

Fiedler, Herbert: »Juristische Logik in mathematischer Sicht: Einige Bemerkungen und Beispiele«, in: *Archiv für Rechts- und Sozialphilosophie* 52/1 (1966), S. 93–116.

Fiedler, Herbert: »Probleme der elektronischen Datenverarbeitung in der öffentlichen Verwaltung«, in: *Deutsche Rentenversicherung*, o. O. 1964, S. 40–47.

Fiedler, Herbert: »Rechenautomaten in Recht und Verwaltung«, in: *JuristenZeitung* 21/21 (1966), S. 689–696.

Ishii, Kei/Lutterbeck, Bernd/Pallas, Frank: *Forking, Scratching und Re-Merging. Ein informatischer Blick auf die Rechtsinformatik*, Berlin 2008.

Jakobi, Tobias: »E-Government in Deutschland«, in: Andreas Busch/Yana Breindl/Tobias Jakobi (Hg.): *Netzpolitik. Ein einführender Überblick*, Wiesbaden 2018, S. 191–224.

Kasper, Thomas: *Wie der Sozialstaat digital wurde: Die Computerisierung der Rentenversicherung im geteilten Deutschland*, Göttingen 2020.

Klug, Ulrich: *Juristische Logik*, Berlin, Heidelberg 1966.

Klug, Ulrich/Fiedler, Herbert: »Die Berücksichtigung der automatisierten Gesetzesausführung in der Gesetzgebung«, in: *Deutsche Rentenversicherung*, o. O. 1964, S. 269–276.

Lucke, Jörn von: »Die Speyerer Schule der Verwaltungsinformatik«, in: Jörn von Lucke/Klaus Lenk (Hg.), *Verwaltung, Informationstechnik & Management*, Baden-Baden 2017, S. 31–50.

Lucke, Jörn von/Reinermann, Heinrich, »Speyerer Definition von Electronic Government«, Speyer 2000.

Lucke, Jörn von/Reinermann, Heinrich: *Electronic Government in Deutschland* (= Speyerer Forschungsberichte), Speyer 2002.

Luhmann, Niklas: *Recht und Automation in der öffentlichen Verwaltung. Eine verwaltungswissenschaftliche Untersuchung*, Berlin 1966.

Nora, Simon/Minc, Alain: *Die Informatisierung der Gesellschaft*, Frankfurt a. M. 1979.

Reinermann, Heinrich: »Verwaltungsinformatik – auch eine Wirtschaftsinformatik!« in: Lutz J. Heinrich (Hg.): *Geschichte der Wirtschaftsinformatik. Entstehung und Entwicklung einer Wissenschaftsdisziplin*, Berlin, Heidelberg 2011, S. 131–145.

Reinermann, Heinrich: *Der öffentliche Sektor im Internet. Veränderungen der Muster öffentlicher Verwaltungen*, Speyer 2000.

Reinermann, Heinrich: *Die Krise als Chance: Wege innovativer Verwaltungen. Speyerer Forschungsberichte*, Speyer 1994.

Reinermann, Heinrich: *Die optimale Gestaltung der täglichen Arbeitszeit im Industriebetrieb. Beispiel der optimalen Steuerung physiologischer und psychologischer Leistungsdeterminanten mit Hilfe der mathematischen Programmierung*, Wiesbaden 1968.

Reinermann, Heinrich: *Programmbudgets in Regierung und Verwaltung: Möglichkeiten und Grenzen von Planungs- und Entscheidungssystemen*, Wiesbaden 1973.

Reinermann, Heinrich/Lucke, Jörn von: *Portale in der öffentlichen Verwaltung. Internet. Call Center. Bürgerbüro* (= Speyerer Forschungsberichte), Speyer 2002.

Rheingold, Howard: *The Virtual Community. Homesteading on the Electronic Frontier*, Reading, Massachusetts 1993.

Schuppan, Tino: »E-Government in Deutschland – Entwicklung, Naivitäten und Déjà-Vus«, in: *Verwaltung und Management – Zeitschrift für allgemeine Verwaltung* 18/4 (2012), S. 188–192.

Seibel, Benjamin: *Cybernetic Government. Informationstechnologie und Regierungsrationalität von 1943–1970*, Wiesbaden 2016.

Simitis, Spiros: *Automation in der Rechtsordnung – Möglichkeiten und Grenzen*, Karlsruhe 1967.

Simitis, Spiros/Frank, Helmar: *Rechtliche Anwendungsmöglichkeiten kybernetischer Systeme*, Tübingen 1966.

Steinmüller, Wilhelm: *EDV und Recht. Einführung in die Rechtsinformatik*, Berlin 1970.

Traunmüller, Roland/Wimmer, Maria A.: »Von der Verwaltungsinformatik zu E-Government«, in: Roland Traunmüller/Maria Wimmer (Hg.): *Informatik in Recht und Verwaltung: Gestern – Heute – Morgen*, Bonn 2009, S. 7–22.

Wichum, Ricky: »Verwaltungsrecht und Automation um 1960«, in: Kipker, Dennis-Kenji et al. (Hg.): *Der normative Druck des Faktischen: Technologische Herausforderungen des Rechts und seine Fundierung in sozialer Praxis*, Baden-Baden 2019, S. 69–88.

Zink, Wolfgang: *E-Government in Frankreich und Deutschland. Ein policy-analytischer Vergleich der Programme auf nationaler Ebene*, Würzburg 2005.

Fälle digitaler Rechtsfindung

Manuela Klaut

Subsumtionsautomaten

Unter Legal Tech wird die digitale Umsetzung von Rechtsanwendungen verstanden,[1] die Fälle aufgrund bestimmter Parameter systematisieren und vereinheitlichen, um sie in Datenbanken und Online-Systeme einpflegen zu können:

> »Unter Legal Tech (im engeren Sinne) versteht man Software, die unmittelbar die juristische Leistungserbringung berührt, etwa automatisierte Dokumenten- oder Schriftsatzerstellung, Ablaufautomatisierung, Document Review, Self Service Tools und sog. intelligente Datenbanken (etwa IBM Watson oder ROSS). Diese Technologien ›ersetzen‹ Tätigkeiten, die von Anwälten durchgeführt wurden oder werden«.[2]

Die Frage, die mit dieser argumentierten Ersetzungslogik entsteht, ist nicht nur die nach der juristischen Präzision der digitalen Verfahren, sondern vor allem eine, die sich an der Verallgemeinerung der Rechtsauslegung brechen muss, die durch diese Automatisierung von Fällen jedoch zur Voraussetzung erhoben wird. Die von Regina Ogorek bereits 1986 veröffentlichte Schrift *Richterkönig oder Subsumtionsautomat? Zur Justiztheorie im 19. Jahrhundert. Rechtsprechung,*

---

[1] Ich danke dem*er Gutachter*in meines Beitrags vielmals für die fundierten, strukturierenden, stilistisch zielführenden und anregenden Kommentare, die mir sehr geholfen haben.

[2] Markus Hartung/Micha-Manuel Bues/Gernot Halbleib (Hg.): *Legal Tech: Die Digitalisierung des Rechtsmarkts*, München 2018, S. 8.

Dieser Artikel hat ein Peer Review Verfahren durchlaufen.

M. Klaut (✉)
Institut für Kultur und Ästhetik Digitaler Medien, Leuphana Universität, Lüneburg, Deutschland
E-Mail: klaut@leuphana.de

Materialien und Studien hat für die Prinzipien der Rechtsauslegung wichtige Argumente geliefert, die sich auf die aktuelle Entwicklung des Fachbereichs Legal Tech anwenden lassen.

Die Frage danach, wie die gesetzestreue, logische Rechtsanwendung als Leitidee für die Richter des 19. Jahrhunderts gilt, »welche die Rigorosität betreffen, mit der richterliche Entscheidungen als durch Rechtsnormen, speziell durch Gesetze vorausbestimmt anzusehen sind«,[3] kann weitergeführt auf die Automatisierungsverfahren im Recht übertragen werden: Wie geht die aktuelle digitale Rechtsdienstleistung mit dem Einzelfall um? Welche Daten werden erhoben und anhand welcher Rechtsgrundlagen wird entschieden? Sind diese Systeme, in denen ich meinen Fall online anlegen kann, überhaupt sicher? In ihrer Studie hält Regina Ogorek als Befund für all diese Fragen fest:

> »Es wäre hoffnungslos, die Vielfalt der Antworten in wenige Sätze einfangen zu wollen. Es zeichnen sich aber Argumentationstypen ab, denen die meisten Beiträge zugeordnet werden können. Da sind zunächst einmal diejenigen, die eine strenge Bindung des Richters an das Gesetz für verfassungsrechtlich geboten, politisch wünschenswert und methodisch umsetzbar halten.«[4]

Diese strenge Bindung der Rechtsordnung gilt gleichermaßen für die Anwendungsstrategien in Legal Tech. Die derzeit erscheinende Literatur hebt dabei die positive, organisatorisch-praktische und erkenntnisorientierte Herangehensweise im Umgang mit den Entscheidungsoptionen von Legal Tech hervor:

> »Solche ›Richterautomaten‹ sind derzeit noch nicht eingesetzt und erst recht nicht rechtlich befugt, Rechtsfälle zu entscheiden, nicht zuletzt, weil dies zahlreiche verfassungsrechtliche Fragestellungen und natürlich auch viele philosophische Probleme aufwerfen würde, wie z. B., ob wir überhaupt wollen, dass Maschinen über Menschen in rechtlichen Angelegenheiten entscheiden sollen, etc. Die hier konkret aufgestellte und nachfolgend zu begründende Hypothese lautet: Es ist möglich, eine Theorie zu entwerfen, die erklärt, warum eine Maschine juristisches Denken bzw. wenigstens juristische Sprache so umfassend simulieren können müsste, dass ein Rechtsfall insgesamt entschieden werden kann.«[5]

Um den Rechtsfall zu definieren, kann man ihn nur zur Sprache bringen, selbst ein Fall werden, oder in jedem Fall, zunächst die Zweckbestimmung auflösen, um sein Wesen vor der Verwaltung einzuholen – zurück in die Entscheidungsdrift vor der Einrichtung des Sachverhalts. Ausgehend vom Fall lässt sich feststellen, wie unterschiedlich die Systeme sein müssten, in denen digitalisierte und simulierte Anwendungen eine algorithmisierte Verwaltung der Fälle ermöglichen würden. Jeder Fall ist unterschiedlich. Ist in dieser Fülle von Eigenschaften und Abweichungen überhaupt eine Entscheidungs-Software denkbar, die Fälle

---

[3] Regina Ogorek: *Richterkönig oder Subsumtionsautomat? Zur Justiztheorie im 19. Jahrhundert*, Frankfurt a. M. 1986, S. 1.

[4] Ebd.

[5] Axel Adrian: »Der Richterautomat ist möglich – Semantik ist nur eine Illusion«, in: *Rechtstheorie* 48 (2017), S. 77–122, hier S. 80.

systematisieren, vergleichen und interpretieren kann, und die dabei nicht wesentliche Eigenschaften des Einzelfalls vernachlässigen würde?

Transformationen des juristischen Falls

Eine Systematik des Falls als Einheit des Prozessierens von Verwaltungen und Gerichten zu beschreiben, bedeutet die Geschichte seiner Transformationen zu erzählen, die jedoch nicht historisch erzählt werden kann, weil die unzählbare Menge der Einzelfälle jeden Systematisierungsversuch zur Chronologisierung, Historisierung und Genealogie zerstören würde. Vor allem in der Literatur der letzten Jahre wurde der Fall immer wieder zu einem Motiv von Übertragungsgeschichten: vom Sachverhalt in den Tatbestand der Rechtsnorm, vom Recht in die Literatur,[6] von der Medizingeschichte zur Klassifizierung von Beobachtungen und in die Statistik,[7] von der Administration zum exzessiven Rechtsempfinden in die Querulanz,[8] zwischen Medien und Bürokratie,[9] als ideengeschichtliche Einordnung aus medizinhistorischer Perspektive,[10] in der Beziehung von Recht und Ästhetik,[11] vom Recht in die Übertragung,[12] von der Kasuistik in die Wissensgeschichte[13] und vom Gerichtsprotokoll als Typoskript in den automatisierten

---

[6] Von Nicolas Pethes sind zahlreiche Texte und Bücher zur Poetik des Falls erschienen. Zwischen 2011–2015 arbeitete sein interuniversitäres MERCUR-Forschungsprojekt »Fallgeschichten«. Pethes schreibt: »Die Frage ist, mit anderen Worten, nicht, was der Fall ist, sondern was zum Fall gemacht – d. h. als Fall beobachtet, konstituiert, konstruiert (und das heißt stets auch geschrieben) – wird, und wie dieses Zum-Fall-Werden durch die Schreibweise der jeweiligen Texte konkret fokussiert, inszeniert und reflektiert wird.« In: Nicolas Pethes: *Literarische Fallgeschichten: zur Poetik einer epistemischen Schreibweise*, Paderborn 2016, S. 9. Die gemeinsame Herausgabe mit Susanne Düwell von 2014 versammelt Texte zum Fall in Medizin, Philosophie, Recht, Psychoanalyse, Sozialforschung, etc.: Susanne Düwell/Nicolas Pethes: *Fall – Fallgeschichte – Fallstudie: Theorie und Geschichte einer Wissensform*, Frankfurt a. M. 2014.

[7] Stefanie Retzlaff: *Observieren und Aufschreiben. Zur Poetologie medizinischer Fallgeschichten (1700–1765)*, Paderborn 2018.

[8] Rupert Gaderer: *Querulanz. Skizze eines exzessiven Rechtsgefühls*, Hamburg 2012.

[9] Fabian Steinhauer: »Der Patriot Act und der Autopen. Eine Geschichte zur Theorie der (Kontra-)Signaturen«, in: Friedrich Balke/Bernhard Siegert/Joseph Vogl (Hg.), *Medien der Bürokratie* (= Archiv für Mediengeschichte 2016), Paderborn 2016, S. 163–176.

[10] Kathleen Haack: *Der Fall Sefeloge. Zur Geschichte, Entstehung und Etablierung der forensischen Psychiatrie*, Würzburg 2011, S. 90.

[11] Sabine Müller-Mall: »Fall und Urteil: Zum Gegenstand des Urteilens im Juridischen«, in: Frédéric Döhl et al. (Hg.), *Konturen des Kunstwerks. Zur Frage von Relevanz und Kontingenz*, München 2013, S. 249–262.

[12] Ino Augsberg: *Kassiber. Die Aufgabe der juristischen Hermeneutik*, Tübingen 2016.

[13] John Forrester: *Thinking in Cases*, Oxford 2016.

Fallvergleich.[14] Diese Brüche und Transformationen zu erzählen, bedeutet nicht
den Fall als Metatheorie von X in die Wissenschaftsgeschichte einzurücken,
sondern ihn als Modell zu lesen, in dem ungesichertes Wissen von Lebensum-
ständen zugunsten einer temporären Wissensanordnung suspendiert wird. Diese
Transformation von Rechtsfiguren erzählt jedoch nicht nur Lebensumstände,
sondern vor allem von dem Recht an Dingen, an Entscheidungen und an Räumen:
»Res Nullius bezeichnet einen gefährlichen Moment: Die Transformation
von Nicht-Besitz in Besitz.«[15] Die Frage nach dem Res Nullius verbindet die
Forschung nach dem literarischen Niemandsland (in Gottfried Kellers *Romeo
und Julia auf dem Dorfe*, 1855) und dem filmischen, gesetzlosen Flecken Grenz-
land (in Helmut Käutners *Himmel ohne Sterne*, 1955) mit dem wirklichen Fall.
Dieser ereignet sich am 20. April 2010 und kommt zum Tragen, als die Bohrinsel
Deepwater Horizon explodiert und in der Folge die schwerste Umweltkatastrophe
im Golf von Mexiko auslöst – was nach Michel Serres die drängende Frage auf-
wirft, ob es möglich ist, im Namen des Meeres BP anzuklagen.[16]

Die Frage, wie das Fallwissen in eine digitale Einheit transformiert wird, wie
sich Fälle automatisch vergleichen lassen und wie Legal Tech die Digitalisierungs-
strategien für Fälle optimiert, impliziert das Problem des Res Nullius: Worin
unterscheiden sich menschliche und automatisierte Entscheidungen und wem
gehören sie? Dem Rechtsdienstleister im Internet, oder dem Gericht? Fragen,
deren Leerstellen sich erst heute mit konkreten Fällen in der Rechtsprechung darstellen lassen.

»Moderne Komplikationen der traditionellen Methodik«[17]

Die vorausgehenden Komplikationen dieser Fragestellungen bringt ein Band
von Friedemann Vogel mit dem Titel *Recht ist kein Text*[18] auf den Punkt. Die
Texte sprechen Situationen an, die sich nicht offensichtlich verrechtlichen
lassen oder deren Status im Fall unklar bleibt – es bleibt unsicher, ob sie unter
das Gesetz fallen müssten oder könnten. Diese Vagheit, die sich bereits durch
die unbestimmten Rechtsbegriffe und ihre Neu-Interpretation in jedem einzelnen

---

[14] Andreas Klein: *Automatisierter Fallvergleich* (= Freiburger rechts- und staatswissenschaftliche
Abhandlungen 63), Heidelberg 1998.

[15] Michael Kempe/Robert Suter (Hg.): *Res nullius. Zur Genealogie und Aktualität einer Rechtsformel* (= Schriften zur Rechtsgeschichte), Berlin 2015, S. 7.

[16] Gernot Kamecke: »Klagen wir im Namen des Meeres BP an«, in: *die tageszeitung* vom
30.07.2010, S. 15.

[17] Ino Augsberg: »Rechtswissenschaftliche Methodenlehre«, https://www.augsberg.jura.uni-
kiel.de/de/lehrveranstaltungen/rechtswissenschaftliche-methodenlehre (zuletzt aufgerufen am
2.2.2021).

[18] Friedemann Vogel (Hg.): *Recht ist kein Text. Studien zur Sprachlosigkeit im verfassten Rechtsstaat* (= Sprache und Medialität des Rechts 1), Berlin 2017.

Fall ergibt, findet sich in Konstellationen wieder, die sich nicht im Verfahren vor Gericht strukturieren lassen, z. B. in der Mimik, im Schweigen, im Subtext, in der Geräuschkulisse und im Nichtverstehen von Fragen. In der Transformation lebensweltlicher Sachverhalte in Fälle bestätigt Ina Pick schon in der Sachverhaltsbegutachtung den Möglichkeitsraum, der den Weg des Falls entscheidet: »Da die Falltransformation bis zur Einschätzung mental auf Seiten des Anwalts vollzogen werden kann, liegt hier eine wichtige Strukturstelle für Mandantengespräche vor, die die Verständigung systematisch verhindern kann.«[19] Weitere Komplikationen, die sich aus der Prämisse *Recht ist kein Text* ergeben, widmen sich den digitalen Brüchen: Was geschieht, wenn sich Fälle googeln lassen und Laien zu Experten werden, oder was passiert mit den nicht-digitalisierten Texten und Urteilen, wenn nur noch die Digitalisierten durch Filter und Suchmaschinen zur Recherche benutzt werden? Fallen die historischen Rechtsurteile, die eine Vergleichbarkeit mit anderen Rechtssystemen gewährleisten, dann durch das automatisierte Raster unserer Wahrnehmung? Der von Shoshana Zuboff eingeführte Begriff des *Allgegenwärtigkeitsapparates*[20] trifft in Ableitung auf die Praktiken von *Legal Tech* zu, denn mit ihnen geschieht nicht nur eine Verallgemeinerung menschlichen Handelns, das den Einzelfall an sich aufzulösen droht, sondern auch ein Verwischen von rechtlichen Zuständigkeiten, denen die digitalen rechtlichen Verfahren zugrunde liegen und die Intransparenz der Prozessualität des Rechts vergrößert.

Die aktuellen rechtlichen Entwicklungen, die die historischen Fälle der Rechtsentwicklung in den Hintergrund rücken lassen, lösen durch die digitale Rechtsfindung ein vergegenwärtigtes Nachdenken in Anwendungsszenarien aus, um den Algorithmus nach ökonomischen und schnell veränderbaren Parametern zu skalieren. Aus den Fällen werden Anwendungsfälle.

In *Wenn p, was dann? In Fällen denken* resümiert John Forrester die Tatsache, dass der jeweilige Fall, als temporäre Wissenseinheit, die Methode selbst bestimmt, denn es gibt »auch nicht eine Methode der Wissenschaften, die, für alle Zeiten etabliert, als Maßstab und Garantie der Wahrheit dienen würde.«[21] Vom Fall aus lassen sich Umbrüche in der Wissensgeschichte lesen, die sich in temporären Anordnungen denken lassen, um exemplarisch, als Ausnahme von der Regel oder im Transfer zu anderen Wissensgegenständen eine Brücke zu schlagen. Das Wissen der eigenen Disziplin gerät im Fall vielmehr zur Überprüfung und Differenzierung, die eine Generalisierung, die strikte Historisierung und die empirische Beobachtung von Vorgängen und Ereignissen auf den Prüfstand und

---

[19] Ina Pick: »Wie Verständigung wortreich scheitert. Ein Plädoyer für die Entwicklung eines methodisch kontrollierten Umgangs mit gesprochener Sprache im Recht«, in: Friedemann Vogel (Hg.), *Recht ist kein Text: Studien zur Sprachlosigkeit im verfassten Rechtsstaat*, Berlin 2017, S. 109–133, hier S. 111.

[20] Shoshana Zuboff: *Das Zeitalter des Überwachungskapitalismus*, Frankfurt a. M. 2018, S. 260.

[21] John Forrester: »Wenn p, was dann? In Fällen denken«, in: Susanne Düwell, Nicolas Pethes (Hg.), *Fall – Fallgeschichte – Fallstudie*, Frankfurt a. M. 2014, S. 139–169, hier S. 139.

vor das Gericht einer neuen Urteilsfähigkeit stellt. Während Peter Galison[22] für die Fallstudie in der Kunst, in der Wissenschaft und in der Anthropologie attestiert, nicht länger mehr nur der Beweis an sich, sondern der Vorläufer eines Prozesses zu sein, mit dem historische, kulturelle und literarische Praktiken in Frage gestellt werden können, hat der einzelne juristische Fall das Potential, die Rechtsnorm zu erneuern oder zu revidieren. Im juristischen Fall wird der zu erzählende Sachverhalt nicht unbedingt durch Kontingenz erzeugt, sondern er bestätigt die Abweichung von der Regel, oder ihr genaues Eintreffen und fügt sich damit unter die Abstrahierung menschlichen Verfehlens schlechthin.

Die Funktion des juristischen Falls als Instanz einer kritischen Auseinandersetzung legt Michael Niehaus in seiner Unterscheidung als von der Institution bearbeitete Einheit und im Fall, der in die öffentliche Diskussion eingeht, offen: »Wenn der Fall zum Gegenstand einer Darstellung gemacht wird, so impliziert dies vielmehr im Prinzip die Behauptung, dass in dieser Darstellung die relevanten Elemente des Falles – also die Kaseume – enthalten sind.«[23] Während die wissenschaftliche Literatur zum Fall und zur digitalen Rechtsfindung also immer eine Variable X argumentiert, um Fälle unterschiedlicher Disziplinen vergleichbar zu machen, ist es umso interessanter, was in der Wandlung der Fälle zu Anwendungsfällen digitaler Rechtsprechung vernachlässigt wird, was *nicht* als Kaseum zu fassen ist und so eine Offenlegung der Informationen meint, die nicht in den Fall eingehen: »Einen solchen relevanten Bestandteil möchte ich Kaseum nennen. Ein Kaseum soll also ein Merkmal sein, dessen Vorliegen oder Nichtvorliegen an einer bestimmten Stelle eines Verfahrensablaufs für die Fortsetzung dieses Verfahrensablaufes relevant ist.«[24] Das Kaseum ist ein differenzierendes, aber unbestimmtes Merkmal, das nichts Schematisches aufweist und statt des Tatbestandsmerkmals, wonach sich ein Fall unter den Sachverhalt subsumieren lässt, ein Verfahrensbestandsmerkmal ist. Die Rechtsphilosophie arbeitet an diesen Mittlerfiguren des Rechts und der Verwaltungssysteme, weil an ihnen auffällig wird, wie wenig sie als Ausnahme von der Regel in automatisierte Subsumtionsverfahren übertragbar sind: »Von der Falldarstellung wird erwartet, dass sie einerseits auf Tatbestandsmerkmale hin orientiert ist, aber andererseits noch nicht die Sprache der Tatbestandsmerkmale spricht. In diesem Spannungsfeld bewegen sich Kaseume. Sie sind in der Sprache formuliert, die übersetzt werden muss, von der aber angenommen wird, dass sie übersetzt werden kann.«[25]

Um sich von diesem Kaseum des Falls einen weiteren Begriff zu machen, setzen sich die Rechtshistoriker aktuell u. a. mit dem Enthymem auseinander, um aus der Rhetorik methodisch abzuleiten, was nicht-normative Modelle für die im

---

[22] Peter Galison: »Specific Theory«, in: *Critical Inquiry* 30/2 (2004), S. 379–383, hier S. 381.

[23] Michael Niehaus: »Kaseum«, in: Lucia Aschauer/Horst Gruner (Hg.), *Fallgeschichten: Text- und Wissensformen exemplarischer Narrative in der Kultur der Moderne*, Würzburg 2015, S. 29–47, hier S. 41.

[24] Ebd.

[25] Ebd., S. 38.

Fall praktizierten Begründungsmuster der Subsumtion eines konkreten Sachverhalts sein können. Dieser Teil der Rechtsanwendung, den Thomas Seibert als das ungeschriebene Gesetz bezeichnet, lässt sich als enthymemisch nur in Fällen darstellen. Es lässt keine allgemeine Formel zu, da es für die Interpretation des Sachverhalts eher als Denkfigur steht und keine konkrete Rechtsanwendung zur Folge hat.

Um das Enthymem als Wahrscheinlichkeitsschluss in die Fälle juristischer Praxis aufzulösen, gibt Seibert seinen Anwendungsfällen nummerierte Obertitel mit dem Namen »Lücke«. Eine Benennung als Lücke ist insofern interessant, weil sie verdeutlicht, dass Vorannahmen ebenso in eine Urteilsfindung mit einziehen können, wie die Ambivalenz, die Widerspruchsfreiheit, oder die Heimsuchung durch Umstände. Diese zweite Lücke, die eine der enthymemischen Strukturen des Gesetzanwendung erklärt, heißt »Lücke 2: Etwas anderes ist der Fall«:

> »Das Element der ›Lücke‹ tritt insofern auch als Darstellungsschirm für ein Gefühl auf, das lautet: Das kann man nicht glauben. Man kann – ist der BGH überzeugt – eigentlich nicht glauben, dass jemand auf einem Mobiltelefon blind, nämlich in der Tasche, eine Nachricht eingeben und versenden kann. Die Begründung wahrt die Form der Revision, die eine Lücke als Begründungsmangel vorstellt, und rügt: [BGH, Beschluss vom 27.9.2001 – 1 StR 349/01 – NStZ-RR 2002, 39.] ›Es versteht sich indessen gleichwohl auch für einen im Umgang mit einem Mobiltelefon und dem Versenden von SMS-Nachrichten in hohem Maße geübten, fingerfertigen Nutzer nicht von selbst, dass ein solches ›blindes‹ Schreiben und Versenden einer Mitteilung über ein in der Tasche befindliches ›Handy‹ möglich ist. Die entsprechende Feststellung hätte der Darlegung der Voraussetzungen bedurft, unter denen die Zeugin Kö. dies konnte; die Aussage der Zeugin hierzu wäre zu würdigen gewesen.‹ Der dahinterstehende Schluss nimmt geradezu syllogistische Form an, die lautet: Technische Geräte kann niemand blind bedienen. Ein Mobiltelefon ist ein – im Übrigen und überhaupt mit der Fingerfertigkeit von Oberrichtern – nicht ganz einfach zu bedienendes technisches Gerät. Also kann man es nicht in der Tasche bedienen. Damit wird eine Feststellung des Tatgerichts beseitigt, was so deutlich nicht gesagt werden darf. Es wird versteckt hinter der Formel, man habe die Aussage der Zeugin über ihre damit angenommene, anormale Fähigkeit überprüfen müssen, und durch Enthymem wird nahegelegt: Das konnte sie nicht.«[26]

Diese Lücke hier ganz nachlesen zu können, ist aus dem Grund wichtig, weil die Details, von denen Seibert berichtet, wie Formulierungen für andere Tatbestände stehen könnten und auf ihrer Grundlage das Recht in andere Handlungsgeschehnisse und Vermutungen übertreten kann. Das Kommunikative des juristischen Falls tritt darin zutage und die »allseitige Anfälligkeit einer Sachverhaltsfeststellung und -begründung«.[27]

---

[26] Thomas-Michael Seibert: »Das Denkgesetz im Gesetz«, in: Katharina Schlieffen (Hg.), *Das Enthymem. Zur Rhetorik des juristischen Begründens. Interdisziplinäres Symposion zur Methode und Theorie der Rechtsrhetorik an der FernUniversität Hagen vom 29. bis 30. April 2011,* (*Rechtstheorie: Zeitschrift für Logik und juristische Methodenlehre, allgemeine Rechts- und Staatslehre, Kommunikations-, Normen-, und Handlungstheorie, Soziologie und Philosophie des Rechts*), Berlin 2011, S. 552–571, hier S. 559.

[27] Ebd., S. 567.

Mediale Transformationen des Falls

Der Fall in den Medien besteht oftmals schlicht aus interessanten Ereignissen, die jedoch durch die Menge an verschiedenen Informationen zur Systematisierung des Falls führen. Es sind Versammlungen von Artikeln, Fotos, Forenbeiträgen, Twitterkommentaren, Interviews, Expertenmeinungen, Publikumsanrufen, Gerichtsreportagen, Gegendarstellungen und Hobbykolumnen.

Durch die Öffentlichkeit des Falls in den Medien wird nicht nur die Zuverlässigkeit der Quellen eine zu vernachlässigende Größe, auch die Zugangsbedingungen zum Fall scheinen immer und überall möglich zu werden. In diesem Sinne dokumentiert der Fall in den Online-Medien auch stets den Einsatz von Aufzeichnungs- und Auswertungsmedien. In *Medien der Rechtsprechung* von Cornelia Vismann[28] geht es nicht nur um die Narrationsweisen des einzelnen Falls, sondern um die Beteiligung der Medien am Prozess und die Übertragung des Gerichtsverfahrens in verschiedene Medienformate. Die mediale Übersetzung, die den Fall im Fernsehen zur Sprache kommen lässt, transformiert die Verhandlung: »Medien haben unter bestimmten Umständen durchaus die verhängnisvolle Macht, die Gerichtsstätte zu schleifen und die Rechtsprechung zu ruinieren. Aber das Buch von Cornelia Vismann demonstriert, dass sie zugleich Mittel sind, mit denen sich eine systematische Reflexion der medialen ›Abhängigkeit‹ allen Rechtsprechens vollziehen lässt.«[29]

Der Fall ist als Fallbeispiel nicht mehr nur länger Grundlage wissenschaftlichen Arbeitens oder unter das Gesetz zu subsumieren, sondern er wird zum Exemplum eines veränderlichen Wissens, das fall-immanent nicht nur den Aussage-Arten verschiedener Beweislagen unterliegt, sondern durch seine Übersetzung in mediale Formate zu einem jeweils anderen Wissen fähig wird – dem Wissen über die Dispositionen der medialen Form.

Die in den letzten Jahren zum Fall erschienene Literatur versteht ihn als zu analysierende Einheit der Literaturwissenschaft, als Erkenntnisweg der medizinischen Forschung, als Qualitätssicherung ökonomischer Untersuchungen, als Erzählform noch im Prozess befindlicher Rechtsgebiete – und dennoch als Setzung einer interdisziplinär operierenden Wissensform, die Aufschluss darüber gibt, dass ein Fall von X oder die Regel des Falls nicht herzustellen sei und nur mehr als Singularität in der Pluralität aufgehen müsse. Der Fall, der im Gesetz keine unmittelbare Definition besitzt, liest sich in den unbestimmten Rechtsbegriffen z. B. als Härtefall – der sich durch seine sozialen Umstände festlegen lässt.

---

[28] Cornelia Vismann: *Medien der Rechtsprechung,* hg. von Alexandra Kemmerer/Markus Krajewski, Frankfurt a. M. 2011.

[29] Friedrich Balke: »Macht und Ohnmacht des Zeigens«, (Rezension zu Cornelia Vismanns *Medien der Rechtsprechung*), in: *Cargo* 2011, S. 70–72, hier S. 70.

Man kann sagen, das Fall-Werden – und das ist im Hinblick auf die Automatisierung der Fälle als Anwendungsszenarios für Legal Tech wichtig, lässt sich als Amtshandlung nicht immer koordinieren und nicht generalisieren.

Die aktuelle Frage an das Fach Medienwissenschaft wäre, mit dem juristischen Fall im Hintergrund, nicht nur die nach dem Vorteil oder Nachteil einer normativ-interpretativen Methode, die die Disziplin absichert – so wie es in der Jurisprudenz zweifelsohne der Fall ist, sondern auch die nach der wissenschaftshistorischen Verschiebung methodischer Vorgänge in der Wissensvermittlung. Die Fälle, die aus Verwaltungsvorgängen kommen, seitens der Amtsgerichte und medizinische Fälle werden als *Behördenpflege* in den Staatsarchiven abgelegt und nach Verzeichnung in Findbücher oder unter *Enthält-Vermerke* und dem Nachweis von begründetem Forschungsinteresse wieder reponiert. Der Fall ist demnach auch eine Einheit, in der sich Medienübergänge nachweisen lassen: Die Unterscheidung, die Foucault in der *Archäologie des Wissens* zwischen Dokument und Monument trifft, stellt zudem eine Anziehungskraft heraus, eine Remanenz, die dem dokumentarischen Material eigen ist, nämlich sich gewebsartig in Beziehungen zueinander zu positionieren: »[S]ie ist die Arbeit und Anwendung einer dokumentarischen Materialität (Bücher, Texte, Erzählungen, Register, Akten, Gebäude, Institutionen, Regelungen, Techniken, Gegenstände, Sitten usw.)«[30] Dies ist vor allem im Übergang des Falls in seine Archivierung zu bemerken: Der Fall wird erzeugt durch die Vernachlässigung von nicht-relevanten Informationen und als Akte dann erneut einer Provenienz überführt, die ihn als relevant oder irrelevant für die Sammlung einstuft, bzw. die den Fall in eine neue Wissenskategorie überführt, von der unsicher ist, ob sie es möglich macht, den einzelnen Fall wieder aufzufinden.

Die Unterscheidung zwischen Dokument und Monument ist auch eine zum Einzelfall hin: Sie erlaubt ihn nicht mehr als Sammlungsbefund einer Ordnung zu lesen, sondern von dem Fall ausgehend zu fragen, welche Vermittlungsfunktion er hat. Genau das tut Carlo Ginzburg im Fall Sofri,[31] in dem er den Fall als Historiker auf seine juristische Schlüssigkeit hin befragt. Diese Modulation des Rechts durch eine neue Dokumenten-Lage thematisiert ebenso der Fall Lortie, den Legendre analysiert: Durch die Vorführung des Video-Mitschnitts vor den Augen des Angeklagten in der Verhandlung ergibt sich durch die Kamera die Figur eines Dritten, der Gerichtssaal wird zum Übertragungsraum: »Das zwingt zu einer Neubewertung der Ritualität des Rechts.«[32] Die Projektion des Videomitschnitts in den Verfahrensraum schreibt das Subjekt in ein normatives Verhältnis ein, »in dem es sich als menschliches Subjekt sehen und hören kann, als Subjekt, das de jure

---

[30] Michel Foucault: *Archäologie des Wissens,* übersetzt von Ulrich Köppen, Frankfurt a. M. 1981, S. 15.

[31] Carlo Ginzburg: *Der Richter und der Historiker: Überlegungen zum Fall Sofri,* Berlin 1991.

[32] Pierre Legendre: *Das Verbrechen des Gefreiten Lortie. Abhandlung über den Vater,* hg. von Clemens Pornschlegel, Wien 2011, S. 113.

gespalten ist, das heißt gespalten im Namen eines Gesetzes, das über das Subjekt hinausgeht.«[33]

Diese Herangehensweisen, die erlauben, den juristischen Fall unter variablen methodischen Techniken zu lesen und zu befragen, um ihn nicht der Jurisprudenz zu überlassen, legen offen, dass der Fall das Problematische ist und nicht das Offenkundige. Auch aus diesen Gründen ist es wichtig, an der Mediengeschichte der Rechtspraktiken weiter zu schreiben, denn sie erkennt fallweise den problematischen Umgang der normativen Ordnungen und darin das, was in ihnen durch die weitergehend automatisierende und digitalisierende Verwaltungspraxis an Informationen wegfällt, als lebensumständliche Anwendung zerfällt und den juristischen Techniken der Subsumtion und Verfahrens-Ökonomisierung zufällt, um auf eine Lösung des Falls, und damit auf sein Verschwinden in die Datenbanken zu hoffen. Doch geht es auch darum, die Hoffnung der Rechtstheoretiker zu zerstreuen, dass Medien die Verbreitung des Archivs wären und dem Recht schlicht zuarbeiten:

»Die Verbreitungsmedien wirken zugleich als Speicher der Kommunikation – als Archive, die ihrerseits die Gedächtnisformen des Rechts strukturieren und damit sowohl die Bedingungen der wiederholten Verwendbarkeit rechtlichen Wissens konditionieren als auch den Grad der Neigung, tradierte Rechtsbestände zu variieren und Innovation zu ermöglichen. Medialität und Materialität des Rechts rücken damit ins Zentrum der Rechtstheorie.«[34]

Kasuistik ist nicht nur als juristische, pathologische, historische oder literarische Wissensform zu denken – sondern als eine des Mediums, in dem sie prozessiert wird.

»Recht ex machina«[35]

Das Interessante an den Maschinen, die juristische Tätigkeiten verrichten, ist vor allem, dass sie in Fällen eine Systematik verstehen und ihnen eine Anwendbarkeit zugrunde legen, die das Fallgeschehen scheinbar simplifizieren. So eine Vereinfachung programmierte 2016 der Chaos Computer Club mit seiner Seite *Abmahnbeantworter.* Hier kann man in ein Online-Formular eintragen, warum man mit einer angemahnten Urheberrechtsverletzung nichts zu tun hat. Allerdings diente der *Abmahnbeantworter* nur dazu, das rechtliche Unwissen der Online-Rechts-Tools vorzuführen. Einen Widerspruch kann man damit nicht erreichen,

---

[33] Ebd.

[34] Kent D. Lerch: *Lesarten des Rechts. Sprache und Medien der Jurisprudenz,* Berlin 2008, S. 157.

[35] Oliver Raabe et al.: *Recht ex machina. Formalisierung des Rechts im Internet der Dienste,* Berlin, Heidelberg 2012.

aber sämtliche Online-Redaktionen fielen darauf herein und leiteten das Tool emphatisch weiter, darunter sogar Rechtswissenschaftler*innen.

Die Automatisierung von Rechtsakten trägt nicht nur zur Ökonomisierung des Verfahrens bei, sondern auch zu dessen weiterführender Intransparenz hinsichtlich der Entscheidungsgewalt: »So unbeirrbar sich Verwaltungen im Alltag zeigen, so unübersichtlich, verworren, konfliktreich und problematisch waren die Aushandlungsprozesse, die der Automatisierung von Verwaltungen vorausgingen oder sie begleiteten.«[36]

Doch nicht nur, dass die digitalisierten Verfahren den Digitalisierungsvorgang des Verfahrens immer mitprozessieren müssen, auch die Subsumtion, die dabei das empfindliche Nadelöhr des Gesetzes ist, verlangt eine genaue Abbildung in automatisierten Verfahren, in all der ihr im Gesetz gebotenen Offenheit. Der Vorschlag, das Recht als Maschine zu lesen, erntet in der *JuristenZeitung* von 2014 wunderbar präzise analysierten Gegenwind:

> »Das Modell, das die Verf. als ›Recht ex machina‹ präsentieren, vermag weder den Inhalt der Normen zu formalisieren bzw. das so aufgefasste Recht zu standardisieren noch dessen komplexe Strukturen zu analysieren. Komplexität ist der Preis für die Wissenschaftlichkeit der Rechtsdogmatik, die möglichst gerechte Lösungen (Gleiches gleich und Ungleiches ungleich behandeln) zu garantieren in der Lage ist. Rechner und KI sind dieser Aufgabe nicht gewachsen.«[37]

Aus der aktuellen Rechtsprechung ergibt sich immer mehr die Forderung nach der Transparenz der Algorithmen der Rechtsdienstleister und die Maßgabe, Algorithmen lediglich als Berater wahrzunehmen und nicht als Maßgabe zur endgültigen Entscheidungsfindung. Im Urteil des Bundesgerichtshofes vom 27. November 2019 im Fall *Lexfox* gibt es einen klaren Zuspruch für Legal Tech: »Lexfox, früher Mietright, macht für Mieter Ansprüche gegen Vermieter geltend. Mieter treten ihre Ansprüche an das Inkassounternehmen Lexfox ab, das gegen Erfolgshonorar gegen Vermieter vorgeht.«[38]

Die im Urteil vom Bundesgerichtshof in der Rechtssache argumentierten Maßstäbe sind dabei sehr offen. Die beiden Eigenschaften, die dabei im Urteilstext auffallen, sind der Ausschluss der unqualifizierten Rechtsberatung und das Beharren auf der Einzigartigkeit des Einzelfalls. Aber wie soll ein Online-Formular das leisten?

> »Erforderlich ist vielmehr stets eine am Schutzzweck des Rechtsdienstleistungsgesetzes, die Rechtsuchenden, den Rechtsverkehr und die Rechtsordnung vor unqualifizierten

---

[36] David Gugerli: »Das Autonomieproblem digitaler Gesellschaften«, in: *Merkur,* https://www.merkur-zeitschrift.de/2019/01/29/das-autonomieproblem-digitaler-gesellschaften-digitalkolumne (zuletzt aufgerufen am 5.2.2021).

[37] Kyriakos N. Kotsoglou: »Subsumtionsautomat 2.0: Über die (Un-)Möglichkeit einer Algorithmisierung der Rechtserzeugung«, in: *JuristenZeitung* 69 (2014), S. 451–457.

[38] Volker Römermann: »Tore auf für Legal Tech«, 12.12.2019, https://www.lto.de/recht/juristen/b/legal-techbgh-lexfox-wenigermiete-berufsrecht-rdg-anwaelte-erfolgshonorar/ (zuletzt aufgerufen am 7.2.2021).

Rechtsdienstleistungen zu schützen (§1 Abs. 1 Satz 2 RDG), orientierte Würdigung der
Umstände des Einzelfalls einschließlich einer Auslegung hinsichtlich der Forderungsein-
ziehung getroffenen Vereinbarungen. Dabei sind auch die Wertentscheidungen des Grundgesetzes zu berücksichtigen.«[39]

Wie unterschiedlich die Rechtsprechung aktuell mit *Legal Tech* verfährt, zeigt
dagegen das Urteil vom Landgericht Köln vom 08.10.2019 im *smartlaw-Fall*, das
der Firma *Wolters Kluwer* die digitale Rechtsberatung mit Hilfe eines sogenannten
Rechtsdokumentengenerators untersagte, weil dieser unerlaubt rechtliche Einzel-
fallprüfungen anbot und vornahm. Besonders die Werbung für die Dienstleistungen von *smartlaw* wurde dabei untersagt: »Günstiger und schneller als
der Anwalt« und »Rechtsdokumente in Anwaltsqualität«[40]. Diese Devise zeigt
zwar die menschliche Rechtsauslegung als Maß der Dinge an, dennoch nimmt
sie mit den Attributen *günstig und schnell* die Reduzierung der Rechtsleistung
als Rechenleistung vor. Ohne die mit Hilfe von Anwälten entstandenen voraus-
gegangenen Urteile, die nun der Maschine als Futter dienen, gäbe es wohl auch
keine Maschine.

Es kann an dieser Stelle kein abschließendes Urteil über Legal Tech geben,
auch kein aus medienwissenschaftlicher Sicht juristisch gestütztes – jedoch
einen Eindruck dessen, was der einzelne Rechtsfall in diesen automatisierten
Verschaltungen der Rechtsanwendung vermag. Zunächst erwähnt wurden dazu
die Denkmodelle zu Kasuem und Enthymem: Es gibt Merkmale eines jeden
juristischen und administrativen Verfahrens, die sich durch das Verfahren in dessen
Vollziehung ergeben und damit prozessuale Eigenschaften des Falls sind, die sich
nicht durch Software abbilden oder nachvollziehen lassen (z. B. Verfahrensfehler
lt. Verwaltungsverfahrensgesetz – § 44 VwVfG *Nichtigkeit des Verwaltungsaktes,*[41]
Absatz 2: »Ohne Rücksicht auf das Vorliegen der Voraussetzungen des Absatzes
1 ist ein Verwaltungsakt nichtig, 4. den aus tatsächlichen Gründen niemand ausführen kann.« Das Interessante ist dabei, dass nicht näher bestimmt ist, was »tat-
sächliche Gründe« sind. Das wird allein durch den Einzelfall bestimmt.).

Die Enthymeme sind Wahrscheinlichkeitsvermutungen, die den Zugriff auf
Entscheidungen wahlweise erweitern oder einschränken. Diese Denkgesetze
lassen sich in der Qualität des einzelnen Falls argumentieren, jedoch nicht in der
Quantität, in der statistischen Erfassung. Die Digitalisierungen der Fälle setzen
den historischen Einzelfall bzw. Präzedenzfall aus, d. h. eine Rechtsauslegung
nach historisch gegebenen Maßstäben wird im Online-Formular zu einer Auslegung der permanenten Gegenwart, die aktuelle Fälle vergleicht, um aus ihnen
einen Datenabgleich zu ermöglichen. Mit der Auflösung der Singularität des Falles

---

[39] Zum Urteil vom Bundesgerichtshof im Fall Lexfox vom 27.11.2019, vgl.: http://juris.bundes-
gerichtshof.de/cgibin/rechtsprechung/document.py?Gericht=bgh&Art=en&sid=08fe22e1396e4
dba2b157d143985b7d8&nr=10196&pos=0&anz=1 (zuletzt aufgerufen am 08.02.2021).

[40] Das gesamte Urteil kann man online nachlesen, unter: https://www.justiz.nrw.de/nrwe/lgs/
koeln/lg_koeln/j2019/33_O_35_19_Urteil_20191008.html (zuletzt aufgerufen am 05.02.2021).

[41] Vgl. https://dejure.org/gesetze/BVwVfG/44.html (zuletzt aufgerufen am 05.02.2021).

hin zu einer Sammlung, die aber keine Sammlung der *merkwürdigen Rechtsfälle* mehr ist, sondern im besten Fall eine prozessierende Statistik, verschwindet die Fokussierung auf den besonderen Fall, von dem aus sich die Rechtsprechung erweitert, aus der sie sich gründet und erneuert.

Weitergehend erforscht werden sollten die Medienübergänge in den Verfahren von Legal Tech: Die Digitalisierung von Fall-Informationen archiviert nicht das Medium mit, in dem der Fall zu Papier gebracht wurde oder in den Akten steht – dabei ist die Provenienz der Dokumente oft im Fall ein wichtiger Rückschluss auf die Rechtsquelle. Um die Apparate für die Fall-Informationen vorzubereiten, muss man ihnen die älteren Verwaltungstechniken implementieren: »also ihre Langsamkeit, ihre Rigidität, ihre Transparenz…«.[42]

Die Texte von Cornelia Vismann nehmen genau dies als Ausgangsperspektive: Wie sich Aufschreibesysteme des Rechts dahingehend im Übergang vom Dokument zur automatisierten Applikation verändern und wie sie in dem Versuch der digitalisierten Standardisierung schließlich eine Verdopplung des Rechts bewirken. Das Gesetz wird erweitert um das, was *gesetzt den Fall* in Programme zur Rechtsfindung eingeschrieben wird, und das geschieht unwillkürlich und instituiert ein neues Verfahren, dessen rechtliche Prozesse und kulturellen Nachwirkungen wir noch nicht restlos abschätzen können, in dem was sie uns verbergen, typisieren oder insgeheim organisieren:

> »Begutachtet man die Grundrechte in übertragungstechnischer Hinsicht, dann werden die computertechnischen Voreinstellungen, seine internen Juridismen, die proprietäre Ausgestaltung von Betriebsprogrammen, die Setzung von Kommunikationsstandards und auch die Implementierung von Eingriffen thematisierbar. Die Grundrechte sind in dieser Perspektive nicht darauf beschränkt, in bloßer Verdoppelung des geltenden Rechts die Oberfläche der Computeranwendung zu betrachten, um daran Chancen und Risiken der Computertechnologie auszuloten. Sie sind dann in der Lage, die medialen Bedingungen von Kommunikation zur Sprache zu bringen und auf Verfassungsebene ein Programm für ein Recht der Medien zu entwerfen, das mit der Medialität des Rechts ebenso rechnet wie mit der Rechtsförmigkeit des Rechners.«[43]

Literatur

Adrian, Axel: »Der Richterautomat ist möglich – Semantik ist nur eine Illusion«, in: *Rechtstheorie* 48 (2017), S. 77–122.

Augsberg, Ino: »Rechtswissenschaftliche Methodenlehre«, https://www.augsberg.jura.uni-kiel.de/de/lehrveranstaltungen/rechtswissenschaftliche-methodenlehre (zuletzt aufgerufen am 2.2.2021).

---

[42] Call for Papers *ilinx* 6: Apparate, Herausgeber*innen: Tilman Richter, Caspar-Fridolin Lorenz, Anna Echterhölter, unter: http://www.ilinx-kultur.org/wp-content/uploads/2020/06/cfp_ilinx_apparate.pdf (zuletzt aufgerufen am 14.02.2021).

[43] Cornelia Vismann: *Verfassung nach dem Computer, unveröffentlichte Habilitationsschrift*, Frankfurt a. M. 2007, S. 290.

Augsberg, Ino: *Kassiber. Die Aufgabe der juristischen Hermeneutik*, Tübingen 2016.

Balke, Friedrich:»Macht und Ohnmacht des Zeigens«, in: *Cargo* 2011, S. 70–72.

Düwell, Susanne/Pethes, Nicolas: *Fall – Fallgeschichte – Fallstudie: Theorie und Geschichte einer Wissensform*, Frankfurt a. M. 2014.

Forrester, John:»Wenn p, was dann? In Fällen denken«, in: Düwell, Susanne/Pethes, Nicolas (Hg.): *Fall – Fallgeschichte – Fallstudie*, Frankfurt a. M. 2014, S. 139–169.

Forrester, John: *Thinking in Cases*, Oxford 2016.

Foucault, Michael: *Archäologie des Wissens*, übersetzt von Ulrich Köppen, Frankfurt a. M. 2011.

Gaderer, Rupert: *Querulanz. Skizze eines exzessiven Rechtsgefühls*, Hamburg 2012.

Galison, Peter:»Specific Theory«, in: *Critical Inquiry* 30/2 (2004), S. 379–383.

Ginzburg, Carlo: *Der Richter und der Historiker: Überlegungen zum Fall Sofri*, Berlin 1991.

Haack, Kathleen: *Der Fall Sefeloge. Zur Geschichte, Entstehung und Etablierung der forensischen Psychiatrie*, Würzburg 2011.

Hartung, Markus/Bues, Micha-Manuel/Halbleib, Gernot (Hg.): *Legal Tech: die Digitalisierung des Rechtsmarkts*, München 2018.

Kamecke, Gernot:»Klagen wir im Namen des Meeres BP an«, in: *die tageszeitung*, 30.07.2010.

Kempe, Michael/Suter, Robert (Hg.): *Res nullius. Zur Genealogie und Aktualität einer Rechtsformel* (= Schriften zur Rechtsgeschichte), Berlin 2015.

Klein, Andreas: *Automatisierter Fallvergleich* (= Freiburger rechts- und staatswissenschaftliche Abhandlungen 63), Heidelberg 1998.

Kotsoglou, Kyriakos N.:»Subsumtionsautomat 2.0: Über die (Un-)Möglichkeit einer Algorithmisierung der Rechtserzeugung«, in: *JuristenZeitung* 69 (2014), S. 451–457.

Legendre, Pierre: *Das Verbrechen des Gefreiten Lortie. Abhandlung über den Vater*, hg. von Clemens Pornschlegel, Wien 2011.

Lerch, Kent D.: *Lesarten des Rechts: Sprache und Medien der Jurisprudenz*, Berlin 2008.

Müller-Mall, Sabine:»Fall und Urteil: Zum Gegenstand des Urteilens im Juridischen«, in: Döhl, Frédéric et al. (Hg.): *Konturen des Kunstwerks. Zur Frage von Relevanz und Kontingenz*, München 2013, S. 249–262.

Niehaus, Michael:»Kasuem«, in: Aschauer, Lucia/Gruner, Horst (Hg.): *Fallgeschichten: Text- und Wissensformen exemplarischer Narrative in der Kultur der Moderne*, Würzburg 2015, S. 29–47.

Ogorek, Regina: *Richterkönig oder Subsumtionsautomat? Zur Justiztheorie im 19. Jahrhundert*, Frankfurt a. M. 1986.

Pethes, Nicolas: *Literarische Fallgeschichten: zur Poetik einer epistemischen Schreibweise*, Paderborn 2016.

Pick, Ina:»Wie Verständigung wortreich scheitert. Ein Plädoyer für die Entwicklung eines methodisch kontrollierten Umgangs mit gesprochener Sprache im Recht«, in: Friedemann Vogel (Hg.): *Recht ist kein Text: Studien zur Sprachlosigkeit im verfassten Rechtsstaat*, Berlin 2017, S. 109–133.

Raabe, Oliver et al.: *Recht ex machina. Formalisierung des Rechts im Internet der Dienste*, Berlin, Heidelberg 2012.

Retzlaff, Stefanie: *Observieren und Aufschreiben. Zur Poetologie medizinischer Fallgeschichten (1700–1765)*, Paderborn 2018.

Seibert, Thomas-Michael:»Das Denkgesetz im Gesetz«, in: Schlieffen, Katharina (Hg.): *Das Enthymem. Zur Rhetorik des juridischen Begründens. Interdisziplinäres Symposion zur Methode und Theorie der Rechtsrhetorik an der FernUniversität Hagen vom 29. bis 30. April 2011 (Rechtstheorie: Zeitschrift für Logik und juristische Methodenlehre, allgemeine Rechts- und Staatslehre, Kommunikations-, Normen-, und Handlungstheorie, Soziologie und Philosophie des Rechts)*, Berlin 2011, S. 552–571.

Steinhauer, Fabian:»Der Patriot Act und der Autopen. Eine Geschichte zur Theorie der (Kontra-) Signaturen«, in: Friedrich Balke/Bernhard Siegert/Joseph Vogl (Hg.), *Medien der Bürokratie* (= Archiv für Mediengeschichte 2016), Paderborn 2016, S. 163–176.

Vismann, Cornelia: *Medien der Rechtsprechung*, hg. von Alexandra Kemmerer und Markus Krajewski, Frankfurt a. M. 2011.

Vismann, Cornelia: *Verfassung nach dem Computer, unveröffentlichte Habilitationsschrift*, Frankfurt a. M. 2007.

Vogel, Friedemann (Hg.): *Recht ist kein Text. Studien zur Sprachlosigkeit im verfassten Rechtsstaat* (= Sprache und Medialität des Rechts 1), Berlin 2017.

Zuboff, Shoshana: *Das Zeitalter des Überwachungskapitalismus*, Frankfurt a. M. 2018.

»Cadrer le dérèglement«. Politiken der institutionellen Intervention

Jakob Grüner

Institutionen sind Prozess und Umgebung: heterogene Gefüge, die Personen, Dinge, Praktiken und Zeichen historisch konsolidieren und in ein Austauschverhältnis bringen. Institutionen instituieren ein soziales Feld. Sie produzieren Wirklichkeiten. Sie können Gruppen unterwerfen oder Herde der Kreativität und Verantwortung katalysieren.

Der vorliegende Essay möchte nach einem ›positiven‹ Institutionsbegriff fragen: nach Politiken der Intervention, deren Aufgabe darin besteht, die Institution für neue Räume des Möglichen zu öffnen. Ausgangspunkt und Horizont der Überlegungen bilden Theorie und Praxis der ›institutionellen Psychotherapie‹, einer radikalen Strömung, die sich in den 1940er Jahren um Lucien Bonnafé und François Tosquelles im psychiatrischen Krankenhaus von St. Alban (Lozère) herausbildete und einen theoretischen Diskurs in Gang setzte. Dieser wurde insbesondere von Jean Oury, Gründer und medizinischer Leiter der 1953 eröffneten Klinik La Borde, und Félix Guattari in Auseinandersetzung mit einer Politik des Wahnsinns weiterentwickelt. Als Zufluchtsort antifaschistischer Aktivist*innen und Widerstandskämpfer*innen, surrealistischer Künstler*innen, psychoanalytisch geprägter Ärzt*innen und Marxist*innen entwickelte sich St. Alban zum Schmelztiegel einer avantgardistischen Praxis innerhalb der Psychiatrie, die zunächst die sozialen und politischen Bedingungen adressierte, welche die Institutionen daran hinderte, sich angemessen um ihre Patient*innen zu kümmern.[1] Drei Grundzüge

---

[1] Der Begriff der ›institutionellen Psychotherapie‹ wurde erstmals 1953 von Georges Daumézon

---

Dieser Artikel hat ein Peer Review Verfahren durchlaufen.

J. Grüner (✉)
Berlin, Deutschland
E-Mail: jakob.gruener@posteo.de

A. Echterhölter et al., *Apparate*, AdminiStudies. Formen und Medien der Verwaltung 3, https://doi.org/10.1007/978-3-662-67712-4_6

97

bestimmen die politische Stoßrichtung der Bewegung: 1) Die institutionelle Psychotherapie ist eine Bewegung zur Aufhebung eines stets doppelten, psychischen und sozialen Entfremdungszusammenhangs. 2) Die Aufhebung der Entfremdung ist nicht mit einer Bewegung der De-Institutionalisierung gleichzusetzen. Sie ist Strategie einer instituierenden Praxis, die das institutionelle Ensemble im Sinne einer emanzipatorischen Politik modifiziert. Darauf verweisen Jean Oury und Marie Depussé, wenn sie zwischen *établissement* und *institution* unterscheiden:»Das *établissement* ist ein Gebäude und ein Vertrag mit dem Staat, ein Preis pro Tag, etc. […] Die Institution, wenn sie existiert, ist Arbeit, eine Strategie, um zu vermeiden, dass die Gruppe fermentiert, wie ein Marmeladenglas mit einem schlecht verschlossenen Deckel.«[2] Genau darin unterscheidet sich die institutionelle Psychotherapie von der weitaus bekannteren Antipsychiatrie-Bewegung um David Cooper, Ronald D. Laing oder Franco Basaglia, die die Auflösung der psychiatrischen Institutionen als prinzipiellen Orten der Entfremdung anstrebte. Ein solches Unterfangen verkennt nicht nur das revolutionäre Potential der Institution, sondern verwechselt»im Grenzfall die geistige Entfremdung mit der sozialen Entfremdung […] und [unterschlägt] so die Besonderheiten des Wahnsinns«.[3] 3) Das Projekt der institutionellen Psychotherapie verlangt eine kontinuierliche Analyse dessen, was Oury als *Pathoplastie* bezeichnet: jene pathologischen Reaktionen, die auf ein Milieu zurückzuführen sind.[4] Als Bewegung zur Aufhebung der Entfremdung erfordert das therapeutische Unterfangen einen multidimensionalen Ansatz, der eine Pluralität von institutionellen Dynamiken als therapeutische Operatoren instituiert: das Verhältnis zwischen Pfleger*innen, Ärzt*innen und Patient*innen, zwischen Klinik und Umgebung, die Verteilung von Aufgaben, Funktionen etc.

In Rückgriff auf die von Félix Guattari maßgeblich in *Psychoanalyse et transversalité* (1972), *La révolution moleculaire* (1977) und *Chaosmose* (1992) ausgearbeitete Theorie der Subjektivität skizziert der Essay eine Mikropolitik der institutionellen Intervention als instituierende Praxis. Die Institution wird hierbei

---

und Philippe Koechlin erwähnt und zwar in einem in den *Anais portugueses de psiquiatria* veröffentlichten Artikel »La psychothérapie institutionnelle française contemporaine«. Er wurde wiederveröffentlich als: Georges Daumézon/Philippe Koechlin: »La psychothérapie institutionnelle française contemporaine«, in: *Psychiatrie française* 41/3 (2011), S. 7–27. Für eine Genealogie der institutionellen Psychotherapie siehe: Camille Robcis: »François Tosquelles and the Psychiatric Revolution in Postwar France«, in: *Constellations* 23/2 (2016), S. 212–222, sowie François Dosse: *Gilles Deleuze, Félix Guattari. Biographien*, Wien 2017 (hier insbesondere S. 73–96).

[2] Jean Oury/Marie Depussé: *A quelle heure passe le train... Conversations sur la folie*, Paris 2003, S. 296.

[3] Gilles Deleuze:»Vorwort. Drei Gruppenprobleme«, in: Félix Guattari: *Psychotherapie, Politik und die Aufgaben der institutionellen Analyse*, Frankfurt a. M. 1976, S. 7–38, hier S. 18.

[4] Vgl. Jean Oury: »Psychoanalyse, Psychiatrie et Psychothérapie Institutionnelle«, in: *VST – vie sociale et traitements* 95 (2007), S. 110–125, hier S. 122.

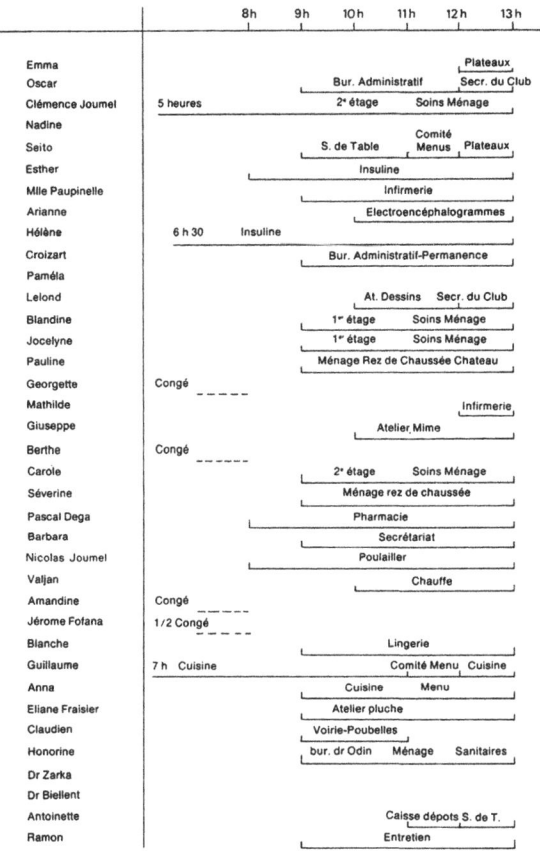

Abb. 1 »Raster« oder Arbeitsplan aus der psychiatrischen Klinik La Borde. (Aus: *Histoires de La Borde,* 1976)

stets für ihre eigene Problematisierung geöffnet, um nicht einer totalisierenden und technokratischen Ordnung zu verfallen. Gegenstand der Untersuchung ist die Medientechnik des Rasters (*la grille*): ein tabellarisches Organisationsprotokoll der täglichen Aufgaben der Klinik La Borde, das als problematisierender Operator die instituierten und instituierenden Prozesse moduliert (s. Abb. 1, 2 und 3).

Transversalität

Im Anschluss an die bereits von Jean Oury und François Tosquelles aus-gearbeiteten Ansätze einer radikalen institutionellen Praxis entwirft Guattari in einem Vortrag, der in den frühen 1960er-Jahren vor der Groupe de travail de

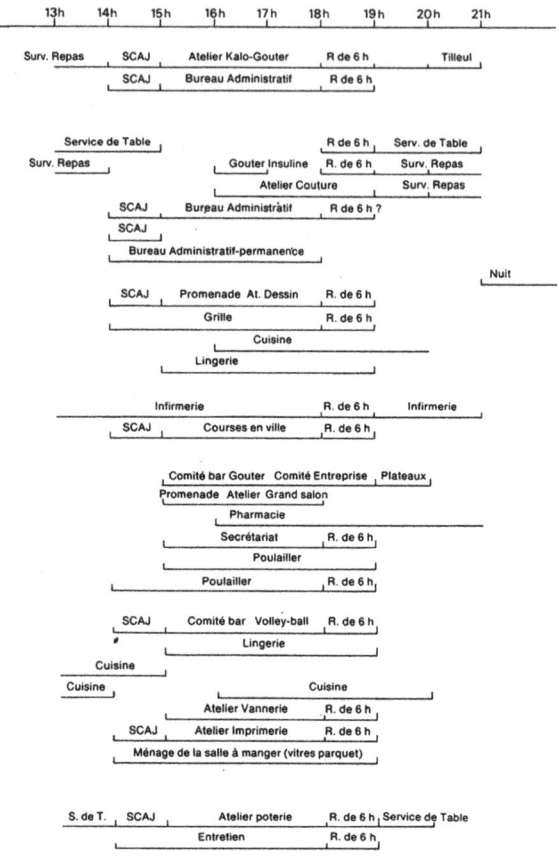

Abb. 2 Zeitplan und Aufgaben in La Borde. (Aus: *Histoires de La Borde*, 1976)

psychothérapie et sociothérapie institutionnelle (GTPSI) gehalten und 1972 in Auszügen in Psychoanalyse et transversalité veröffentlicht wurde. Er prägt in diesem Vortrag den Begriff der ›institutionellen Kreativität‹ im Sinne eines strategischen Unterfangens der ›Institutionalisierung‹, das stets dem ›Problem der Produktion von Institutionen‹ zugewandt bleibt:

> »Wer produziert die Institution und gliedert ihre Untereinheiten? Gibt es eine Möglich-
> keit, diese Produktion in andere Bahnen zu lenken? Die in der zeitgenössischen Gesell-
> schaft übliche Vermehrung von Institutionen bewirkt nichts anderes als eine zunehmend
> schärfere Entfremdung des Individuums. Ist Delegierung von Verantwortung möglich, so
> daß der Bürokratismus durch eine institutionelle Kreativität ersetzt werden könnte?«[5]

---

[5] Félix Guattari: *Psychotherapie, Politik und die Aufgaben der institutionellen Analyse*, Frankfurt a. M. 1976, S. 84.

TABLEAU I SIMPLIFIÉ DES TACHES ET DES ACTIVITÉS

assumées par le personnel « roulant » pendant une semaine

	Moniteurs	Libellé de la tâche	Points-valeur de la tâche	Points obtenus en une semaine
Tâches assumées par les « roulants » et comptant pour leurs points de roulement.	A	nuits 2 (2 fois par sem.)	8 pts × 2 =	16
	B	nuits 5	8 pts × 5 =	40
	C	cuisine	5 pts × 7 =	35
	D	vaisselle	5 pts × 7 =	35
	E	5 heures (1)	5 pts × 7 =	35
	F	repas salle à manger	2 pts × 7 =	14
	G	soins étage premier	5 pts × 7 =	35
	H	soins étage second	5 pts × 7 =	35
	I	ménage I	5 pts × 7 =	35
	J	ménage II	5 pts × 7 =	35

« Roulants » effectivement dans les roulements pendant la semaine considérée = 10 personnes.		Total des points de roulement pendant une semaine = 350 points.

	L	pharmacie	
	M	insuline	

	N	lingerie	0
Tâches et activités assumées par les « roulants » mais ne comptant pas pour leurs points de roulement.	O	aménagements	0
	P	tilleul	0
	Q	chauffe	0
	R	plateaux	0
	S	surveillance, plaque tournante, SCAJ	0
	T	club, caisse de dépôts	0
	U	ateliers de la serre (journal, dactylo, dessin, imprimerie)	0
	V	atelier du gd salon : couture, tapisserie	0
	W	ateliers poulailler, jardin, autres ateliers	0

(1) Service d'infirmerie, commençant à 5 h et finissant à 13 h : préparation des godets de médicaments, recensement et préparation des traitements, réveils, etc.

229

Abb. 3 Vereinfachte Übersicht der Aufgaben und Aktivitäten. (Aus: *Histoires de la Borde*, 1976)

Die somit aufgeworfene Frage nach den Bedingungen einer institutionellen Kreativität stellt sich unmittelbar als eine der kollektiven Organisation – als eine Frage der Situierung der Institution in einem Spannungsfeld zweier Modi kollektiver Aggregate: unterworfenen Gruppen (*groupes assujettis*) und Subjektgruppen (*groupes sujets*). Während unterworfene Gruppen sich einer dominanten Ordnung beugen, »ihr Gesetz von außen beziehen«,[6] sich in Bezug auf eine andere Gruppe organisieren und zugleich »jede Möglichkeit von Unsinn, Tod oder Bruch aus der Gruppe […] vertreiben, um so die Selbsterhaltungsmechanismen abzusichern, die auf dem Ausschluss anderer Gruppen beruhen«,[7] bestimmen

---

[6] Ebd., S. 86.
[7] Deleuze, Drei Gruppenprobleme, S. 14.

Subjektgruppen sich »aus einem inneren Gesetz heraus«[8] und entwickeln die Mittel, ihre Existenz zu problematisieren. Als »Agenten der Aussage, Träger des Wunsches« bilden Subjektgruppen das revolutionäre Subjekt der Institution: Sie kultivieren eine Praxis, die sie »unaufhörlich mit der Grenze ihres eigenen Unsinns, ihres eigenen Todes oder Bruchs konfrontiert«.[9] Subjektgruppen sind fragile Konstellationen. Sie laufen stets Gefahr, sich als Subjekt der Gewissheit zu verewigen, indem sie ein Gesetz von außen inkarnieren und programmatisch befolgen. Subjektgruppen und unterworfene Gruppen verfügen über manifeste Instanzen (Oberflächenwirkungen, die sich »durch das, was gesagt und getan wird, durch die Einstellungen der Einzelnen, die Spaltungen, die Existenz von Führern« konstituieren) und latente Inhalte, die den Gruppenwunsch bestimmen und über »Sinnbrüche auf der phänomenalen Ebene dechiffriert werden müssen«.[10] Indem Subjektgruppen eine Konfrontation mit Unsinn und Auflösung riskieren, markieren sie bereits den konzeptuellen Übergang zu einem allgemeinen Maschinenvokabular, wie es Guattari schließlich 1972 gemeinsam mit Deleuze im Anti-Ödipus formulieren wird.[11] Als prekäre Konstellation können Subjektgruppen als Maschinen begriffen werden, deren Wesen, wie Guattari bereits 1969 im Aufsatz »Maschine und Struktur« formuliert, mit dem Ereignis als ›kausaler Einschnitt‹ zusammenfällt, das die gegebene Ordnung in Frage stellt:

> »Das Wesen der Maschine besteht genau in dieser Operation der Ablösung des Signi-fikanten als Repräsentant, als ›Differentiator‹, als kausaler Einschnitt, als heterogenes Element in der gegebenen strukturellen Ordnung. […] Die Maschine als Wiederholung des Besonderen schafft […] die einzige Möglichkeit der eindeutigen individuellen oder kollektiven Vorstellung von den Formen der Subjektivität in der Ordnung des All-gemeinen. Wenn man die Dinge aus anderer Sicht betrachtet, ›ausgehend‹ vom All-gemeinen, erliegt man leicht der Illusion, dass man sich bei der zufälligen Begegnung mit dem Maschineneinschnitt auf einen bereits bestehenden strukturierten Zusammenhang stützen könnte.«[12]

Die dem Begriff der Struktur gegenübergestellte Engführung von Maschine und Ereignis entwickelt Guattari in Auseinandersetzung mit dem Phänomen des revolutionären Einschnitts. Der Einschnitt ist der Ort der Gegenmacht, der »ein

---

[8] Guattari, Psychotherapie, S. 86.

[9] Deleuze, Drei Gruppenprobleme, S. 14.

[10] Guattari, Psychotherapie, S. 44.

[11] Zur Wandlung des Maschinenbegriffs bei Guattari siehe: Henning Schmidgen: *Das Unbewusste der Maschinen. Konzeptionen des Psychischen bei Deleuze, Guattari und Lacan*, München 1997, insbesondere S. 53–69. Die maschinische Dimension der Subjektgruppe zeigt sich insbesondere mit dem von Guattari 1980 konstatierten Verschiebung vom Begriff der Subjekt-gruppe zu jenem des kollektiven Äußerungsgefüges: »Diese Arrangements können Individuen betreffen, aber auch Arten, die Welt zu sehen, emotionale Systeme, begriffliche Maschinen, Speichermedien, ökonomische, soziale Komponenten, Elemente aller Art.« Félix Guattari: »The Unconscious Is Turned Toward the Future«, in: ders.: *Soft Subversions. Texts and Interviews 1977–1985*, Los Angeles 2007, S. 177–183, hier S. 179 f.

[12] Guattari, Psychotherapie, S. 130 f.

ganzes Feld von subjektiven Interventionen und revolutionären Umwälzungen«[13] eröffnet. Mit ihm manifestiert sich »das unbewusste Subjekt des Wunsches«,[14] das sich nicht vollständig in die Struktur integrieren lässt. Die Revolution ist das Ereignis: ein Schnitt »in der historischen Kausalität«,[15] ein Bruch mit dem Gewohnten. Sie zeichnet sich dadurch aus, dass »fundamentale Signi- fikanten, Schlüssel-Einschnitte in die Geschichte eingetreten sind«,[16] »eine neue Axiomatik«[17] begründen und eine nicht rückgängig zu machende Sinnwirkung in Gang setzen. Der revolutionäre Einschnitt ist nicht an einen privilegierten Bereich gebunden, sondern kann sich im Feld der Politik, der Wissenschaft, der Poesie, im Privatleben oder im Traum vollziehen: »Wer kann sicher sein, dass eine künftige Revolution nicht nach Ausdrücken von Lautréamont, Kafka oder Joyce dekliniert wird? [...] Die Blockierungen und potentiell revolutionären Brüche vollziehen sich synchron auf allen Ebenen des Subjekts und der Geschichte.«[18]

Indem das Ereignis alle Ebenen des gesellschaftlichen Feldes durchkreuzt und »wie durch einen Kurzschluss in Verbindung«[19] setzt, konstituiert es ein notwendigerweise transdisziplinäres Forschungsfeld, das sich nicht durch die Gesamtheit an Gewissheiten, nicht auf der Grundlage bekannter Wert- setzungen (»Es musste so kommen, weil... «), sondern durch eine Grammatik situativ zu bestimmender Fragen organisiert: Was waren die Produktionsbe- dingungen, die diesen oder jenen Einschnitt ermöglicht haben? Welches Netz- werk von Signifikanten wurde ins Spiel gebracht? Wo liegen die Kippmomente, die die revolutionäre Bewegung in eine technokratische, zentralistische Ordnung abgleiten ließen? Ein so strukturiertes Forschungsfeld verlangt den Austausch von Historiker*innen, Ökonom*innen, Psychoanalytiker*innen und Linguist*innen und vermag es, einen »neuen Typus politisch aktiver Analytiker hervor[zu] bringen, die den Marxismus endlich von der tödlichen Krankheit befreien hülfen, die ihn lähmt: der Allgemeinheit.«[20] Guattaris Zugriff auf die Institution über das Vermögen der Subjektgruppe, einen signifikanten Einschnitt zu setzen, bildet das theoretische Fundament, um die Transformation der Institution ›von innen‹ heraus zu denken und ein therapeutisches Unterfangen zu entwerfen, das sich ganz auf »den Boden einer revolutionären Praxis stellt«[21] – auf den Boden einer Praxis als Arbeit an den Grenzen, die die Gewissheit und das Programm, das die aktuellen Handlungs- und Produktionsbedingungen totalisiert und neutralisiert, einer

---

[13] Ebd., S. 139.
[14] Ebd., S. 135.
[15] Ebd., S. 139.
[16] Ebd., S. 147.
[17] Ebd., S. 146.
[18] Ebd., S. 164.
[19] Schmidgen, Das Unbewusste der Maschinen, S. 60.
[20] Guattari, Psychotherapie, S. 142.
[21] Ebd., S. 163.

permanenten Befragung unterzieht und immer wieder von Neuem pragmatisch begründet:

>In diesem Sinne kennt die Analyse keine Grenzen; das unterscheidet sie von einem in sich geschlossenen Programm. Die analytische Arbeit stellt das politische Konzept fortwährend in Frage; es ist immer wieder *ex nihilo* zu begründen, es wird immer wieder zur Jungfrau gemacht und durch die analytische Arbeit vor vorbehaltloser Zustimmung bewahrt. Nichts ist gefährlicher als das totale Aufgehen in der angeblichen Wissenschaftlichkeit eines politischen Konzepts, die durch entsprechende philosophische ›Behandlung‹ erzeugt werden kann. […] [I]n diesem Bereich wird es nie eine absolute Sicherheit geben. Kein theoretisch-politisches Konzept könnte allein eine kohärente revolutionäre Praxis garantieren.«[22]

Das Vermögen der Subjektgruppe, einen signifikanten Einschnitt zu setzen, fasst Guattari zunächst im Sinne eines Potenzials, dessen Aktualisierung der Veränderung stets historisch-situativer Kontexte bedarf. Sie verweist nie auf etwas »hinter der Geschichte, jenseits unserer realen Situation«[23], auf transzendente Wahrheit oder mythische Referenz. Es müssen jene Faktoren ans Licht gebracht werden, »die darauf drängen, die Gruppe auf sich selbst zurückzuwerfen – die Leaderships, die Identifikationen, die Suggestionseffekte, die Zurückweisungen, die Sündenböcke etc., alles, was darauf drängt, ein lokales Gesetz und idiosynkratische Bildungen […] nach vorn zu schieben, alles was darauf drängt, die Gruppe zu beschützen, sie gegen signifikante Stürme abzuschirmen«.[24] Es sind insbesondere die entfremdenden Effekte einer Arbeitsteilung, die die Voraussetzungen einer »erstarrte[n] Übertragung«[25] verdichten, den Ausdruck des latenten Gruppenwunsches und damit die Formation einer Subjektgruppe blockieren. Guattaris Kritik richtet sich dabei zunächst an die herrschende Klasse der Institution: die Direktor*innen, Ökonom*innen und Ärzt*innen:

»Insofern die Psychiater oder Pfleger durchaus über ein Stück Macht verfügen, müssen sie für die Beschneidung der Ausdrucksmöglichkeiten der unbewussten Subjektivität der Institutionen verantwortlich gemacht werden. Die erstarrte Übertragung, diese festgefahrene Mechanik, die obligatorische, prädeterminierte, ›territorialisierte‹ Übertragung auf eine Rolle, ein gegebenes Stereotyp, ist schlimmer als Widerstand gegen die Analyse; sie ist eine Form der Verinnerlichung bürgerlicher Repression durch repetitives Wiederbeleben archaischer und artifizieller Kastenordnungen mitsamt ihrem Konvoi von faszinierenden und reaktionären Gruppenphantasien.«[26]

Um diese Blockade zu durchkreuzen und ihr »ein System des Ausdrucks […], das heißt: einen Status der Veränderbarkeit«[27] gegenüberzustellen, entwirft Guattari das Konzept der Transversalität als das eigentliche Objekt der institutionellen

---

[22] Ebd.
[23] Ebd., S. 103.
[24] Ebd., S. 99.
[25] Ebd., S. 47.
[26] Ebd., S. 47 f.
[27] Ebd., S. 101.

Praxis, das gegen »jeden verteidigt werden muss, der es aus dem realen gesellschaftlichen Lebenszusammenhang herauslösen will.«[28] Die Ordnung der Transversalität steht, wie Guattari formuliert, im Gegensatz zu zwei verschiedenen Modi der institutionellen Organisation, die es zu verwerfen gilt: 1) »im Gegensatz zu einer Vertikalität, wie man sie etwa im Schaubild der Struktur einer Pyramide (Chef, stellvertretender Chef etc.)« und 2) im Gegensatz zu »einer Horizontalität wie der, die sich etwa im Hof des Krankenhauses, in der Abteilung der Unruhigen oder in der der Bettnässer durchsetzen kann, das heißt in einem Zustand, wo die Leute sich, so gut sie können, mit der Situation arrangieren, in der sie sich befinden«.[29] Der Begriff Transversalität bezeichnet einen Typus der a-zentrierten und a-segmentarischen Organisation, die das kommunikative Potential zwischen den Ebenen und Richtungen der Institution erhöht und so »das allgemeine Klima, die realen Tausch- und Funktionsformen der Institution bestimmen und [...] verändern kann«.[30] So ergibt sich:

> »Die Transversalität soll beide Sackgassen überwinden: die der reinen Vertikalität und die der einfachen Horizontalität. Ihre Tendenz nach verwirklicht sie sich dann, wenn maximale Kommunikation zwischen den verschiedenen Ebenen und vor allem in verschiedene Richtungen vor sich geht. Sie ist der eigentliche Forschungsgegenstand der Subjektgruppe. Unsere Hypothese ist folgende: Es gibt Möglichkeiten, die Koeffizienten der unbewussten Transversalität auf den verschiedenen Ebenen einer Institution zu verändern.«[31]

Für Guattari ist »in einem Krankenhaus [...] der ›Koeffizient der Transversalität‹ am Grad der Blindheit eines jeden Personalmitgliedes abzulesen«,[32] der sich durch stereotype und von den tatsächlichen Personenbeziehungen zu unterscheidende Rollenbeziehungen manifestiert. Die Koeffizienten der Transversalität zu erhöhen, ist keine Frage des guten Willens der Therapeut*innen, die als wünschende Wesen stets innerhalb einer signifikanten institutionellen Struktur situiert werden müssen, sondern verlangt eine mikropolitische Intervention auf der Ebene des tatsächlichen Subjekts der Institution: des nicht ein für alle Mal gegebenen, »unbewusste[n] Subjekt[s], das die reale Macht innehat«[33] und nur über Umwege verfolgt und

---

[28] Ebd., S. 39.

[29] Ebd., S. 48. Indem die Transversalität beide Formen – die Ordnung der Vertikalität und jene der Horizontalität – durchkreuzt, adressiert sie bereits das politische System einer modernen, bürokratischen Technokratie, in der, wie Deleuze und Guattari in *Tausend Plateaus* herausstellen werden, die Macht nicht mehr primär hierarchisch, sondern maßgeblich netzwerkartig das soziale Feld durchzieht: »Die Technokratie arbeitet mit segmentärer Arbeitsteilung [...]. Die Bürokratie nur durch ihre abgeschotteten Büros [...]. Die Hierarchie ist nicht einfach nur wie eine Pyramide aufgebaut, das Chefbüro liegt nicht nur an der Spitze des Hochhauses, sondern auch am Ende des Flurs.« Gilles Deleuze/Félix Guattari: *Tausend Plateaus. Kapitalismus und Schizophrenie*, Berlin 1992, S. 286.

[30] Guattari, Psychotherapie, S. 50.

[31] Ebd., S. 49.

[32] Ebd., S. 48.

[33] Ebd., S. 50.

artikuliert werden kann. Der Begriff des Umwegs verweist auf Operationen der Vermittlung, die das gesamte institutionelle Ensemble aus Personen, Dingen, Praktiken und Zeichen organisieren und als solche zugleich Diskontinuitäten, Spielräume des Handelns eröffnen. Sie können in dem Maße, in dem sie den gewohnten Lauf der Dinge *umgehen*, eine existentialisierende Funktion freisetzen. Ich möchte im Folgenden das von Guattari eingeführte Raster (*la grille*) als eine Medientechnik skizzieren, die einen solchen Umweg verzeichnet.

Das Raster

Da die Klinik La Borde in den 1950er-Jahren zunehmend mehr Patient*innen aufnahm, das Personal aufgestockt wurde und die Aufgaben sich differenzierten, entwarf Guattari das Raster als ein zunächst von Ärzt*innen und Betreuer*innen, später von einem Kollektiv aus Patient*innen (*les grilleurs, les grilleuses*) verwaltetes Organigramm des Klinikbetriebs. Adressierte das Raster zunächst die Frage »nach der Eingliederung des Personals der Institution«,[34] wurde es später um die Einbindung der Patient*innen erweitert. Das Raster kodiert die Organisation der Klinik im Medium der Tabelle, die bestimmte Tätigkeiten einer jeweiligen Person (Ordinate) einem bestimmten Zeitraum zwischen 8:00 und 21:00 Uhr (Abszisse) zuordnet (siehe Abb. 1 und 2). Es instituiert ein System der Rotationen (*système de roulements*), das die involvierten Personen – die Patient*innen und das Personal – die verschiedenen institutionellen Milieus der Klinik (die Küche, die Krankenstation, die Ateliers, etc.) für einen bestimmten Zeitraum durchlaufen lässt. Die Tätigkeiten umfassen Aufgaben (*tâches*), die die für den kontinuierlichen Betrieb der Klinik unverzichtbaren Funktionen gewährleisten (die Nachtschichten, die Bedienung der Tische, die Pflege der Gänge) und sie umfassen Aktivitäten (*activités*), die im Wesentlichen die Arbeit der Ateliers betreffen:

> »Was die ›Aktivitäten‹ von den ›Aufgaben‹ unterscheidet, ist die unterschiedliche Beziehung zum Funktionieren der Institution, aber zugleich viel mehr: Mit ersteren betritt man das privilegierte Feld der Psychotherapie, das Feld des ›Sprechens‹ [*parole*], der ›Beziehung‹, des ›Kontakts‹ mit dem Patienten. Außerdem sind die Tätigkeiten nicht von diesem unangenehmen Faktor betroffen, der die Aufgaben kennzeichnet. Über sie wird im Gegenteil gesagt, dass sie interessant sind.«[35]

Die Verteilung der Aufgaben wurde über ein Punktesystem (*le système de cotation*) ermittelt, das einer bestimmten Aufgabe einen zeitlich variablen Punkt-

---

[34] Félix Guattari: »La grille«, in: *Chimères. Revue des schizoanalyses* 34 (1998), S. 7–20, hier S. 7.

[35] Unbekannte*r Verfasser*in: »Les roulements«, in: *Recherches* 21. *Histoires de La Borde. Dix ans de Psychothérapie institutionnelle à la clinique de Cour-Cheverny* (1976), S. 221–262, hier S. 230.

Wert zuteilt, um eine Vergleichbarkeit der Aufgaben zu etablieren und zugleich
den spezifischen Beliebtheitsgrad der Tätigkeit zu messen. Die Summe aller Aufgaben pro Woche ergibt einen Wert von insgesamt 350 Punkten (siehe Abb. 3).
Punkte konnten gesammelt und in den Raster-Meetings getauscht werden. In *La
révolution moleculaire* bezeichnet Guattari das Raster als abstrakte Maschine, als
jene funktionale Menge also, die »den Bereich der unbewussten Möglichkeiten«[36]
konstituiert und organisiert:

> »Betrachten wir, was wir in La Borde als das *Raster* bezeichnen: In all seinen ver-
> schiedenen Aktualisierungen und all seinen Etappen ließe sich sagen, dass es die
> Emergenz einer abstrakten Maschine ins Spiel bringt. Es stellte sich das Problem, die
> Flüsse [flux] der Zeit, der Arbeit, der Funktion, des Geldes, etc. auf eine etwas andere
> Art und Weise zusammenzuführen, als dies gewöhnlich in ähnlichen Einrichtungen
> [*établissments*], die von einem relativ statischen Organigramm gekennzeichnet sind,
> üblich ist. Das auf Papier verfasste Raster der Arbeitszeiten, die Maschine der in einer
> gestischen Semiologie eingeschriebenen rotierenden Funktionen, die einer juristischen
> und sozialen Semiologie eingeschriebenen Modifikation hierarchischer Kategorien sind
> allesamt besondere Anzeichen desselben abstrakten Maschinismus, der eine gewisse [...]
> Mutation der Produktionsverhältnisse zum Ausdruck bringt.«[37]

Abstrakte Maschinen sind operative Feldgefüge, die virtuelle Mannigfaltigkeiten
aktualisieren, indem sie »alle heterogenen Elemente, die sie durchziehen [...] in
ein Verhältnis [...] bringen« und ihnen eine »Existenz, eine Effizienz, eine Potenz
zur ontologischen Selbstbehauptung verleihen«.[38] Als prinzipielle Voraussetzung
der Diagrammatisierung von Zeichen und Materie bildet die abstrakte Maschine
die Bedingung der Ontogenese: »Quer durch seine verschiedenen Komponenten
hindurch erzwingt ein maschinisches Gefüge seine Konsistenz, indem es onto-
logische Schwellen überschreitet [...], Schwellen der kreativen Heterogenese
und der kreativen Autopoiese.«[39] Indem das Raster die materiellen, sozialen,
therapeutischen und bürokratischen Funktionen in Zirkulation versetzt, bildet es
die eigentliche Produktivkraft der Institution. Das Raster ist instituierende Praxis
– die »Politik als auch das Mittel dieser Politik«[40] –, die den revolutionären Einschnitt setzt und rahmt, um den bürokratischen Apparat in seiner gesamten Entwicklung über die Ordnung der Transversalität zu neutralisieren:

> »Es war [...] notwendig, ein System zu instituieren, von dem sich sagen lässt, dass es die
> ›normale‹ Ordnung der Dinge zu stören vermag [*dérèglement*], ein System, das ich ›das
> Raster‹ nenne und das darin besteht, ein entwicklungsfähiges Organigramm anzufertigen,
> in welchem jeder seinen Platz gemäß 1) den regulären Aufgaben, 2) den gelegentlichen
> Aufgaben und 3) den ›Rotationen‹ einnimmt, jenen kollektiven Aufgaben also, die wir
> nicht einer bestimmten Personalkategorie zuordnen wollen [...]. Das Raster bezeichnet
> somit eine Tabelle mit zwei Eingängen, die es erlaubt, die individuellen Aufgaben-

---

[36] Schmidgen, Das Unbewusste der Maschinen, S. 146.

[37] Félix Guattari: *La révolution moléculaire*, Paris 2012, S. 441 f.

[38] Félix Guattari: *Chaosmose*, Wien 2014, S. 49.

[39] Ebd., S. 69.

[40] Guattari, La révolution moléculaire, S. 228.

zuweisungen kollektiv zu verwalten. Es handelt sich um eine Art Instrument, um die notwendige institutionelle Störung [*dérèglement institutionnel*] zu regulieren, damit diese möglich und gleichsam ›gerahmt‹ wird.«[41]

Das Raster wird maßgeblich auf drei Ebenen wirksam: Es dient 1) als Aufzeichnungsfläche jener Vektoren, die das politische Feld der Institution als Kräfteverhältnis organisieren. Es ist »ein Instrument zur Dechiffrierung. Durch das Raster *lesen* wir die Institution.«[42] Es problematisiert 2) die Unterscheidung zwischen therapeutischen Aktivitäten – dem privilegierten Feld des Kontakts, der Beziehung mit dem Kranken – und Aufgaben, indem es letztere mit einem therapeutischen Koeffizienten markiert. Es instituiert 3) »ein ganzes Spiel von institutionellen Übertragungen und existentiellen Zuordnungen«,[43] die es der Subjektivität erlauben, die verschiedenen institutionellen Subensembles (die Küche, die Apotheke etc.) als bearbeitete Enunziationszonen zu durchqueren, um bisher unbekannte Alteritätsuniversen im Handeln zu erschließen.

Problematik und ästhetisches Paradigma

Guattari schließt seinen Vortrag zur Praxis des Rasters mit einem auf den ersten Blick ungewöhnlichen Vergleich, der eine Engführung von instituierender Praxis und ästhetischem Schaffen nahelegt, wie sie bereits im Begriff der »institutionellen Kreativität« in Grundzügen angelegt ist:

> »Was wir den Technokraten sagen können, ist, dass man mit ein paar Noten eine einfache Musik komponieren kann, eine modale Musik zum Beispiel, aber ebenso eine unendlich reiche Musik. Dafür müssen wir die Tonleiter ändern, eine Polyphonie erzeugen... Mit einer Institution ist es das Gleiche. Wir können einen gregorianischen Gesang erzeugen, bei dem jeder einer monadischen Linie unterworfen bleibt oder [...] eine barocke Komposition von großem Reichtum entwickeln. [...] Aber all dies wird, wie im künstlerischen Schaffen, mit einem Messschieber berechnet.«[44]

Um diesen Zusammenhang zwischen Ästhetik, Subjektivität und instituierender Praxis zu schärfen, möchte ich im Folgenden auf einige Überlegungen zurückgreifen, die Guattari maßgeblich in seinem letzten, 1992 erschienenen Buch *Chaosmose* entwirft. Obwohl sich Guattaris Interesse für eine Seinsweise der Kunst bis in seine frühen Schriften zurückverfolgen lässt, ist es insbesondere in *Chaosmose*, dass er ihr mit dem Begriff eines »neuen ästhetischen Paradigmas«[45] einen zentralen Stellenwert für das Verständnis der zeitgenössischen Subjektivität

---

[41] Guattari, *La grille*, S. 9–10.

[42] Unbekannte*r Verfasser*in, *Les roulements*, S. 238.

[43] Guattari, *La grille*, S. 13.

[44] Guattari, La grille, S. 16.

[45] Guattari, Chaosmose, S. 134.

beimisst.[46] Das ästhetische Paradigma verweist nicht auf einen klar umschriebenen Bereich der institutionalisierten Kunst, nicht auf *die* Kunst, »die einer partikularisierten axiologischen Referenz untersteht«,[47] sondern auf eine proto-ästhetische Dimension als Praxis der Emergenz: auf »eine Schaffensdimension im Entstehungszustand, die sich selbst ständig vorgelagert und voraus ist; auf ein Emergenzvermögen, das die Kontingenz und die Zufälligkeit all der Vorhaben, immaterielle Universen ins Sein umzusetzen, in sich begreift«.[48] Ähnlich dem im Schaffen begriffenen Kunstwerk ist Subjektivität nicht an sich gegeben, sondern in einen transversalen Produktionsprozess eingebunden, der mit heterogenen, semiotischen Registern ohne zentrale Bestimmungsinstanz operiert. Subjektivität errichtet sich 1) »diesseits der Person« unter Berücksichtigung präverbaler Intensitäten und 2) »jenseits des Individuums«[49] als Positionierung in einem Alteritätsverhältnis, das ebenso präpersonale wie nicht-menschliche Instanzen umfasst:

> »Man schafft neue Subjektivierungsmodalitäten, ebenso wie ein bildender Künstler von der Palette aus, über die er verfügt, neue Formen schafft. In einem solchen Kontext können die heterogensten Komponenten auf die positive Entwicklung eines Patienten hinwirken: das Verhältnis zum architektonischen Raum, ökonomische Beziehungen, das gemeinsame Festlegen der unterschiedlichen Pflegevektoren zwischen dem Kranken und dem Pflegenden, das Ergreifen aller Gelegenheiten der Öffnung zu Außenwelt, die prozessuale Nutzung von ereignishaften ›Singularitäten‹; alles, was zur Schaffung eines authentischen Verhältnisses zum anderen beitragen kann. […] Wir haben es nicht mit einer als an-sich gegebenen Subjektivität zu tun, sondern mit Prozessen von Autonomwerdung oder von Autopoiese […].«[50]

Guattaris Entwurf eines ästhetischen Paradigmas zielt nicht darauf ab, das therapeutische Unterfangen mit einem Kunstwerk gleichzusetzen, sondern darauf, die Subjektivität in all ihrer Künstlichkeit zu begreifen, die Bedingungen und Modi ihrer Produktion zu untersuchen und mögliche existentielle Bifurkationen zu erschließen. Das ästhetische Paradigma lässt sich damit innerhalb einer Ordnung des Maschinischen situieren: eines »Maschinismus als das Sein der Produktion und die Produktion des Seins, als die Künstlichkeit des Seins und irreduzibler Charakter der Fabrikation des Seins«.[51]

Wenn Guattari das ästhetische Paradigma als konstruktivistisches Unterfangen begreift, »immaterielle Universen ins Sein umzusetzen«, so schließt er

---

[46] In seinem 1966 in der Revue *Recherches* veröffentlichten Aufsatz »D'un signe à l'autre« entwirft Guattari eine an figuralen Elementen orientierte Theorie des Unbewussten, die mit Flecken, Punkten und Linien operiert. Siehe hierzu auch: Schmidgen, *Das Unbewusste der Maschinen*, S. 127–140, sowie Henning Schmidgen: »Existentielles Experimentieren«, in: Félix Guattari: *Schriften zur Kunst,* Berlin 2016, S. 216–234, hier S. 219.

[47] Guattari, Chaosmose, S. 125.

[48] Ebd., S. 129.

[49] Ebd., S. 18.

[50] Ebd., S. 15 f.

[51] Félix Guattari: *The Anti-Œdipus Papers*, New York 2006, S. 224.

damit an eine Vorstellung des schöpferischen Aktes an, wie sie der französische Philosoph und Ästhetiker Étienne Souriau bereits 1953 in seinem vor der Société Française de Philosophie gehaltenen Vortrag »Über den Modus der Existenz des zu vollbringenden Werks« entworfen hat.[52] Eine solche Engführung zwischen ästhetischem Paradigma (Guattari) und zu vollbringendem Werk (Souriau) ist in doppelter Hinsicht von Belang: Sie erlaubt es, den Anspruch der institutionellen Kreativität 1) im Sinne einer Emergenz zu denken, die eine aktive Handlung der Konstruktion involviert, die jedoch 2) nicht der Idee einer Finalität unterworfen, d. h. auf einen klar zu bestimmenden Zweck ausgerichtet ist, sondern zuallererst ein unbekanntes Territorium eröffnet. Der Begriff des ästhetischen Paradigmas ließe sich somit als die spezifische Bewegung einer revolutionären Praxis bestimmen, die die Gewissheit einer Programmatik produktiv durchkreuzt. Blicken wir also auf die Szene, mit der Souriau die *Société* konfrontiert.

Ausgehend von der Problematik einer »existentiellen Unfertigkeit von jedem Ding«[53] entwickelt Souriau eine auf ein prozessuales und pluralistisches Verständnis des Seins ausgerichtet Theorie der Instauration im Sinne einer schöpferischen Konkretisierung virtueller Existenzen:

> »Ein Tonhaufen auf dem Block des Bildhauers. Eine unbestreitbare, vollkommen und erfüllte dingliche Existenz. Aber keine Existenz des ästhetischen Wesens, das sich erst entfalten muss. Jeder Druck der Hände, der Daumen, jede Aktion des Modellierstabs vollendet das Werk. Schaut nicht auf den Modellierstab, schaut auf die Statue. Mit jeder Aktion des Demiurgen nimmt die Statue allmählich Gestalt an. Sie geht auf die Existenz zu – auf die Existenz, die sich schließlich in einer erfüllten und starken, aktualen Anwesenheit zeigen wird.«[54]

Souriaus Szene ist keine hylemorphistische, die einen Topos der künstlerischen Realisierung zur Geltung bringt, der im Sinne einer Planung oder Unternehmung aufzufassen ist. Souriaus Agens errichtet nicht, indem es der Materie das Ideal der Form aufprägt und so dem Ideal als vorgestellt Mögliches schrittweise eine konkrete Wirklichkeit verleiht. Vom Entwurf zum Werk führend, den Abstand zwischen zu vollbringendem und vollbrachten Werks schrittweise aufhebend, vermittelt das instaurierende Agens zwischen »Formen, die Materien suchen

---

[52] Deleuze und Guattari beziehen sich in *Was ist Philosophie?* auf Étienne Souriau, wenn sie die Immanenzebene als Gründung (*instauration*) der Philosophie bezeichnen: »Die Philosophie ist zugleich Begriffsschöpfung und Errichtung, Begründung der Ebene. Der Begriff ist der Anfang der Philosophie, die Ebene aber deren Gründung.« Gilles Deleuze/Félix Guattari: *Was ist Philosophie?* 6. Auflage, Frankfurt a. M. 2016, S. 49. Zur Engführung von Souriau und Guattari siehe insbesondere: Schmidgen, Existentielles Experimentieren, S. 225–228. Der von Souriau verwendete Begriff *instauration* wird in der deutschen Fassung *Über die verschiedenen Modi der Existenz* mit ›Errichtung‹ übersetzt. Um die verschiedenen Nuancen und Färbungen des Begriffs zu wahren, soll im Folgenden der Begriff ›Instauration‹ beibehalten werden.

[53] Étienne Souriau: *Die verschiedenen Modi der Existenz*, Lüneburg 2015, S. 108.

[54] Ebd.

und Materien, die ihre Formen suchen«.[55] Die Instauration orientiert sich nicht an einer Finalität, an dem sich das Handeln stets zweifelsfrei ausrichten kann, sondern folgt jenem Modus, den Deleuze als immanente Ursache bezeichnet – als fortschreitend, verkettend – als einer Ursache »die von einem Effekt aktualisiert, integriert und differenziert wird«.[56]

Souriaus Weg vom Entwurf zum Werk führt durch ein bisher unverzeichnetes Territorium, bei dessen erschließender Durchquerung sich das errichtende Agens auf keine »gestrichelte Linie, die den vollen Strich vorbereit«[57] vertrauen kann. Das zu vollbringende Werk konstituiert eine experimentelle Wirklichkeit, in der das Werk zu keinem Zeitpunkt mit Gewissheit spricht: »Hier, genau, das bin ich, genau das muss ich sein, ein Modell, dass du nur noch zu kopieren hast.«[58] Der Weg des Agens ist nicht die Realisierung eines Plans: keine Unternehmung, kein Projekt, sondern immer eine Überfahrt, entlang derer sich Handlungen anaphorisch wiederholen und differenzieren:

> »Errichten, erbauen, konstruieren – eine Brücke, ein Buch oder eine Statue zu machen – heißt nicht einfach nur eine zunächst schwache Existenz nach und nach zu intensivieren. Es heißt, Stein auf Stein zu setzen, eine Seite nach einer Seite zu schreiben... […] Es heißt auch, auszuwählen, zu sichten, in den Paperkorb zu werfen. Und jede dieser Handlungen *enthält ein Urteil*, zugleich Ursache, Grund und Erfahrung dieser Anapher […]. Jede neue Information ist das Gesetz einer anaphorischen Etappe. Jeder anaphorische Gewinn ist der Grund einer vorgeschlagenen neuen Information. […] Meist gibt es keinerlei Vorhersage: das endgültige Werk ist bis zu einem gewissen Grad immer eine Neuheit, eine Entdeckung, eine Überraschung. Das also ist es, was ich suchte, was ich zu machen bestimmt gewesen war!«[59]

Guattari schließt mit dem Begriff des ästhetischen Paradigmas an diese Vorstellung der Instauration an, wenn er, wie in einem Gespräch mit dem japanischen Tänzer und Performance-Künstler Min Tanaka, die künstlerische Tätigkeit als Errichtung eines experimentellen Dispositivs begreift: als improvisierte Konstruktion eines »theatralen Raum[s], der zugleich eine Welt der körperlichen Intensitäten umfasst«.[60] Hier arbeitet der Tänzer mit nicht fixierten, hyperkomplexen Objekten des Milieus (polysemiotischen, deterritorialisierten Ausdrucksmaterien), er positioniert sich und entwirft sich, wie Tanaka formuliert, unter der Bedingung eines Anderen, das die Subjektivität im Erschaffen dezentriert und kollektiviert: einer »Handlungsmacht außerhalb meiner Selbst«.[61]

---

[55] Ebd., S. 187.

[56] Michel Deleuze: *Foucault*, Frankfurt a. M. 1992, S. 56.

[57] Isabelle Stengers/Bruno Latour: »Die Sphinx des Werks«, in: Souriau: Modi der Existenz, S. 9–76, hier S. 33.

[58] Souriau, Modi der Existenz, S. 207.

[59] Ebd., S. 109 f.

[60] Félix Guattari/Min Tanaka: »Body-Assemblage. Félix Guattari and Min Tanaka in Conversation«, in: Félix Guattari: *Machinic Eros. Writings on Japan*, Minneapolis 2015, S. 45–53, hier S. 50.

[61] Ebd.

Der Tanz ist anaphorische Sequenzierung. Tanaka konstruiert und durchläuft eine Serie von Schwellen, wobei die Schwellen errichten und durchlaufen, bedeutet, »einen Pfeil in das Abstrakte des Alltäglichen«[62] zu projizieren, ein Abstraktes, dessen Koordinaten nie bereits gegeben sind, sondern im künstlerischen Schaffen instauriert werden. Der Tanz ist unbestreitbare, wenngleich fragile, dem Scheitern ausgelieferte Befragung und Entwurf einer problematischen Existenz.

Ich möchte vorschlagen, die mit dem Begriff der Instauration aufgerufene experimentelle Wirklichkeit als Konstruktion eines problematisierenden Zusammenhangs zu denken, wie sie bereits bei Guattari im Entwurf einer revolutionären analytischen Praxis angelegt ist, die sich dadurch auszeichnet, dass sie »das politische Konzept fortwährend in Frage« stellt und es in jeder Etappe »immer wieder *ex nihilo*«[63] begründet. Doch was meint hier eigentlich Problematisieren?

Die Problematik bezeichnet zunächst eine situative Aufforderung, die das Subjekt aufruft, sich gegenüber der Alterität des Ereignisses, auf eine bestimmte Art und Weise zu positionieren. Die Szene des zu vollbringenden Werks bringt dies *par excellence* zu Geltung: »In diesem Dialog des Menschen mit dem Werk ist die Tatsache, dass es eine Befragungssituation aufstellt und aufrechterhält, eine der auffälligsten Anwesenheiten des zu vollbringenden Werks.«[64] Indem das Agens anaphorisch konstruiert, entwirft es eine Sequenz von Befragungssituationen, die das Subjekt der Gewissheit fortwährend durchkreuzt.[65] Denn die experimentelle Wirklichkeit der Problematik läuft nicht auf sich selbst zurück, sondern ist differentiell angelegt: Hier ist jede Setzung zugleich die Prüfung, eine neue Handlung im Spannungsfeld von Wirksamkeit und Fehlbarkeit in den Akt der Konkretisierung einzubringen, jede Setzung »zugleich Ursache, Grund und Erfahrung dieser Anapher«.[66] Die Problematik bezeichnet, wie Isabelle Stengers mit Blick auf Souriau kommentiert, »eine Form des Experimentierens, die uns in unsere Gegenwart verwickelt und welche verlangt, dass man sich von dem berühren lässt, was die Gegenwart in Form eines Tests präsentiert, und dem, was uns berührt, die Macht einräumt, die Beziehung, die wir zu unseren eigenen Gründen unterhalten, zu verändern«.[67] Der hier zur Geltung gebrachte

---

[62] Ebd., S. 53.

[63] Guattari, Psychotherapie, S. 163.

[64] Souriau, Modi der Existenz, S. 207.

[65] Isabelle Stengers: »Putting Problematization to the Test of Our Present«, in: *Theory, Culture & Society* 38/2 (2019), S. 1–21, hier S. 8.

[66] Souriau, Modi der Existenz, S. 110.

[67] Stengers, Problematization, S. 3.

Dialog bedeutet nicht, einer Logik der theologischen Offenbarung zu verfallen. Er bezeichnet vielmehr jenen Modus einer doppelten Sinnprägung, wie ihn Paolo Virno im Begriff des »Erwartet-Unvorhergesehene[n]«[68] zu fassen sucht:

> »Wie bei jedem Oxymoron befinden sich die zwei Begriffe in wechselseitiger Spannung, und zugleich sind sie untrennbar. Wenn nur das rettende ›Unvorhergesehene‹ in Frage stehen würde oder nur eine weitblickende ›Erwartung‹, könnten wir es mit der unbedeutendsten Zufälligkeit oder mit einer banalen Berechnung des Verhältnisses von Mittel und Zweck zu tun haben. Indes handelt es sich um eine Ausnahme, die vor allem den überrascht, der sie erwartet, um eine Anomalie, die derart wertvoll ist und in der Lage, unseren Begriffskompass ins Abseits zu stellen, der doch präzise den Ort ihres Auftretens angezeigt hat, um eine Diskrepanz von Ursache und Wirkung, deren Ursache man immer erfassen kann, ohne dadurch den Neuerungseffekt zu schwächen.«[69]

Das Unvorhergesehene muss, wie Guattari schreibt, »wie im künstlerischen Schaffen mit einem Messschieber berechnet werden«.[70] Es verlangt nach Techniken, die das Ereignis rahmen und begründen.

Das Raster ist eine Technik, die die Konstruktion einer Problematik zur Aufführung bringt, eine Technik, die, mit Deleuze gesprochen, die Problematik als »ein[en] Weltzustand, eine Dimension des Systems und sogar sein[en] Horizont, sein[en] Brennpunkt«[71] bestimmt und zugleich »eine Teilhabe an den Problemen, ein Recht zu Problemen, eine Verwaltung von Problemen«[72] instituiert. Die im Raster angelegte Konstruktion der Problematik hat nichts mit einer Programmatik zu tun, die im Sinne eines Plans oder einer allgemeinen Axiomatik im Einschnitt einen neuen Sinn des Handelns, die den Einschnitt zugleich voraus und ins Werk setzt, präfiguriert. Die Problematik ist grundlegender angelegt: Sie verkoppelt Einschnitt und Produktion und denkt die Produktion vom Einschnitt her. Sie ist die Setzung der Entsetzung einer gegebenen Ordnung, eines beruhigenden Bezugsrahmens, einer stabilisierten Komposition von Signifikationen. Sie zieht eine Fluchtlinie, die das gesamte »System zum fliehen bringt«[73] – jedoch nur insofern, als sie das Register der Fragen selbst einer permanenten Befragung unterzieht und eine zirkuläre, unabgeschlossene Bewegung instituiert, die sich stets an einem von spezifischen Fragen bestimmten pragmatischen Kontext ausrichtet:

> »Wie können wir verhindern, dass sich an einem solchen Ort ein demoralisierendes Klima der Einkreisung und Einsamkeit etabliert? Ist es angemessen, von Personen, die derzeit in der Apotheke arbeiten, zu verlangen, dass sie die Wäscherei übernehmen? Wird dies

---

[68] Paolo Virno: »Virtuosität und Revolution. Zur politischen Theorie des Exodus«, in: ders.: *Exodus*, Wien 2010, S. 33–79, hier S. 75.

[69] Ebd.

[70] Guattari, La grille, S. 16.

[71] Gilles Deleuze: *Differenz und Wiederholung*, 3. Auflage, München 2007, S. 349.

[72] Ebd., S. 204.

[73] Gilles Deleuze/Claire Parnet: *Dialoge*, Frankfurt a. M. 1980, S. 43.

dazu beitragen, einige Personen, die wiederum in der Wäscherei erstarren, zu befreien, um ihnen Aufgaben anzuvertrauen, die ihnen besser gefallen?«[74]

Indem das Raster die Aufgaben und Aktivitäten in Zirkulation versetzt, zerschneidet es die stereotype und serielle Wiederholung des Gleichen, in der das Sein sich in sich selbst verschließt und entleert. Das Raster ist, wie Deleuze formuliert, »eine Art ›Monstrum‹, das weder Psychoanalyse noch die Krankenhaus-Praxis ist – eine Produktions- und Ausdrucksmaschine des Wunsches«,[75] die darauf abzielt, der Subjektivität unbekannte Virtualitätsfelder zu eröffnen, eine irreversible, subjektive Richtungsänderung als Sinnproduktion zu rahmen: »die Wiederaufnahme des Kontakts mit Personen, [...] die Möglichkeit, an Beziehungen zu früheren Landschaften wieder anzuknüpfen, wieder neurologische Selbstsicherheit zu erlangen«.[76] Jedes Ereignis – ein nur beiläufig geäußerter Wunsch, eine Gebärde, eine unbekannte Tätigkeit – kann als Nukleus eines komplexen Ritornells differenzierender Wiederholung zum »Träger einer neuen subjektiven Konstellation«[77] mutieren und die erschließen, was »Bereiche von unkörperlichen Entitäten, die man zur selben Zeit, in der man sie produziert, registriert und die sich, sobald man sie hervorbringt, als schon da erweisen«.[78] Damit mobilisiert das Raster einen politischen und therapeutischen Ansatz, der die Analyse der Produktionsbedingungen von Subjektivität und die Katalyse neuer subjektiver Referenzsysteme zusammenführt, um eine Komplexifizierung der subjektiven Register voranzutreiben. Aus einer solchen Perspektive ist die Analyse »nicht mehr transferentielle Deutung von Symptomen in Abhängigkeit eines präexistenten latenten Inhalts, sondern Erfindung von neuen katalytischen Herden, die dazu fähig sind, die Existenz zu verzweigen.«[79]

Coda

Was Guattari mit seinem an die Technokraten gerichteten Plädoyer vorschlägt ist ein Dreifaches: 1) ein Begriff der Subjektivität aus dem Blickwinkel ihrer Produktion, 2) die Perspektivierung dieser Produktion aus dem Blickwinkel eines ästhetischen Paradigmas, welches 3) die Begriffe Ereignis und Konstruktion zusammenführt:

> »Was wir durch unsere vielfältigen Aktivitäten und insbesondere durch die Übernahme
> von Verantwortung gegenüber sich selbst und anderen anstrebten, war ein Bruch mit der

---

[74] Guattari, La grille, S. 15.
[75] Deleuze, Drei Gruppenprobleme.
[76] Guattari, Chaosmose, S. 29.
[77] Ebd.
[78] Ebd., S. 28.
[79] Guattari, Chaosmose, S. 30.

Serialität und die Wiederaneignung des Sinns der eigenen Existenz durch Individuen und Gruppen in einer ethischen und nicht mehr technokratischen Perspektive. Es ging darum, die Art von Aktivitäten voranzubringen, die eine Übernahme von kollektiver Verantwortung begünstigen und dennoch auf einer Resingularisierung des Verhältnisses zur Arbeit und, allgemeiner, zur persönlichen Existenz beruhen.«[80]

Wenn Guattari die Klinik La Borde als ein »kleines Laboratorium«[81] beschreibt, das stets auf Umwegen operiert, so geht es ihm weniger darum, ein analytisches Ethos zu kultivieren, dessen Funktion darin liegt, eine verborgene Wahrheit zu enthüllen. In Auseinandersetzung mit einem nicht an sich gegebenen Subjekt der Analyse geht es vielmehr darum, eine neue soziale Funktion zu definieren, die ein Potential, eine »mögliche Beziehungen der Subjektivität innerhalb und zwischen den verschiedenen Kasten und sozialen Strata«[82] erschließt und potenziert. Was also auf dem Prüfstein steht, ist nichts anderes als der epistemische Anspruch der analytischen Praxis: die spezifische Art und Weise, wie die Institution einen Bezug zum Register der Wahrheit etabliert und was die impliziten Koordinaten sind, die diese Setzung rahmen und begründen. In Abgrenzung zur Psychoanalyse lacanianischer Tradition verfolgt diese Modellierung eine tatsächlich maschinische Konzeption der Wahrheit – ein Denken der Wahrheit als Denken der Wirksamkeit, ein problematisches und problematisierendes Denken, das nicht aufhört zu fragen »funktioniert es, [...] wie funktioniert es«,[83] und funktioniert es immer noch?

Literatur

Daumézon, Georges/Koechlin, Philippe: »La psychothérapie institutionnelle française contemporaine«, in: *Psychiatrie française* 41/3 (2011), S. 7–27.
Deleuze, Gilles: »Vorwort. Drei Gruppenprobleme«, in: Félix Guattari: *Psychotherapie, Politik und die Aufgaben der institutionellen Analyse*, Frankfurt a. M. 1976, S. 7–38.
Deleuze, Gilles: *Differenz und Wiederholung*, 3. Auflage, München 2007.
Deleuze, Gilles: *Unterhandlungen 1972–1990*, Frankfurt a. M. 1993.
Deleuze, Gilles/Parnet, Claire: *Dialoge*, Frankfurt a. M. 1980.
Deleuze, Michel: *Foucault*, Frankfurt a. M. 1992.
Dosse, François: *Gilles Deleuze, Félix Guattari. Biographien*, Wien 2017.
Guattari, Félix: »La grille«, in: *Chimères. Revue des schizanalyses* 34 (1998), S. 7–20.
Guattari, Félix: »The Unconscious Is Turned Toward the Future«, in: *Soft Subversions. Texts and Interviews 1977–1985*, Los Angeles 2007, S. 177–183.
Guattari, Félix: *Chaosmose*, Wien 2014.
Guattari, Félix: *La révolution moléculaire*, Paris 2012.
Guattari, Félix: *Psychotherapie, Politik und die Aufgaben der institutionellen Analyse*, Frankfurt a. M. 1976.
Guattari, Félix: *The Anti-Œdipus Papers*, New York 2006.

---

[80] Guattari, La Borde, S. 180.

[81] Félix Guattari/Rolnik Suely: *Molecular Revolution in Brazil*, Los Angeles 2007, S. 377.

[82] Ebd., S. 377 f.

[83] Gilles Deleuze: *Unterhandlungen 1972–1990*, Frankfurt a. M. 1993, S. 18.

Guattari, Félix/Suely, Rolnik: *Molecular Revolution in Brazil*, Los Angeles 2007.

Guattari, Félix/Tanaka, Min: »Body-Assemblage. Félix Guattari and Min Tanaka in Conversation«, in: Félix Guattari: *Machinic Eros. Writings on Japan*, Minneapolis 2015, S. 45–53.

Oury, Jean; Depussé, Marie: *A quelle heure passe le train... Conversations sur la folie*, Paris 2003.

Oury, Jean: »Psychoanalyse, Psychiatrie et Psychothérapie Institutionnelle«, in: *VST – vie sociale et traitements* 95 (2007), S. 110–125.

Robcis, Camille: »François Tosquelles and the Psychiatric Revolution in Postwar France«, in: *Constellations* 23/2 (2016).

Schmidgen, Henning: »Existentielles Experimentieren«, in: Félix Guattari: *Schriften zur Kunst*, Berlin 2016, S. 216–234.

Schmidgen, Henning: *Das Unbewusste der Maschinen. Konzeptionen des Psychischen bei Deleuze, Guattari und Lacan*, München 1997.

Souriau, Étienne: *Die verschiedenen Modi der Existenz*, Lüneburg 2015.

Stengers, Isabelle; Latour, Bruno: »Die Sphinx des Werks«, in: Souriau, Étienne: *Modi der Existenz*, Lündeburg 2015, S. 9–76.

Stengers, Isabelle: »Putting Problematization to the Test of Our Present«, in: *Theory, Culture & Society* 38/2 (2019), S. 1–21.

Unbekannte*r Verfasser*in: »Les roulements«, in: *Recherches* 21. *Histoires de La Borde. Dix ans de Psychothérapie institutionnelle à la clinique de Cour-Cheverny* (1976), S. 221–262.

Virno, Paolo: »Virtuosität und Revolution. Zur politischen Theorie des Exodus«, in: *Exodus*, Wien 2010, S. 33–79.

The Forcible Feeding of the English Suffragettes in Irish Prison. Avoiding Responsibility in Administrations

Heidrun Mühlbradt

Beginning in the middle of 19th century, the political issue of women's suffrage—the right of women to vote—arose in Western societies and provided the breeding ground for several women's suffrage organisations established at the turn of the century. In the Edwardian period of the United Kingdom of Great Britain and Ireland, the foundation of the militant women's suffrage organisation Women's Social and Political Union (WSPU) in 1903 by Emmeline Pankhurst and her eldest daughter, Christabel, soon split the women's movement into *suffragists* who opposed violence in favour of a constitutional approach to campaigning and militant *suffragettes* who embraced aggressive tactics in order to achieve their goal.

When WSPU member Marion Wallace Dunlop went on hunger strike in Holloway Prison in 1909 in order to protest against being denied the status of a political prisoner, she implemented a political weapon for the militant suffrage movement, which challenged the British prison authorities outright. Initially, the hunger strike itself seemed to be the greatest weapon of the militant women's suffrage movement. Yet, with the introduction of forcible feeding by the English government in the same year, the hunger strike itself increasingly lost its importance and became a means to an end—namely, a means to provoke a violent government response, which should serve as evidence for the violent repression of women in England.

Forcible feeding became such a delicate political issue because of its underlying ethical problems, which could easily be instrumentalised for political purposes. Although artificial feeding was a common practice in mental asylums

---

This article was peer reviewed.

H. Mühlbradt (✉)
Seminar für Mittlere und Neuere Geschichte, Georg-August Universität Göttingen, Göttingen, Deutschland
E-Mail: muhlbrah@tcd.ie

© Der/die Autor(en) 2024
A. Echterhölter et al., *Apparate*, AdminiStudies. Formen und Medien der Verwaltung 3, https://doi.org/10.1007/978-3-662-67712-4_7

117

at the beginning of the 20th century, conducting it on mentally competent patients gave rise to serious ethical concerns which called into question the prison system as well as the integrity of the entire medical profession.[1] While some historians and scholars concerned with medical ethics[2] have already taken up the subject and addressed the question of the responsibility of physicians in conducting forcible feeding, the question of the responsibility of the prison administration in implementing forcible feeding of mentally competent patients into the prison system has not yet been touched. As the Foucauldian approach to the prison has often been chosen, the importance of power has overshadowed the question of responsibility in such administrations.[3] Although the hunger strike itself has been analysed as an intentional act without responsibility, the same question has not been applied to administrative practices that resulted in the forcible feeding of hunger striking prisoners.[4] Accordingly, this article aims to fill these gaps by examining how the Irish prison administration applied certain administrative practices in order to avoid taking responsibility when implementing forcible feeding of mentally competent patients into the Irish prison system.

The Suffragettes' Legacy I: The Implementation of Hunger Striking

When three members of the WSPU—Mary Leigh, Gladys Evans and Jennie Baines (as Lizzie Baker)—went on hunger strike in Mountjoy Prison in Dublin on 14 August 1912, they imported a political weapon into Ireland that proved to have a long-lasting impact on the country.[5] The hunger strike became Ireland's most spectacular form of national resistance in the 20th century, and it all started with three English suffragettes responsible for throwing a hatchet at the carriage

---

[1] Cf. Ian Miller: "Necessary Torture? Vivisection, Suffragette Force-Feeding, and Responses to Scientific Medicine in Britain c. 1870–1920," in: *Journal of the History of Medicine and Allied Sciences* 64/3 (2009), pp. 333–372, here pp. 359 f.

[2] See, e.g., Bernadette Gregory: "Hunger Striking Prisoners. The Doctors' Dilemma," in: *British Medical Journal* 331 (15.10.2005), p. 913; Jennian F. Geddes: "Culpable Complicity. The Medical Profession and the Forcible Feeding of Suffragettes, 1909–1914," in: *Women's History Review* 17/1 (2008), pp. 79–94; Miller, Necessary Torture, pp. 359 ff.; Ian Miller: *A History of Force Feeding. Hunger Strikes, Prisons and Medical Ethics, 1909–1974*, London 2016.

[3] See, e.g., Allen Feldman: *Formations of Violence. The Narrative of the Body and Political Terror in Northern Ireland*, Chicago 1991; Michael Welch: "Guantanamo Bay as a Foucauldian Phenomenon. An Analysis of Penal Discourse, Technologies, and Resistance," in: *The Prison Journal* 89/1 (2009), pp. 3–20.

[4] See Lionel Wee: "The Hunger Strike as a Communicative Act. Intention without Responsibility," in: *Journal of Linguistic Anthropology* 17/1 (2007), pp. 61–76.

[5] Cf. NAI [National Archives of Ireland]/GPB/SFRG 1/2, Report of Dowdall, September 15, 1912 (GPB 1912/7722); Report of Hackett, October 10, 1912 (GPB 1912/8356).

of Prime Minister Herbert Asquith, which injured the Irish Parliamentary Party Leader John Redmond, as well as for a failed arson attack on the Theatre Royal in Dublin.[6] As the consequence, Mary Leigh and Gladys Evans were sentenced to five years' penal servitude, while Jennie Baines was sentenced to seven months' hard labour.[7] The hunger strike of the WSPU members, begun with the goal of gaining the status of political prisoners, was only the initial spark that lit the fire.[8] Four members of the Irish Women's Franchise League (IWFL)—Jane and Margaret Murphy, Hanna Sheehy Skeffington and Margaret Palmer—who were also imprisoned at Mountjoy and had been occupied with the idea of going on hunger strike for some time, joined their hunger protest with slight delays. Four other imprisoned IWFL women did not join—two because of their poor health, and the other two because they refused.[9]

Though most Irish historians[10] have preferred to seek the roots of hunger striking in Ireland or India, their origin can be clearly traced back to the women's suffrage movement in England. Some historians[11] have recognised the suffragettes' legacy, yet understood the early Irish hunger strikes to be the result of an appropriation and execution of an idea rather than practices undergoing a complex implementation process. It is possible to write a genealogy of ideas, tracing hunger striking back to Russian prison protests in the 19th century or to

---

[6] Cf. Elizabeth Crawford: *The Women's Suffrage Movement. A Reference Guide*, 1866–1928, London 1999, pp. 24 f.; Rosemary Cullen Owens: *Smashing Times. A History of the Irish Women's Suffrage Movement 1889–1922*, Dublin 1984, pp. 57 f.

[7] Cf. N.N.: "The Outlook," in: *Votes for Women*, August 16, 1912, pp. 741–742, here. p. 741; N.N.: "Trial of the Suffragists in Dublin," in: *Votes for Women*, August 16, 1912, pp. 744–746, here p. 746; NAI/GPB/SFRG 1/2, Dowdall to Green, August 21, 2021.

[8] Cf. NAI/GPB/SFRG 1/2, Report of Hackett, October 10, 1912; Report of Dowdall, September 15, 1912.

[9] Cf. William Murphy: *Political Imprisonment and the Irish*, 1912–1921, Oxford 2016, p. 19.

[10] See, e.g., Tim Pat Coogan: *On the Blanket. The H Block Story*, Dublin 1980, p. 15; Padraig O'Malley: *Biting at the Grave. The Irish Hunger Strikes and the Politics of Despair*, Belfast 1990, pp. 25 f.; George Sweeney: "Irish Hunger Strikes and the Cult of Self-Sacrifice", in: *Journal of Contemporary History* 28/3 (1993), pp. 421–437; George Sweeney: "Self-Immolative Martyrdom. Explaining the Irish Hungerstrike Tadition," in: *Studies. An Irish Quarterly Review* 93/371 (2004), pp. 337–348; Joseph Lennon: "Fasting for the Public. Irish and Indian Sources of Marian Wallace Dunlop's 1909 Hunger Strike," in: Eóin Flannery/Angus Mitchell (eds.), *Enemies of Empire. New Perspectives on Imperialism, Literature and Historiography*, Dublin 2007, pp. 19–39.

[11] See Kevin Grant: "The Transcolonial World of Hunger Strikes and Political Fasts, c. 1909–1935," in: Durba Gosh/Dane Kennedy (eds.), *Decentring Empire. Britain, India and the Transcolonial World*, London 2006, pp. 243–269; William Murphy: "Suffragettes and the Transformation of Political Imprisonment in Ireland, 1912–1914," in: Louise Ryan/Margaret Ward (eds.), *Irish Women and the Vote. Becoming Citizen*, Dublin 2007, pp. 114–135, here especially pp. 128 ff.; Kevin Grant: "British Suffragettes and the Russian Method of Hunger Strike," in: *Comparative Studies in Society and History* 53/1 (2011), pp. 113–143, here pp. 115, 141; Barry Flinn: *Pawns in the Game. Irish Hunger Strikes 1912–1981*, Cork 2011, pp. 2 ff.; Murphy, Political Imprisonment, pp. 11 ff.; Miller, History of Force Feeding, pp. 35 ff.

ancient forms of fasting in Ireland and India, but it must not be forgotten, that it was the suffragettes who brought hunger striking (and forcible feeding) to Ireland—as a practice not as an idea. What might look like the idea of hunger striking was, in fact, the effect of the practice of hunger striking.

Despite what genealogies of ideas suggest, hunger striking and forcible feeding had not only to be translated into another culture's terms but also implemented in another culture's inventory of social practices. The split of the group of IWFL prisoners over the introduction of the hunger strike, for instance, perfectly exemplifies the difference between several women's suffrage organisations in the United Kingdom of Great Britain and Ireland. As the cases of Mary Leigh and Gladys Evans illustrate, WSPU members could operate independently of a hierarchical leadership within a volunteer organisation controlled by the incontestable leader Emmeline Pankhurst and her daughters, Christabel and Sylvia, who regularly authorised and approved independent militant actions afterwards.[12] Unlike the other women's suffrage organisations, the WSPU did not grant its members the right to vote on matters within the organisation, but more freedom in the choice of the degree of militancy. At the same time, it provided its members with a platform for self-presentation: its newspaper *Votes for Women*, founded in October 1907, regularly dedicated articles to the prison experience of hunger striking suffragettes, particularly if they had been subject to forcible feeding.

By contrast, Hanna Sheehy Skeffington, the founding member of the IWFL, attempted to determine and enforce the official line of the organisation even against its members: first, she attacked the Murphy sisters for their willingness to go on hunger strike; later, she and the other IWFL prisoners attacked and put pressure on the two IWFL members who had refused to go on hunger strike. In February 1913, the IWFL even expelled the Murphy sisters.[13]

Genealogies of ideas overlook the fact that social actors often face considerable problems when trying to adopt social practices. Reading hunger striking as a practice that had to undergo a complex implementation process allows us to better grasp the essence of this form of political resistance: social practices must be aligned with the organisational structure of social groups. When political organisations could not implement a form of political resistance into their inventory of social practices as successfully as other such organisations, it was not necessarily because they did not try hard enough or because they did not have the same access to resources, but potentially because it did not fit their situation. The IWFL, for instance, faced the problem that hunger striking was difficult to reconcile with its decision-making process. It is too simplistic to assume that

---

[12] Although the attack on Asquith and Redmond and the attempted arson attack were highly unpopular, the WSPU publicly defended its members. This indicates that the WSPU supported its members regardless of how unpopular, damaging or ineffective their militant actions were. Cf. N.N., Outlook, p. 741; N.N., Trial, pp. 744 ff.

[13] Cf. Murphy, Political Imprisonment, pp. 17 ff.

people can simply be pressured into going on hunger strike with a qualified majority, peer pressure or a leader's decision. Furthermore, the example perfectly highlights the importance of the political means for the social coherence of political organisations: the political means can considerably increase or decrease the social coherence of every social group—depending on the political means as well as on the implementation process.

All historians who see in the lack of suffrage within the WSPU enough evidence for authoritarian structures ignore that the WSPU had—apart from winning women's suffrage—no official line, thus giving its members a great deal of autonomy, especially with regards to the choice of the political means, while they could always build on the organisation's backing. This might have been the ideal breeding ground for hunger striking, which required great individual powers of endurance and constant support from outside the prison in order to be effective. At the same time, it explains why Irish nationalist organisations with a similar organisational structure could successfully adopt the hunger strike as one of their most important form of resistance. Although the English suffragettes failed to gain the status of political prisoners, they successfully implemented the hunger strike in the Irish prisoner's inventory of political resistance.

The Suffragettes' Legacy II: The Implementation of Forcible Feeding

The hunger strike of the WSPU prisoners was the acid test for Ireland's prison authorities. On August 19, 1912, the IWFL hunger strikers had completed their sentences and were released along with the English suffragette Jennie Baines, whose health was too frail for her to remain in prison.[14] One day later, the Irish prison authorities began to forcibly feed the English suffragettes Mary Leigh and Gladys Evans.[15] In writings on the forcible feeding of the suffragettes, it has been suggested that the Irish authorities had waited for the release of the Irish hunger strikers to avoid "dreading the public furore if Irish women were known to be undergoing forcible feeding".[16] Murphy has pointed out that the medical practice in Mountjoy Prison did not comply with "the norm in England and Scotland to begin forcible feeding within two or three days of commencement of a strike."[17] Furthermore, he has highlighted the fact that Dr Joseph O'Carroll, from whom the General Prisons Board had sought an outside medical opinion, did not advise forcible feeding on his first visit on 17 August but altered his opinion after his

---

[14] Cf. NAI/GPB/SFRG 1/25, Report of Lewis, 19.8.1912 (GPB 1912/6849).

[15] Cf. NAI/GPB/SFRG 1/2, Report of O'Carroll, 20.8.1912 (GPB 1912/6851).

[16] Margaret Ward: *Hanna Sheehy Skeffington. A Life*, Dublin 1997, p. 95.

[17] Murphy, Political Imprisonment, p. 20.

second visit on the 20 August.[18] With these facts, some Irish historians want to prove that the Irish prison authorities delayed the start of forcible feeding of the English hunger strikers because they did not dare to force-feed Irish women, but "could not justify differential treatment"[19] of Irish hunger strikers.

Although the timing is significant and these arguments sound convincing, some correlation between events does not imply causation. Accordingly, we should not overinterpret the decision to wait until the release of the Irish prisoners as a political manoeuvre by the Irish authorities. In fact, it was not unusual for the General Prisons Board, which was responsible for managing the Irish prison system, to postpone forcible feeding for as long as possible. When the English suffragette Gladys Evans was re-arrested on 22 October 1912 and refused her food, the decision was made to resort to forcible feeding after her appearing in Court on 29 October.[20] As she was discharged, forcible feeding did not take place during her second arrest.[21] In Northern Ireland, the prison authorities later used the Prisoners (Temporary Discharge for Ill Health) Act 1913, according to which prisoners on hunger strike were to be released from prison as soon as they became ill and could be re-imprisoned after their recovery on their original charges, to permanently release hunger striking suffragettes regardless of the crime they had committed.[22]

It is more appropriate to say that the decision to force-feed hunger striking prisoners was hanging like the sword of Damocles over the Irish prison authorities. The medical officers at Mountjoy Prison were well aware that they must conduct forcible feeding. Yet, as the General Prisons Board was reluctant to forcibly feed female prisoners, it postponed the decision on whether a patient should undergo forcible feeding in order to wait for the problem to resolve itself—the prisoner might give in or be released/discharged. Accordingly, the General Prisons Board did not forcible feed the Irish hunger strikers because the problem resolved with their release. As the English suffragettes Mary Leigh and Gladys Evans had to serve a five-year prison sentence and a near-term release was therefore impossible, and it became increasingly unlikely with every day that passed that the English suffragettes would give in, the Irish prison authorities became aware that the decision to forcible feed hunger striking prisoners loomed ahead.

Only when postponing the decision on whether a patient should undergo forcible feeding became too great a burden, did the General Prisons Board face the problem by seeking advice from outside the Board in expectation of being provided with an incentive to finally cut the thread. Although the medical officers of the General Prisons Board could have relied on their own medical expertise,

---

[18] Cf. ibid.

[19] Ward, Skeffington, p. 95.

[20] Cf. NAI/GPB/SFRG 1/3, Report forwarded by Flinn to Court, October 28, 1912.

[21] Cf. N.N.: "Gladys Evans Again Arrested," in: *The Daily Express*, November 6, 1912, p. 4.

[22] Cf. Murphy, Political Imprisonment, pp. 27 f.

they sought an outside medical opinion from Dr Joseph O'Carroll, a highly respected physician specialising in diseases of the heart and the nervous system at Richmond Hospital Dublin and appointed Professor of Medicine at University College Dublin, before conducting forcible feeding. Basing its decision on an outside medical opinion by such a distinguished expert in his field, the General Prisons Board could avoid taking responsibility for all medical decisions. As Dr Joseph O'Carroll "found [the English suffragettes] slightly weaker"[23] than at his last visit, he advised that they should be artificially fed, administered by nasal or oesophageal tube.[24] Under the guise of an emergence case, the prison authorities could reconcile the decision to forcibly feed female prisoners with their consciences and justify themselves.

In contrast to the rather positivistic and order-based approach to forcible feeding in Great Britain, which involved following an unwritten schedule of beginning forcible feeding within two or three days of commencement of a strike, the Irish prison authorities procrastinated forcible feeding as long as possible in order to avoid taking responsibility for their actions. While the English and Scottish administrative approach aimed to make sense through the concept of law and order, which meant implementing forcible feeding into the prison system by *mirroring* legal frameworks and administrative practices one-to-one, the decision-making process of the General Prisons Board can be best described as the collective construction of the beliefs in *being forced into* making a decision and in *having no alternative other* than to introduce forcible feeding.

The Importance of Precedents

As one letter clearly indicates, the General Prisons Board had taken into consideration that the English suffragette Mary Leigh might go on hunger strike in Mountjoy Prison. She was one of the first English suffragettes to undergo forcible feeding in England and known for giving the prison authorities "much trouble by barricading her doors, smashing windows, etc."[25] Expecting the worst, the responsible medical officer at Mountjoy made timely preparations for being able to forcibly feed her and contacted Birmingham Prison on 27 July in order to obtain further information on the former prisoner Mary Leigh, which "would guide [him] in [his] treatment of her."[26] Along with a detailed report on Leigh's former experience with forcible feeding, the medical officer at Birmingham had added some personal instructions on how to conduct forcible feeding in prison,

---

[23] NAI/GPB/SFRG 1/2, Report of O'Carroll, August 20, 1912.

[24] Cf. ibid.

[25] Ibid., Mahern to Hackett, July 29, 1912 (GPB 1912/7286). See also Mary Leigh: "Forcible Feeding," in: *Votes for Women*, October 15, 1909, p. 34.

[26] Ibid., Hackett to Mahern, July 27, 1912 (GPB 1912/7286).

which proved helpful for the Irish authorities.[27] In terms of frequency, procedure and composition of the diet, forcible feeding in Mountjoy was aligned with the personal instructions of the medical officer at Birmingham Prison.[28] Unlike Gladys Evans, who did not resist and was fed by oesophageal tube passed through the mouth, Mary Leigh was loosely strapped to the feeding chair "in view of her violent resistance in Birmingham prison"[29] and the "food [was] then administered by nasal tube."[30] Forcible feeding continued until the lives of the English suffragettes were at stake.[31] Leigh had to be released on 20 September because her life was "endangered"[32] and Evans on 3 October because she was close to a "general breakdown."[33]

In contrast to the English prison authorities that struggled to find an adequate answer to the first hunger strike in 1909 and had to release several prisoners to avoid female martyrs, the Irish prison authorities could directly build on the experience of English prisons. Long before the English suffragettes went on hunger strike, the prison authorities in Ireland had an answer to their resistance, which they could implement into the Irish prison system. What is interesting to note is that the medical officer at Mountjoy, who adopted the practice of forcible feeding, geared his actions towards the medical practice in English prisons and did not use the limited margin left for him by interpreting official instructions according to his own professional judgement or the requirements of the particular situation. As Grant has shown with the example of an Indian medical officer who referred to the treatment of Irish hunger strikers in seeking formal instructions from the government in Madras in 1921 on how to deal with hunger striking prisoners, medical officers feared prosecution in the event that one of the prisoners died on their watch and tried to protect themselves with "a useful legal precedent."[34] The Irish prison authorities built on the experience of English prisons and implemented forcible feeding into the Irish prison system in order to play it safe. Accordingly, the prison system was so synchronized and self-referential because the prison authorities referred to each other and built on each other's actions in order to use these legal precedents as future securities.

---

[27] Cf. ibid., Mahern to Hackett, July 29, 1912.

[28] Cf., for example, ibid.; Notes by Dowdall, August 29, 1912 (GPB 1912/7186); Memo by Dowdall, August 27, 1912 (GPB 1912/7063).

[29] Ibid., Report of Dowdall, September 15, 1912.

[30] Ibid., Notes by Dowdall, August 29, 1912.

[31] Cf. ibid., Copy of Order of Licence (Mary Leigh), September 10, 1912; Copy of Order of Licence (Gladys Evans), 3.10.1912.

[32] Ibid., Report of Dowdall, September 15, 1912; Report of Nixon & Myles, September 20, 1912 (GPB 1912/7752).

[33] Ibid., Report of Flinn, October 2, 1912 (GPB 1912/8083).

[34] Grant, Transcolonial World, p. 264.

Justifying Medical Intervention

Apart from administrative practices that were applied to avoid responsibility, the medical officers developed certain individual and collective strategies to justify medical intervention and to avoid taking responsibility for their actions. As these strategies were neither inherently logical nor inherently consistent and built, in reality, a multi-layered argumentation structure, which had a certain social function and only made sense in the social context in which it was embedded, the isolated observation of these strategies is quite academic. However, it is worth investigating these strategies in order to examine how medical officers employed certain defence mechanisms in order to overcome their "inner protest" against illegitimate acts, such as employing force against women, causing pain and injuries and infringing the patient's right of self-determination.

The most distinctive characteristic of the suffragettes' hunger strike was that their political resistance was primarily embodied in their violent defence of their bodies against the execution of artificial feeding and not in their refusal of food as one might assume.[35] As the English suffragettes actively defended their bodies against the execution of artificial feeding, it had to be performed on them as forcible feeding. They "barricaded the door of [their] cell[s] by means of [their] bed[s]"[36], "refused to open [their] mouth[s]"[37], screamed during the procedure, "violently resisted all the efforts that were made to feed"[38] them, massively campaigned against artificial feeding in prison or sued the English government afterwards.[39] Before the medical officer could forcibly feed them, several hospital matrons had been required to "overcome"[40] their "resistance"[41] and to place them "in the [feeding] chair, [their] wrists and ankles being loosely strapped thereto".[42] Historians have frequently described the forcible feeding of the suffragettes as a bodily experience akin to rape.[43] As they cannot provide one source of evidence

---

[35] Contrarily: Mary Jean Corbett: *Representing Femininity. Middle-Class Subjectivity in Victorian and Edwardian Women's Autobiographies*, New York 1992, pp. 162 f.; Stefan Simanowitz: "The Body Politic: The Enduring Power of the Hunger Strike," in: *Contemporary Review* 292 (2010), pp. 324–331, here p. 328.

[36] NAI/GPB/SFRG 1/2, Report of Dowdall, October 2,1912.

[37] Ibid.

[38] Ibid., Report of Flinn, October 2, 1912.

[39] Mary Leigh reports similar events: Cf. Leigh, Forcible Feeding, p. 34.

[40] NAI/GPB/SFRG 1/2, Report of Dowdall, October 2, 1912.

[41] Ibid.

[42] Ibid., Report of Dowdall, September 15, 1912.

[43] Cf. Lisa Tickner: *The Spectacle of Women: Imagery of the Suffrage Campaign 1907–14*, Chicago 1988, p. 107; Maud Ellmann: *The Hunger Artists: Starving, Writing and Imprisonment*, Cambridge, MA, 1993, pp. 33, 35; June Purvis: "The Prison Experiences of the Suffragettes in Edwardian Britain", in: *Women's History Review* 4/1 (1995), pp. 103–133, here p. 123; Grant, Transcolonial World, p. 251; British Suffragettes, p. 116; Lennon, Fasting, p. 24.

that clearly states that a suffragette ever compared forcible feeding with rape, their presentistic and genuine ahistorical interpretations can be described, at best, as attempts to appropriate and functionalise the historical past for current feminist purposes: rape is a crime and not a metaphor (food—sex) to be utilised to gain the power of interpretation over the suffragette movement. Furthermore, it is a particular antifeminist stance to deny women the ability to interpret their own bodily experiences—especially if it is about the experience of rape. As men were also subject to forcible feeding, but their experiences are taken at face value and never described as a bodily experience akin to rape, it is incomprehensible why only the female experience of forcible feeding needs a further (feminist) inter-pretation and why only the female body needs a further (feminist) sexualisation.[44] The WSPU hunger strikers unanimously compared forcible feeding to "torture"[45] and described in detail the brutality and deliberate cruelty of the prison staff and the pain they had suffered during and after the forcible feeding. For the suffragettes themselves, there was no "grosser and more indecent outrage"[46] than the use of force against women. Their key arguments against forcible feeding were that it inflicted pain on women and violated the female body.

For the prison authorities, the act of forcible feeding symbolised their heroic victory over the prisoner's violent resistance. In order to restore the prison discipline and the patriarchal order, the female patient had to be made compliant through the means of violence which was presented as a chivalrous act supposed to heal these "highly strung,"[47] "nervous,"[48] "unstable"[49] and self-destructive women who did not "allow [themselves] to be artificially fed"[50] and who were "repeatedly but unsuccessfully urged […] to refrain from injuring [their] health by refusing food."[51] This strategy of justifying medical intervention can be best described as *restoring order*—in terms of restoring the prison order as well as in terms of restoring the patriarchal order. By appealing to higher values and extraordinary circumstances, the medical officers could rationalise the use of violence as *necessary evil*, which was permitted to overcome the violent resistance of difficult prisoners.

---

[44]While the suffragettes were frequently forcibly fed by cup, spoon or nose, men in India were directly subject to forcible feeding by rectum—the most painful and sexually connoted procedure (Cf. Grant, Transcolonial World, p. 244).

[45]N.N.: "Forcible Feeding in Prison," in: *Votes for Women*, October 22, 1909, p. 52; Constance Lytton: "A Speech by Lady Constance Lytton," in: *Votes for Women*, 4.2.1910, pp. 292–293, here p. 292; N.N.: "The Treatment of Political Prisoners," in: *Votes for Women*, February 4, 1910, p. 298.

[46]Janet Arthur: "Another Prison Infamy," in: *Votes for Women*, August 7, 1914, p. 681.

[47]NAI/GPB/SFRG 1/2, Report of Hackett, October 10, 1912.

[48]Ibid.

[49]Ibid.

[50]Ibid., Report of Flinn, October 2, 1912.

[51]Ibid., Report of Dowdall, September 15, 1912.

The relationship between female hunger striker and male medical officer can be described as a mutually accepted patriarchal gender relation with a considerable impact on the medical treatment of female hunger strikers. Although the suffragettes violently defended their bodies against the execution of forcible feeding, they presented themselves as "weak"[52] and "helpless"[53] victims of patriarchal violence. They gendered the practice and experience of forcible feeding in such a way that their written accounts, propaganda posters and political agitation reproduced patriarchal gender roles and primarily targeted men. When the suffragettes built on the concept of the violated female body and precisely described their physical wounds and the "great pain"[54] they had gone through, they symbolically emasculated the English government. Their "bleed[ing]"[55] and "swollen"[56] mouths, their "broken"[57] beings, the "horrible pain in the[ir] throat[s] and breast[s]"[58] and "the[ir] cries and deep moans"[59] not only made the ill-treatment in prison visible, but also reproduced patriarchal gender roles according to which masculinity was inseparably linked to the ability to protect and defend the female body.

By emphasizing the role of the victim and reproducing the patriarchal concept of women as the weak gender, suffragettes could push through their own interests and try to shift the public perception away from their own misdeeds. Some suffragettes had been convicted for serious crimes, such as arson attacks. Yet, when they placed their "health"[60] in the medical officers' "hands"[61] and let them know that they could "have [their] bod[ies], and c[ould] do with it what [they] choose,"[62] that they were "weak, and [could not] resist"[63] them and "l[aid] long in expectation of the doctor and his feeding apparatus, but he did not come,"[64] they symbolically submitted themselves to the medical and male care of the medical officers. These forms of female submission can be explained as the insight that

---

[52] N.N., Feeding in Prison, p. 52; N.N.: "Releases at Manchester," in: *Votes for Women*, November 26, 1909, p. 133.

[53] N.N., Feeding in Prison, p. 52.

[54] Mary Leigh: "Forcible Feeding. Statement by Mrs. Mary Leigh to Her Solicitor," in: *Votes for Women*, October 15, 1909, p. 34.

[55] N.N.: "Release of Mrs. Leigh and Miss Edwards," in: *Votes for Women*, November 5, 1909, p. 84.

[56] N.N., Releases at Manchester, p. 133.

[57] N.N., Feeding in Prison, p. 52.

[58] Leigh, Statement, p. 34.

[59] N.N.: "Nurse Pitman Released," in: *Votes for Women*, November 26, 1909, pp. 132–133, here p. 133.

[60] NAI/GPB/SFRG 1/2, Report of Flinn, September 9, 1912.

[61] Ibid.

[62] N.N., Treatment, p. 298.

[63] N.N.: "The 'Hunger Strike'," in: *Votes for Women*, August 13, 1909, pp. 1061–1062, here p. 1061.

[64] Ibid.

resistance was futile, so that absolute submission was the best strategy to induce the medical officers to act as their guardians, who knew as authorities of medical knowledge best what to do. As the result, the medical officers promised them that "[e]verything possible [was] being done for [them] by all the officials."[65] This strategy to justify medical intervention, according to which the male physician acted as the female's guardian, can be best described as *protecting* the female body. In addition, the relationship between male physician and female patient appeared to be determined by the male wish to care for women. The medical officers ensured that there was "no appearance of pain caused by the nasal tube,"[66] that resisting hunger strikers were only "loosely strapped"[67] to the feeding chair and that "the passage of the tube caused [them] no pain."[68]When the medical officer urged the female hunger striker not to "undermin[e] her health"[69] and to "refrain from injuring her health by refusing food,"[70] genuine male and medical care turned into paternalism.

This strategy to justify medical intervention, according to which the female hunger striker was accused of injuring her health, can be best described as *blaming* the hunger striker. Especially because the medical officers were too often overinvolved, it was inconceivable for them that their medical treatment might have caused pain or physical injuries. As a result, the female patient was psychopathologised in order to find an explanation that did not call into question the self-image of the male medical officer. The vomiting after the forcible feeding was explained as "the vomiting of Hysteria"[71] and as "the convulsions associated with Hysteria."[72] The very idea that the female hunger striker might refuse his medical and male care was incomprehensible. This strategy can be best seen as the *psychopathologisation* of the female patient which served to justify medical intervention as well as the use of violence. "[O]vercom[ing]"[73] their "resistance"[74] was considered to help women who were—"in view of [their] violent resistance"[75]— obviously "borderline insane cases."[76] All ethical questions which arose when conducting forcible feeding on mentally competent patients could be neutralised by simply calling into question the mental competency of female hunger strikers. Accordingly, the prison administration could override the prisoner's right of

---

[65] NAI/GPB/SFRG 1/2, Report of Flinn, September 9, 1912.

[66] Ibid., Report of Dowdall, September 15, 1912.

[67] Ibid.

[68] Ibid., Notes by Dowdall, August 29, 1912.

[69] Ibid., Report of Flinn, September 9, 1912.

[70] Ibid., Report of Dowdall, September 15, 1912.

[71] Ibid.

[72] Ibid.

[73] Ibid., Report of Dowdall, October 2, 1912.

[74] Ibid.

[75] Ibid., Report of Dowdall, September 15, 1912.

[76] Ibid., Green to Dougherty, October 19, 1912 (GPB 1913/3954).

self-determination through the psychopathologisation of the female patient who was supposed to be unable to make informed choices.

Another strategy to justify medical intervention was the maintenance of the belief that the medical officers were performing an ordinary operation, which did not cause any pain or injuries. Thereby, the *denial* of any pain or physical sequelae served to neutralise all qualms. When a senior officer was asked by a junior medical officer if he could see that he had just "caught in a piece of [his patient's] cheek"[77] when conducting forcible feeding, "he admitted he could not"[78] see it. In addition, the medical officers even blamed the female hunger strikers for the physical consequences of their medical treatment by claiming that the vomiting after the forcible feeding was "intentional"[79] and therefore self-inflicted.[80] Although the suffragettes aimed to prove the brutal and dangerous nature of forcible feeding by referring to authorities of medical knowledge—the prestigious medical journal *The Lancet* or physicians and surgeons who were "authorit[ies]"[81] in their field—, the prison authorities and the British government downplayed the suffragettes' experience of forcible feeding as exaggerating allegations by hysterical women, whose suffering was self-inflicted and worsened by their resistance. When a suffragette sued Home Secretary Herbert Gladstone et al., it was an unfair battle between men of science and law and a woman who "should not [be] regarded as sane."[82] Furthermore, by simply denying the fact that forcible feeding caused pain, physical injuries and/or physical sequelae, the medical officers could justify their actions and avoid taking responsibility for their actions because, due to their denial, there was nothing they could be made responsible for.

The political campaign against forcible feeding in prison took its place alongside political spectacles with which the eligibility to earn the women's suffrage should be proved. When Gladstone announced, for example, that "predominance of argument alone"[83] was not enough to get the vote and that women had to prove to be able to establish the *"force majeure"*[84] and assemble "in their tens of thousands all over the country,"[85] the suffragettes accepted the challenge to prove their ability and were later disappointed that the cabinet did

---

[77] N.N., Manchester, p. 133.

[78] Ibid.

[79] NAI/GPB/SFRG 1/2, Report of Dr O'Carroll, September 3, 1912.

[80] See further: Ibid., Report of Lewis, September 1, 1912 (GPB 1912/7208); Report of Flinn, September 2, 1912.

[81] E. Sylvia Pankhurst: *The Suffragette Movement. An Intimate Account of Persons and Ideals*, London 1977 [1931], p. 317.

[82] Leigh v. Gladstone (1909), 26 TLR 142.

[83] E. Sylvia Pankhurst: *The Suffragette: The History of the Women's Militant Suffrage Movement, 1905–1910*, London 1911, p. 206.

[84] Ibid.

[85] Ibid.

not "stand by the statement of their spokesman, Mr. Gladstone."[86] The suffragettes ended up in a vicious cycle in which the right to vote was deemed an achievement that could only be awarded by men who set the terms. Accordingly, the British government managed to turn forcible feeding into a political weapon with which they could neutralise the hunger strike, put the suffragettes on the defensive and set the terms of the prison battle, while the suffragettes were forced to find evidence for their pain, for the brutality of the prison staff, for the dangerousness of forcible feeding and for its physical sequelae.

Conclusion

When implementing the forcible feeding of mentally competent patients into the Irish prison system, the prison administration in Ireland mainly used certain administrative practices to avoid taking responsibility. In contrast to the rather positivistic and order-based approach to forcible feeding in Great Britain, the Irish prison authorities procrastinated forcible feeding as long as possible to avoid taking responsibility for their actions. The decision-making process of the General Prisons Board can be best summarized as the collective construction of the belief that they were *being forced into* making a decision and *had no alternative other than* to introduce forcible feeding. Furthermore, the prison authorities built on each other's actions to use these legal precedents as future securities. As long as the medical officers built on legal precedents, they could not be held responsible. Apart from administrative practices that were applied to avoid taking responsibility, the medical officers developed certain strategies to justify medical intervention and to avoid taking responsibility for their actions. Accordingly, administration can be best described as a collective decision-making process in which the burden of responsibility ultimately vanishes into thin air.

References

Arthur, Janet: "Another Prison Infamy", in: *Votes for Women*, August 7, 1914.
Coogan, Tim Pat: *On the Blanket. The H Block Story*, Dublin 1980.
Corbett, Mary Jean: *Representing Femininity. Middle-Class Subjectivity in Victorian and Edwardian Women's Autobiographies*, New York 1992.
Crawford, Elizabeth: *The Women's Suffrage Movement. A Reference Guide*, 1866–1928, London 1999.
Ellmann, Maud: *The Hunger Artists: Starving, Writing and Imprisonment*, Cambridge, MA, 1993.
Feldman, Allen: *Formations of Violence. The Narrative of the Body and Political Terror in Northern Ireland*, Chicago 1991.

---

[86] Ibid., p. 207.

Flinn, Barry: *Pawns in the Game. Irish Hunger Strikes 1912–1981*, Cork 2011.

Geddes, Jennian F.: "Culpable Complicity. The Medical Profession and the Forcible Feeding of Suffragettes, 1909–1914", in: *Women's History Review* 17/1 (2008), S. 79–94.

Grant, Kevin: "British Suffragettes and the Russian Method of Hunger Strike", in: *Comparative Studies in Society and History* 53/1 (2011), S. 113–143.

Grant, Kevin: "The Transcolonial World of Hunger Strikes and Political Fasts, c. 1909–1935", in: Gosh, Durba/Kennedy, Dane (Hg.): *Decentring Empire. Britain, India and the Transcolonial World*, London 2006, S. 243–269.

Gregory, Bernadette: "Hunger Striking Prisoners. The Doctors' Dilemma", in: *British Medical Journal* 331 (15.10.2005).

Leigh, Mary: "Forcible Feeding. Statement by Mrs. Mary Leigh to Her Solicitor", in: *Votes for Women*, October 15, 1909.

Lennon, Joseph: "Fasting for the Public. Irish and Indian Sources of Marian Wallace Dunlop's 1909 Hunger Strike", in: Flannery, Eóin/Mitchell, Angus (Hg.): *Enemies of Empire. New Perspectives on Imperialism, Literature and Historiography*, Dublin 2007, S. 19–39.

Lytton, Constance: "A Speech by Lady Constance Lytton", in: *Votes for Women*, 4.2.1910, S. 292–293.

Miller, Ian: "Necessary Torture? Vivisection, Suffragette Force-Feeding, and Responses to Scientific Medicine in Britain c. 1870–1920", in: *Journal of the History of Medicine and Allied Sciences* 64/3 (2009), S. 333–372.

Miller, Ian: *A History of Force Feeding. Hunger Strikes, Prisons and Medical Ethics, 1909–1974*, London 2016.

Murphy, William: "Suffragettes and the Transformation of Political Imprisonment in Ireland, 1912–1914", in: Ryan, Louise/Ward, Margaret (Hg.): *Irish Women and the Vote. Becoming Citizen*, Dublin 2007, S. 114–135.

Murphy, William: *Political Imprisonment and the Irish*, 1912–1921, Oxford 2016.

N.N.: "Forcible Feeding in Prison", in: *Votes for Women*, October 22, 1909.

N.N.: "Gladys Evans Again Arrested", in: *The Daily Express*, November 6, 1912.

N.N.: "Nurse Pitman Released", in: *Votes for Women*, November 26, 1909.

N.N.: "Release of Mrs. Leigh and Miss Edwards", in: *Votes for Women*, November 5, 1909.

N.N.: "Releases at Manchester", in: *Votes for Women*, November 26, 1909.

N.N.: "The 'Hunger Strike'", in: *Votes for Women*, August 13, 1909.

N.N.: "The Outlook", in: *Votes for Women*, August 16, 1912.

N.N.: "The Treatment of Political Prisoners", in: *Votes for Women*, February 4, 1910.

N.N.: "Trial of the Suffragists in Dublin", in: *Votes for Women*, August 16, 1912.

NAI [National Archives of Ireland]/GPB/SFRG 1/2.

O'Malley, Padraig: *Biting at the Grave. The Irish Hunger Strikes and the Politics of Despair*, Belfast 1990.

Owens, Rosemary Cullen: *Smashing Times. A History of the Irish Women's Suffrage Movement 1889–1922*, Dublin 1984.

Pankhurst, E. Sylvia: *The Suffragette Movement. An Intimate Account of Persons and Ideals*, London 1977 [1931].

Pankhurst, E. Sylvia: *The Suffragette: The History of the Women's Militant Suffrage Movement, 1905–1910*, London 1911.

Purvis, June: "The Prison Experiences of the Suffragettes in Edwardian Britain", in: *Women's History Review* 4/1 (1995), S. 103–133.

Simanowitz, Stefan: "The Body Politic: The Enduring Power of the Hunger Strike", in: *Contemporary Review* 292 (2010), S. 324–331.

Sweeney, George: "Irish Hunger Strikes and the Cult of Self-Sacrifice", in: *Journal of Contemporary History* 28/3 (1993), S. 421–437.

Sweeney, George: "Self-Immolative Martyrdom. Explaining the Irish Hungerstrike Tadition", in: *Studies. An Irish Quarterly Review* 93/371 (2004), S. 337–348.

Tickner, Lisa: *The Spectacle of Women: Imagery of the Suffrage Campaign 1907–14,* Chicago 1988.

Ward, Margaret: *Hanna Sheehy Skeffington. A Life,* Dublin 1997.

Wee, Lionel: "The Hunger Strike as a Communicative Act. Intention without Responsibility", in: *Journal of Linguistic Anthropology* 17/1 (2007), S. 61–76.

Welch, Michael: "Guantanamo Bay as a Foucauldian Phenomenon. An Analysis of Penal Discourse, Technologies, and Resistance", in: *The Prison Journal* 89/1 (2009), S. 3–20.

Bottom-Up Abandonment. Disability Regulation and the Scarcity of Access

Pujan Karambeigi

Since its inception in 1990 under the administration of the Republican President George W. Bush, both sides of the political spectrum have highlighted the colossal scale of the Americans with Disabilities Act (ADA). The orthodox reading highlights the ADA as the most expansive civil rights bill in the history of the United States, with a scope to end discrimination in employment, public services, and public accommodation once and for all. Senator Ted Kennedy, one leading spokesperson, spelled this out by depicting it as the bill to "end the American apartheid."[1] At the White House ceremony, many referred to it as a "second independence day", with Bush himself highlighting the parallels to the historic 1964 Civil Rights Act.[2] And its acclaim extends well into the present, with disability studies scholar Lennard J. Davis depicting it in his 2015 book on the ADA as "an excellent example of a bipartisanship no longer extant, [...] an object lesson to those presently in the halls of power."[3] With legislators, administrators, activists, and lobbyists collaborating across political divisions, the ADA appears to come close to what a revolution might look when it takes place within the parameters of a liberal democracy.

---

[1] Ted Kennedy on September 7, 1989. Cf. http://www.tedkennedy.org/ownwords/event/disabilities.html (last checked on October 1, 2020).

[2] Terry Wilson: "For the Disabled, It's 'Independence Day'", in: *Chicago Tribune*, 27.7.1990, p. 1.

[3] Lennard J. Davis: *Enabling Acts: The Hidden Story of How the Americans with Disabilities Act Gave the Largest US Minority Its Rights*, Boston 2015, p. 8.

This article was peer reviewed.

P. Karambeigi (✉)
Department of Art History and Archaeology, Columbia University, New York, USA
E-Mail: pk2571@columbia.edu

© Der/die Autor(en) 2024
A. Echterhölter et al., *Apparate*, AdminiStudies. Formen und Medien der Verwaltung 3, https://doi.org/10.1007/978-3-662-67712-4_8

On the other side of the political frontline, a similarly imposing picture was being painted, ultimately circulating in the late 1990s as the "backlash thesis."[4] Focusing on the dire employment numbers of disabled people—remaining at 20 % exceptionally low while at times even dropping below the pre-ADA rates—it quickly became clear to them that Bush's legislation had either no or a negative effect.[5] What these critics focused on was that, in contrast to its 1964 predecessor, the ADA neither involves Affirmative Action nor is it accompanied by a federally funded mandate.[6] Whenever an employee, a restaurant customer, or a student feels discriminated on the grounds of their disability, filing a lawsuit is the only way to get the ADA enforced. Moreover, even a decade after passing the ADA, employers prevailed in more than 95 % of the cases, thus remaining "among the least successful classes of cases in the US federal courts".[7] Whereas there remains disagreement over the causes that prevented improving the living conditions of disabled people—ranging from the 'political culture' among the administrators of justice to legislators, who never intended it to succeed in the first place—there is a consensus here that the ADA was a total failure.[8]

As much as this criticism of the ADA strives to grant "insights into the connection between law and politics," as Ruth Colker put it at the time, it entirely omits the crucial hinge that was connecting the two spheres: design.[9] More specifically, the critics of the ADA remain silent on the act's historical intervention into federal code regulating the built environment in the United

---

[4] Legal scholar Ruth Colker was one of the earliest ones to describe these processes. See Ruth Colker: "Hypercapitalism: Affirmative Protections for People with Disabilities, Illness and Parenting Responsibilities under United States Law", in: *Yale Journal of Law and Feminism* 9/213 (1997), pp. 213–252. The term which later would be adopted by a whole range of scholars was ultimately solidified by the publication of Linda Hamilton Krieger (ed.): *BACKLASH Against the ADA. Reinterpreting Disability Rights*, Ann Arbor 2003.

[5] Colker famously argued that the ADA was in fact not an expansion of disability rights but a scaling back of it. Ruth Colker: "The Death of Section 504", in: ibid., pp. 323–339. On the decrease in employment, see National Institute on Disability and Rehabilitation Research, U.S. Department of Education: "Trends in Labor Force Participation Among Persons with Disabilities, 1983–1994," in: *Disability Statistics Report* 10 (1994), pp. 4–5.

[6] On the complicated legacy of Johnson's War Against Poverty see Elizabeth Hinton: *From the War on Poverty to the War on Crime: The Making of Mass Incarceration in America*, Cambridge, Mass. 2016, esp. pp. 27–61.

[7] Samuel R. Bagenstos: "Foreword: Thoughts on Responding to the Left Critique of Disability Rights Law," in: Ravi Malhotra (ed.), *Disability Politics in a Global Economy. Essays in Honour of Marta Russell*, New York 2019, p. vii–xii, here p. viii. For the statistics, see Peter David Blanck: "Empirical Study of Disability, Employment Policy, and the ADA," in: *Mental and Physical Disability Law Reporter* 272 (1999), Blanck, Peter David: "Empirical Study of Disability, Employment Policy, and the ADA", in: *Mental and Physical Disability Law Reporter* 272 (1999), pp. 275–280, p. 278.

[8] For an overview into the debate, see Matthew Diller: "Judicial Backlash, the ADA, and the Civil Rights Model of Disability," in: Linda Hamilton Krieger (ed.), *BACKLASH Against the ADA*, Ann Arbor 2003, pp. 62–97.

[9] Colker, "Hypercapitalism", p. 216.

States. Until that point, each U.S. state had been developing their own governing standards for dealing with disability, thus creating a chaotic patchwork of often diverging regulations that was not only incredibly opaque, but also ripe with easily exploitable loopholes.[10] In fact, in finally rendering the ANSI A.117.1 design standard (from now on abbreviated as A.117.1) into a federal requirement not just for state-sponsored facilities, but for any place of public accommodation and commercial facility, the ADA was realizing what disability activists had lobbied for decades.[11]

As I will argue in the following passages, it is the way in which the A.117.1 standard was coalescing political commitments and judicial regulation that enabled the economy of abandonment which many of the ADA's fiercest critics have rightfully identified to be its primary accomplishment.[12] To do so, I will shed light at the discussions in the late 1970s that led to the drastic A.117.1 reform of 1980, giving disability code the shape that pretty much continues to the present day. The crucial point here is that this reform was not instituting a governing standard nor a regulating norm in the strict sense of the terms. Rather, the A.117.1 reform's legacy consists in pioneering parametric gradients as "bureaucratic techniques"—transfiguring the world into a grid of scales and sliders, ultimately into an infinite set of numerical equations.[13]

The question of this text is to ponder on how this parametric structure might have become structural, and how the revisioning of disability as "a vessel of knowledge", as disability scholar Tanya Titchkosky has put it, was contributing

---

[10] Some of these loopholes were recently described by Bess Williamson: *Accessible America: A History of Disability and Design*, New York 2019, esp. pp. 57–65.

[11] Access scholar Aimi Hamraie has described these regulatory ambitions in great detail for the disability activist Ronald Mace in: Aimi Hamraie: *Building Access: Universal Design and the Politics of Disability*, Minneapolis 2017, esp. pp. 156–174.

[12] Marta Russell's book *Beyond Ramps* is of particular importance in this regard as it attempts to synthesize her predecessors' meticulous analyses of the dynamic relationships between economics, policy, and politics that circumscribe the experience of disability. Engaging in the vocabulary of historical materialism as well as vast amounts of employment data and policy debates across the 20th century, she has shown how the ADA is a concerted effort to promote "free-market civil rights." Marta Russell: *Beyond Ramps: Disability at the End of the Social Contract*, Monroe 1998, pp. 114.

[13] Michael Osman: *Modernisms Visible Hand,* Ann Arbor 2018, p. 165. The discussion around parametric design and architecture usually sets the 1990s to be the decisive turning point, closely interlinked with new possibilities of computation. As Reinhold Martin has argued, parametric design differs from earlier techniques of measuring space that relied on Euclidian laws. In prioritizing equations over values, this measuring device ushers in a new form of governance: "the aestheticized manipulation of parameters aims to domesticate multiplicity by saying, most definitely: Stop! And then: Repeat! Its affect is thus built around the problem of deciding which of the innumerable variables should be preferred". Reinhold Martin: "On Numbers, More or Less," in: Matthew Poole/Manuel Shvartzberg (eds.), *The Politics of Parametricism. Digital Technologies in Architecture*, London 2015, pp. 45–57, here p. 54.

to this process.[14] This question is informed by some of the recent revisioning around the ascendance of neoliberalism since the 1970s, most importantly its somewhat misleading association with 'deregulation.'[15] In fact, far from being about deregulation, we get to witness the pioneering of new forms of (judicial) regulation, new ways in which formal rights are mobilized to eventually legitimize the privatization of public life and the accompanying evacuation of the welfare state.[16]

Taking this as a case study in the making of a structure one might ascribe to neoliberalism, it appears to consist of a chain of grids grafted on top of each other, until that whereof one cannot calculate, thereof one must be silent.[17] In more concrete terms, and as we will see not fully by design, the parametric gradient ended up effectively silencing whatever non-consumerist, public solution there might have been to the regulation of the built environment, instead relegating the market to be the sole arbiter for the management of difference.

Bathrooms

As much as the legislative analysis of the ADA led its critics to realize that judicial inclusion was a double-edged sword, they somehow lost sight of what both reformers and activists had deemed to be central for the remaking of disability in the 1970s and 1980s: the built environment. This becomes even clearer when looking at the reformist aspirations around the bathroom, "a focal point of the drive to create a barrier-free community," as the activists Raymond Lifchez

---

[14] Tanya Titchkosky: *The Question of Access: Disability, Space, Meaning*, Toronto 2011, p. 69.

[15] For the classic account on deregulation arising in the 1970s as a response to stagflation, see David Harvey: *A Brief History of Neoliberalism*, Oxford 2005, esp. p. 21–31. More recently, Wendy Brown has attempted to stick to the analytic of deregulation while facing "neoliberal jurisprudence", not grasping that deregulation might in fact distort the peculiar affinity between neoliberal reforms and judicial code. Wendy Brown: *In the Ruins of Neoliberalism*, New York 2019, esp. pp. 123–160.

[16] This relationship has only recently come under more intense scrutiny. The intellectual historian Quinn Slobodian suggests in his account of the Austrian School of Neoliberalism to replace the narrative of deregulation with one of "encasing the market." Quinn Slobodian: *Globalists: The End of Empire and the Birth of Neoliberalism*, Cambridge, Mass. 2018, p. 103. Similarly, Melinda Cooper designates the peculiar relation between the administration of justice and the privatization of responsibility of Neoliberal austerity as a return to the Elizabethan poor laws from the 17th century. Melinda Cooper: *Family Values. Between Neoliberalism and the New Social Conservatism*, New York 2017, pp. 73–78.

[17] For the importance of the heuristic abstraction of neoliberalism as "a set of *epistemic* commitments" see Philip Mirowski: "Postface: Defining Neoliberalism," in: Philip Mirowski/Dieter Plehwe (eds.), *The Road from Mont Pèlerin: The Making of the Neoliberal Thought Collective*, Cambridge, Mass. 2009, pp. 417–455, here p. 417.

and Barbara Winslow formulated in their widely discussed 1979 *Design for Independent Living.*[18]

Now, it is crucial to contextualize their statement in two ways. The emphasis on the bathroom as the crucial site for change has had a long history in the projects of liberal reform. Not only was it the vantage point from where people like Adolf Loos were plotting world domination such as in his 1898 *Plumbers: Baths and Kitchen Ranges at the Jubilee Exhibition.* Moreover, it was at least since the mid-19th century one of the central architectural sites from where difference was managed, as "the emergence of gender-segregated public and commercial spaces such as schools, gymnasiums, and bathhouses was closely linked to the influx of immigrants."[19] This management of difference mediated by the bathroom extended all the way into the 1920s and 1930s. As Siegfried Kracauer noted derisively in his review of the *Neues Bauen* exhibition in Stuttgart in 1927 seemingly in response to Loos, "the bathtubs don't have to be ashamed of the dining room anymore." For Kracauer, this new appreciation for bathrooms was one of the decisive symptoms of the burgeoning middle classes he would go on to formalize two years later on the pages of the same newspaper (subsequently published as *The Salaried Masses,* 1930). Similarly, Christina Cogdell argues in her study of functionalist designers like Henry Dreyfuss and inventions like his wall-suspended toilet that the bathroom was central to both class-mobility and racial segregation: It was simultaneously the site for the making of the middle-class—the general promise to design environments which may abolish social difference—while marking the very limits of inclusion, with the "filthiness of slums not only evidenced residents' inferiority but also ensured their continued degeneracy."[20] The bathroom thus appears as the vantage point from where to observe both the management of difference and its conflicts.

But there is a second important way one has to frame their statement, more proximate to the context they were operating in in the 1970s. Closely involved with the *Center for Independent Living* in Berkeley, a crucial hub of the disability rights activism of the decade, their statement expands on the experience of the famous nation-wide strike in 1977, a turning point both for activists and their bureaucratic counterparts.[21] Responding to Joseph Califano, freshly appointed Secretary of the Department of Health, Education, and Welfare (HEW), the protest was sparked by his proposal to water down parts of Richard Nixon's 1973 Rehabilitation Act. This was not only infuriating the activists because Nixon's legislation represented the first federal law against the discrimination of disability.

---

[18] Raymond Lifchez/Barbara Winslow: *Design for Independent Living,* Berkeley 1979, p. 132.

[19] David Serlin: "Pissing without Pity," in: Harvey Molotch/Laura Norén (eds.), *Toilet. Public Restrooms and the Politics of Sharing,* New York 2010, p. 170.

[20] Christina Cogdell: *Eugenic Design. Streamlining America in the 1930s,* Philadelphia 2004, p. 166.

[21] For an account of the strike, see James I. Charlton: *Nothing About Us Without Us: Disability Oppression and Empowerment,* Berkeley 2000.

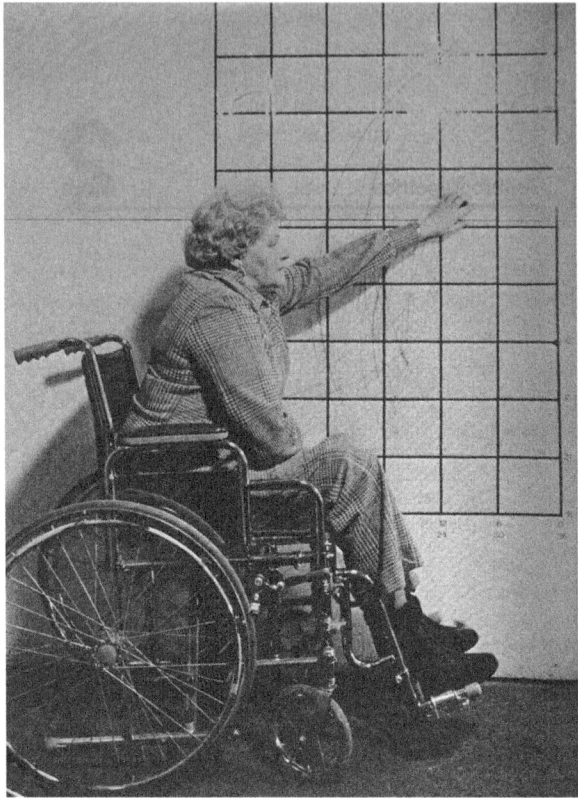

Fig. 1 Woman stretching arm while sitting in a wheelchair, photographed part of Edward Steinfeld's research into the relation between anthropometrics and disability. From: Edward Steinfeld, *Accessible Buildings for People with Walking and Reaching Limitation*, 1979, p. 16.

Even worse was that disability rights activists were four years later still waiting for the Rehabilitation Act to be enforced.

The initial idea engineered by the Nixon administration had been to upend discrimination by making every federally funded construction compliant with the accessibility code (or else it wouldn't receive the funds). The problem, however, was that when the legislation was enacted there was no federal accessibility code in place. So, when Califano proposed a pull-back by allowing more exemptions and waivers for the still non-existent accessibility code, the activists' frustration clenched into an orchestrated protest, occupying the HEW's headquarter and eight of its regional offices for almost the entire month of April 1977.[22] Califano quickly

[22]On the occupation see Roberta Ann Johnson: "Mobilizing the Disabled," in: Jo Freeman/ Victoria Johnson (eds.), *Waves of Protest: Social Movements since the Sixties,* New York 1999, pp. 25–45.

peddled back from his changes and the Carter administration launched a series of research projects which would attempt to write disability into regulatory code. In fact, as much as the built environment (specifically the bathroom) became the focal point of this research, following what many activists in the disability rights movement had pushed for, the subsequent regulations also created the framework for legitimizing the privatization of public services by transfiguring disabled people into consumers. Framed by the state and mediated by the market, we will thus witness the making of a parametric structure, which, by all accounts, cannot be reduced to the making of disability.[23]

ANSI A117.1

One of the most ambitious and influential publications in the regulation of disability were Edward Steinfeld's six reports which he directed between 1978 and 1979 as part of contract H-2200 awarded by the U.S. Department for Housing and Urban Development (HUD). Commissioned by Donna E. Shalala, a young and aspiring Assistant Secretary, it was part of a large-scale cooperation with Syracuse University which drastically revised both the methods to comprehend disability and the ways in which judicial code could regulate it. For Steinfeld, who had just become assistant professor after having worked as a research architect at the National Bureau of Standards, this cooperation was fortuitous as it had also led to his appointment as the Secretary of the Standards Committee for A117.1. This was a powerful position as basically everyone from activist to bureaucrat agreed at the time that reforming A117.1 was one of the crucial cornerstones to finally heave Nixon's Rehabilitation Act from a political aspiration into a regulatory reality.

The standard had been first established in 1961 through a collaboration between Timothy Nugent, director of the Division of Rehabilitation-Education Services at the University of Illinois, the Veterans Administration and the Americans National Standard Institute. As disability historian Bess Williamson has highlighted, until its reform in 1980, A117.1 was steeped in the landscape of do-it-yourself America, with architectural interventions being both "rugged and improvisational" and a matter of "individual responsibility."[24] Similarly, for bureaucrats like Steinfeld A117.1 posed a serious obstacle because it reduced disability to the usage

---

[23] Keeanga-Yamahtta Taylor's *Race for Profit* is an excellent example of the growing body of scholarship exposing the contradictory relationships between government regulation and market-forces. Her book focuses on the transition from public housing to subsidized private homeownership as part of Johnson's 1968 Housing and Urban Development Act, arguing that the attempt to solve segregation through the seemingly neutral medium of the market enabled a whole new system of exclusion, a process she coins "predatory inclusion." Keeanga-Yamahtta Taylor: *Race for Profit. How Banks and the Real Estate Industry Undermined Black Homeownership*, Chapel Hill 2019, esp. pp. 253–262.

[24] Williamson, Accessible America, p. 59.

36 Inch Stall

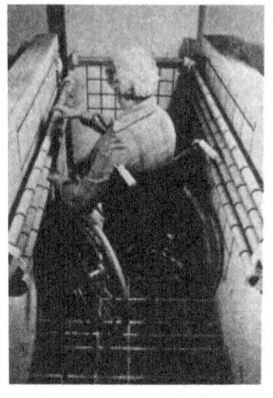  

48 Inch Stall

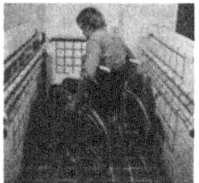   

60 Inch Stall

 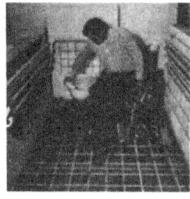  

Fig. 2 Probing handlebars with differently sized toilet stalls and different body metrics. Steinfeld, *Accessible Buildings*, p. 68.

Fig. 3 Social workers and disabled people shown to work together in the Center for Independent Living in Berkeley, California. Raymond Lifchez and Barbara Winslow, *Design for Independent Living*, 1979, p. 128.

of a wheelchair while its empirical basis was relying only on Nugent's own campus experiences.[25] Moreover, the standard's ambiguous language was further contributing to sow confusion among architects, engineers, and designers.

However, the central difficulty the reform had been facing for years was not so much a powerful old guard blocking any change. Rather, by the mid-1970s it was clear that the regulative landscape itself was in the midst of shifting, with a need to accommodate a radical skepticism towards any form of top-down state intervention. In fact, the writing of these regulations was happening in the middle of a crisis of governance, result of a complicated mix of factors such as the stagflation resulting from the immense costs of the Vietnam War, decreases in productivity, deindustrialization, and an increasingly militant elite, which ultimately "brought to halt the expansionary fiscal policies of the postwar Keynesian state" to replace it with a new monetary policy and a dramatic shift towards an austerity regime.[26]

---

[25] That this was more of a general sentiment than Steinfeld's particular opinion can be seen in Michael Bednar (ed.): *Barrier-Free Environments*, Stroudsburg 1977.

[26] Cooper, Family Values, p. 124.

The three-dimensional model: constructing the site   *Development of the model.*
(foreground). In the background is the scenario map
in plain view as a reference.

The environment.   *Discussions with user-clients.*

Fig. 4 Steps involved in developing an architectural model from the bottom up, Lifchez/ Winslow, *Design for Independent Living*, p. 146.

The pervasiveness of this skepticism towards top-down state intervention can be seen in much of the negotiations around the regulation of disability. As Edward Noakes, chair of the A117.1 committee, highlighted in 1974, it was crucial that "handicapped persons themselves are in charge."[27] As much as Noakes formulated an ambition that was going to be rehearsed in the government-issued publications and conferences preceding the 1980 reform of A117.1, it was unclear how such a bottom-up regulation could be conceived.

---

[27] Paraphrased in Eileen Lavine: "Summary and Recommendations," in: *Proceedings of National Conference on Housing and the Handicapped*, Houston 1974, p. 11.

Stalls

Faced with this problem of a bottom-up approach, for Steinfeld and some of his contemporaries merging science with design was going to solve what to others might have seemed like an unsurmountable contradiction.[28] As much as this is not the first time for disability and scientific inquiry to intersect, Steinfeld and his contemporaries diverged from their predecessors in their attempt to capture disability not as an inherent dysfunctionality but as a relationship between subjects and their environment.[29] Or, to use Steinfeld's words, the "built environment communicates to those who use it. It speaks a kind of 'silent language' that transmits messages about appropriate behavior and meanings."[30] The question now was how to build a system that could comprehend this language while filtering message from noise.

The starting point to understand this relation was anthropometry, the science of human measurement, most succinctly articulated in the second and longest volume of the series, *Accessible Buildings for People with Walking and Reaching Limitations*.[31] In concrete terms, these measurements were not just captured in elaborate tables and charts but also in a series of black and white photographs accompanying the twelve anthropometric studies and its roughly 200 disabled and non-disabled probands. The first photo is telling: An elderly white lady wearing a checked suite is photographed from the side, sitting on a shiny wheelchair, with her hand stretched to reach a square in a numbered grid (Fig. 1). Why is the grid so worn out? Is that the residue of 200 people pointing at it? What do the numbers on the right-side mean? And why are there two rows of numbers stacked on the bottom? In the context of the publication, these captionless photographs

---

[28] For a contextualization of the larger epistemological framework of "environmental design", the burgeoning discipline people like Steinfeld were trained in and operated from, see Avigail Sachs: "With People in Mind," in: dies. *Environmental Design. Architecture, Politics, and Science in Postwar America*, Charlottesville 2018, pp. 77–107.

[29] For a social history of the emergence of disability in the 19th century and its reconfigurations ultimately culminating in the horrific eugenic practices of the 1920s and 1930s, see Sarah F. Rose: *No Right to Be Idle. The Invention of Disability, 1840s–1930s*, Chapel Hill 2017. For a history of the discourse around rehabilitation as it developed during World War I all the way into the administrative reforms of the 1970s, see Henri-Jacques Stiker: *A History of Disability*, Übers. von William Sayers, Ann Arbor 2019, esp. pp. 121–189.

[30] Edward Steinfeld: *Accessible Buildings for People with Walking and Reaching Limitation*, Washington 1979, p. 7.

[31] Anthropometry is a science that first developed in the early 20th century closely interlinked with military-industrial research and the large-scale adaptation of Taylorism. Cf. James R. Beniger: *The Control Revolution. Technological and Economic Origins of the Information Society*, Cambridge Mass. 1986, pp. 420–421. In relation to the adaptation of anthropometry into design practices John Harwood has argued that "the most radical intervention in the articulation of the human body by ergonomic designers is not the mechanical prosthesis sutured onto or into the body itself, but rather reimagining the body as a surface." John Harwood, *Interface: IBM and the Transformation of Corporate Design, 1945/1976*, Minneapolis 2011, p. 97.

function to introduce the reader (Shalala and her bureaucratic peers) to the first chapter "Anthropometrics" as well as visualize the basic elements the research will consist of: The grid (visible in every single photo), an orchestrated series of movements, a retirement-aged white lady in a wheelchair (who will soon turn out to be the protagonist of the publication). In short, the image stages Steinfeld's anthropometric science in action.

This is noteworthy for a series of reasons. For one, Steinfeld's employment of photography can be understood as the visual rhetoric of the "technical criteria" he set out to qualify through anthropometry in the first place.[32] Steinfeld follows here the path of another reformer, the industrial designer Niels Diffrient, who had first applied anthropometry to disability in his 1974 *Humanscale 1/2/3: Manual* to leave behind the fetishization of the average while creating a new unity of the subject along its seeming infinite variability.[33] Following this trajectory of favoring variation over average, Steinfeld organizes his study not on the principle of proportionate sampling as earlier anthropometric studies, but instead oversamples public housing residents, women, and old age to highlight what appeared to him as the most vulnerable part of the population. It is thus not a coincidence that the protagonist is a white elderly lady. In fact, the photographs allegorize the way Steinfeld conceives his regulatory efforts to operate at large.

A case in point are the pictures in the chapter "Toilet Stall" whose importance is already hinted at in the first volume: Highlighting the "major controversy among consumers, rehabilitation specialists and designers concerning the design of toilet stalls," Steinfeld identifies regulation to be able to prevent such conflicts from arising, if done right.[34] The photos help to clarify: The same woman, wearing the same checked uniform, sits on a toilet, with handlebars installed in different heights and taped grids on the three walls she is surrounded by, again reaching out into one of the grids. That same photo is then shown again, this time placed with ten other images on one single page (Fig. 2). It now appears to document only the last step of a four-step movement, repeated in three differently sized stalls.

The point Steinfeld is arguing through these images, accompanied by graphs and tables, is more ambitious than it might seem. Enabled through his anthropometric experiments, he is the first one to show that it is not just the size of the stall that matters as his predecessors had argued. Rather, its accessibility is based on a variety of parameters which include the body's height and weight as well as the handlebars which may, if installed correctly, compensate for stalls that might otherwise appear as too tight—one of the many findings that would make it into the 1980 revisions of A117.1. What might appear as a mere technical detail crystallizes the entire ambition of Steinfeld's bottom-up regulation: Realizing the

---

[32] Edward Steinfeld: *Access to the Built Environment. A Review of Literature*, Washington 1979, p. 3.

[33] For an analysis of Niels Diffrient in relation to disability, see Williamson, Accessible America, pp. 157–162.

[34] Steinfeld, Accessible Buildings, p. 53.

main parameters involved in a typical situation while 'using' the most marginal subject, then formalizing these parameters into a set of possibilities that can finally be translated into design solutions.

Though very much embedded in the regulatory discussions around disability, Steinfeld's systematicity does appear to diverge here from his peers. This becomes most obvious when comparing the visual rhetoric to its predecessors in government-issued publications. Ronald Mace's pioneering *Illustrated Handbook* (1974) is a case point, relying almost entirely on hand-drawn illustrations, an attempt to make the complicated code intelligible to architects and designers and transfigure it from a limitation into a creative opportunity.[35] This visual form is reproduced in the first federal publication on disability, the 1975 *Barrier Free Site Design*, whose illustrations almost resemble comics, interspersed with photographs of people with walking limitations venturing the environment. That is to say, Steinfeld's predecessors are mostly limiting their inquiry into rehashing the relation between standards and solutions, thus lacking any systematic attempt to collect data for revising standards into a parametric gradient.

In fact, there was one publication competing with Steinfeld in terms of devising a new research frame specific to its subject: Lifchez and Winslow's *Design for Independent Living*. Again, the visual rhetoric is telling: Employing an even larger amount of photographs, culminating in a "Catalogue" chapter with almost 100 images, they highlight a different viewpoint: dramatizing disabled people not in the gridded laboratory but in real life interactions, with the staging of an apparent intimacy between people on both sides of the camera, Lifchez and Winslow take on the position of the participant observer (Fig. 3). The chapter "How to Research" makes clear that this visual rhetoric is far from incidental. Located somewhere in between psychology and ethnography, they attempt to formulate "a series of techniques by which the designer can approximate, in increasingly accurate detail, the environmental needs his informants have expressed."[36] These techniques consist of researching literature, observing the 'informants' in their native environment and creating a vast gestural archive through photography and video, to finally develop architectural models. That is, by the end of this four-step process, with disabled people giving their feedback each time the model comes closer to reality, the disabled informants have been transfigured into "user-clients."[37] (Fig. 4). The currency of a successful collaboration can thus be understood as a unique, participatory dialogue in which the maintenance of trust is the key resource.

This comparison between the bureaucrat and the activists appears to lend itself to a much-rehearsed narrative, most profoundly articulated in Henri-Jacques Stiker's monumental *A History of Disability*. In this reading, the administrative

---

[35] Cf. Williamson, Accessible America, pp. 162–164.

[36] Lifchez/Winslow, Design, p. 132.

[37] Ibid. p. 146.

reforms of the 1970s function as the final scenes of the grand narrative of enclosure:

"For good or ill, the disabled were exceptions and stood for exceptionality, alterity; now that they have become ordinary, they have to be returned to ordinary life, to ordinary work. [...] This act will cause the disabled to disappear and with them all that is lacking, in order to assimilate them, drown them, dissolve them in the greater and single social whole. This desire for fusion, for confusion, is more serious, more submerged than an ideological strategy; it is an index, and an important one, of a slow slide toward a society that is less and less pluralist, more and more rigid."[38]

Written by bureaucrats like Steinfeld, the administrative reforms of the 1970s thus appear to usurp the last territories of difference, ultimately rendering disability into just another generic category. Now, Stiker sees the only viable alternative to this "violence of mimesis" in the anti-psychiatric movement that was forming around people like David Cooper, Erving Goffman, Jacques Lacan, and many others in the 1960s and 1970s.[39] For him, this movement represents "an effort to forge an integration without easing difference, without wanting to efface or reduce the 'abnormality'."[40] That is, where administrators urge for total integration and the erasure of plurality, activists strive to afford difference.[41]

Seen from afar, one could draw the relation between the activists' reforms and Steinfeld's bureaucratic procedures as such an opposition. Accordingly, Lifchez and Winslow refer to Goffman in their bibliography and rebuke any reform of standards:

"Individual solutions are commonly homemade when standard equipment is unsuitable. [...] A great deal has been written about the dimensional requirements for an accessible bathroom; while the legally required standards are an improvement over the limited space typically provided, they do not take the wide variations in capabilities of disabled people into consideration."[42]

In fact, what their approach appears to suggest is that human variation is too broad to ever be captured. Standards thus won't do because each solution always needs to be developed in a singular encounter.

Looking closer, however, the seemingly clear oppositions between difference (struggled over by activists) and unity (instituted by bureaucrats) dissolve. For one, a contextualization of the individual solutions in *Design for an Independent Living* would make clear that it is heavily indebted to the kind of stigmatizing do-it-yourself reform of the 1961 A117.1, the very problem of privatized responsibilization Steinfeld and his bureaucrat-peers tried to find a more public

---

[38] Stiker, A History of Disability, p. 128.

[39] Ibid. p. 189.

[40] Ibid. p. 187.

[41] This particular opposition goes well beyond Stiker, having probably found its clearest expression in Jean-Luc Nancy: *The Inoperative Community*, Minneapolis 1991.

[42] Lifchez/Winslow, Design, pp. 88–90.

solution for.[43] Moreover, Steinfeld repeatedly references Goffman's *Stigma* and *Asylums*, even using him to summarize the ambition of his research project arguing that environments "will not eliminate the stigma of disability. [...] One cannot simply legislate away stigma, because such stigma arises out of interaction between people. We can, however, legislate the design of the physical environment and, by changing the condition under which people interact, we can eventually change the very quality of that interaction."[44] In fact, the frontlines appear to run elsewhere, somewhere beyond the matrix of activists versus bureaucrats.

Consumer views

Steinfeld's conclusive publication, *Adaptable Dwellings*, provides a hint here. Starting off with a rebuke of regulatory paternalism, he urges the reader to focus on the "disabled consumer view."[45] This is a crucial, if seemingly slight, deviation: Whereas in *Accessible Buildings* Steinfeld addressed disability as an objective relationship between human and environment, he now introduces the consumer into the picture. Accordingly, his 200 probands get to test various adaptive devices for the bathroom not in terms of their functionality but in terms of their personal preference, transfiguring the analytic grid from one of objective measurement into one of individual choice. The results are somewhat disarming, Steinfeld admits that the overwhelming majority is not "particularly enthusiastic about visible adaptive design features."[46] What disabled people as consumers appear to prefer are invisible solutions, seamless interventions that promote assimilation and effacement.

The crucial point about Steinfeld's notion of adaptable dwellings is that it responds to this urge for invisibility, functioning as a loose arrangement of possibility which "provides a more responsive setting for exercising highly personal adaptations."[47] In concrete terms, this means, among other things, that each housing unit would include a structurally reinforced wall in the bathroom, a wall-hung toilet, and a handheld shower. Installing handlebars could thus be easily realized since the wall was already reinforced. The reality of standards, embodied by the hidden reinforcement, is thus relegated to differences that do not mark distinctions.

Though Steinfeld is adamant in stressing that these adaptations would be very affordable since the overall structure was already in place, it is clear to him that his evidence is making him drift into a direction he did not intend to go: His adaptable

---

[43] On the DIY-reform see Williamson, Accessible America, pp. 58–68.

[44] Steinfeld, Access to the Built Environment, p. 149.

[45] Edward Steinfeld: *Adaptable Dwellings*, Washington 1979, p. 1.

[46] Ibid., p. 19.

[47] Ibid., p. 34.

solutions lay the groundwork for a system of inclusion for those who can afford it. That is to say, the major difference between Steinfeld and Lifchez, Winslow, and Stiker is not their disagreement over promoting individual solutions. Rather, Steinfeld anticipates much more readily that the retreat from governing standards would only defer the struggle for independence by rendering the market to be the arbiter of allocating accessibility as an always already scarce resource.

This internal conflict is most pronounced in volume four and five, *The Estimated Cost of Accessible Buildings* and *A Cost–Benefit Analysis of Accessibility*, which realize the methodological transition from the parametric anthropometry to consumer choices. Citing Gary Becker's *Human Capital* (1975) and a collected volume on *Benefit-Cost & Policy Analysis* (1974) as resources in his bibliography, Steinfeld sets out to conduct the first large-scale study to systematically collect data on costs and benefits where previous publications had simply claimed that benefits will outweigh costs.[48] Over roughly 200 pages, he attempts to make a case for alterations in the built environment but quickly arrives at a series of dead-ends.

First, for public and non-commercial spaces such as college dormitories, public libraries, and town halls "no positive economic benefits could be calculated."[49] This is not because Steinfeld sees costs to outweigh benefits but because he admits being simply incapable of computing the benefits of non-commercial activities such as reading or learning—a problem intrinsic to cost–benefit analysis. Moreover, in almost all instances "homebound services" appear to be much cheaper than actual renovations.[50] Ironically then, the cost–benefit analysis cannot compute the very buildings to which Nixon's Rehabilitation Act applied to in the first place, namely the federally funded construction such as libraries and university campuses. And, even worse, (easily privatizable) services would in most cases appear to be cheaper than more structural changes to the built environment.

One may attest a certain tragedy here. The very idea to create an architectural landscape accessible to all variations of the human body provided the analytic grid by which accessibility was transfigured into a scarce resource. That is to say, as much as bureaucrats like Steinfeld and activists like Lifchez hoped to create a frame that would foster independence for disabled people, their thinking was circumscribed by a political climate that allowed no simple transcendence: With no possibility of a fiscal stimulus in sight (most succinctly conveyed in Steinfeld's ubiquitous grid of the cost–benefit analysis) and a deep-seated internalized stigmatization driving for assimilation (best expressed in the consumer preferences) adaptability became the keyword preparing the specific forms of abandonment culminating in the ADA.

---

[48] For instance, the 1975 *Barrier Free Site Design* only includes two pages on the cost–benefit analysis while including no meaningful evidence to back up its claims.

[49] Edward Steinfeld: *A Cost–Benefit Analysis of Accessibility*, Washington 1979, p. 67.

[50] Ibid. p. 68.

However, one must be careful not to simply consume these reforms by reducing them to what they would become. There is certainly a structural affinity between the parametric gradient of anthropometry and the cost–benefit analysis which, by design (its sheer incapability to calculate certain activities), would function to legitimize the evacuation and privatization of public amenities. But it would be wrong to simply take those two 'grids' to be identical. In fact, instituted as a response to Goffman's famous critique of "total institutions," the parametric gradient continues to raise the specter of being grafted on non-consumerist, public solutions.[51] Maybe then, rather than a matter of tragedy or linear progression into increasing enclosure, these publications serve as an example that the conflict between standards and variations, between norms and differences, is far from being resolved.

References

Bagenstos, Samuel R.: "Foreword: Thoughts on Responding to the Left Critique of Disability Rights Law", in: Ravi Malhotra (Hg.), *Disability Politics in a Global Economy. Essays in Honour of Marta Russell*, New York 2019, S. vii–xii.

Bednar, Michael (Hg.): *Barrier-Free Environments*, Stroudsburg 1977.

Beniger, James R.: *The Control Revolution. Technological and Economic Origins of the Information Society*, Cambridge Mass. 1986.

Blanck, Peter David: "Empirical Study of Disability, Employment Policy, and the ADA", in: *Mental and Physical Disability Law Reporter* 272 (1999), S. 275–280.

Brown, Wendy: *In the Ruins of Neoliberalism*, New York 2019.

Charlton, James I.: *Nothing About Us Without Us: Disability Oppression and Empowerment*, Berkeley 2000.

Cogdell, Christina: *Eugenic Design. Streamlining America in the 1930s*, Philadelphia 2004.

Colker, Ruth: "Hypercapitalism: Affirmative Protections for People with Disabilities, Illness and Parenting Responsibilities under United States Law", in: *Yale Journal of Law and Feminism* 9/213 (1997), S. 213–252.

Colker, Ruth: "The Death of Section 504", in: *Yale Journal of Law and Feminism* 9/213 (1997), S. 323–339.

Cooper, Melinda: *Family Values. Between Neoliberalism and the New Social Conservatism*, New York 2017.

Davis, Lennard J.: *Enabling Acts: The Hidden Story of How the Americans with Disabilities Act Gave the Largest US Minority Its Rights*, Boston 2015.

Diller, Matthew: "Judicial Backlash, the ADA, and the Civil Rights Model of Disability", in: Linda Hamilton Krieger (Hg.), *BACKLASH Against the ADA*, Ann Arbor 2003, S. 62–97.

Goffman, Erving: *Asylums. Essays on the Condition of the Social Situation of Mental Patients and Other Inmates*, New York 1961.

Hamraie, Aimi: *Building Access: Universal Design and the Politics of Disability*, Minneapolis 2017.

Harvey, David: *A Brief History of Neoliberalism*, Oxford 2005.

---

[51] Erving Goffman: *Asylums. Essays on the Condition of the Social Situation of Mental Patients and Other Inmates*, New York 1961.

Harwood, John: *Interface: IBM and the Transformation of Corporate Design, 1945/1976*, Minneapolis 2011.

Hinton, Elizabeth: From the War on Poverty to the War on Crime: The Making of Mass Incarceration in America, Cambridge, Mass. 2016.

Institute on Disability and Rehabilitation Research, U.S. Department of Education: "Trends in Labor Force Participation Among Persons with Disabilities, 1983–1994", in: *Disability Statistics Report* 10 (1994), S. 4–5.

Johnson, Roberta Ann: "Mobilizing the Disabled", in: Jo Freeman/Victoria Johnson (Hg.): *Waves of Protest: Social Movements Since the Sixties,* New York 1999, S. 25–45.

Kennedy, Ted: September 7, 1989, http://www.tedkennedy.org/ownwords/event/disabilities.html (zuletzt aufgerufen am 1. Oktober 2020).

Krieger, Linda Hamilton (Hg.): *BACKLASH Against the ADA. Reinterpreting Disability Rights*, Ann Arbor 2003.

Lavine, Eileen: "Summary and Recommendations", in: *Proceedings of National Conference on Housing and the Handicapped*, Houston 1974.

Lifchez, Raymond: Winslow, Barbara: *Design for Independent Living*, Berkeley 1979.

Martin, Reinhold: "On Numbers, More or Less", in: Matthew Poole/Manuel Shvartzberg (Hg.): *The Politics of Parametricism. Digital Technologies in Architecture*, London 2015, S. 45–57.

Mirowski, Philip: "Postface: Defining Neoliberalism", in: Philip Mirowski/Dieter Plehwe (Hg.): *The Road from Mont Pèlerin: The Making of the Neoliberal Thought Collective*, Cambridge, Mass. 2009, S. 417–455.

Nancy, Jean-Luc: *The Inoperative Community*, Minneapolis 1991.

Osman, Michael: *Modernisms Visible Hand,* Ann Arbor 2018.

Rose, Sarah F.: *No Right to Be Idle. The Invention of Disability, 1840s–1930s*, Chapel Hill 2017.

Russell, Marta: *Beyond Ramps: Disability at the End of the Social Contract*, Monroe 1998.

Sachs, Avigail: "With People in Mind", in: *Environmental Design. Architecture, Politics, and Science in Postwar America*, Charlottesville 2018, S. 77–107.

Serlin, David: "Pissing without Pity", in: Harvey Molotch/Laura Norén (Hg.): *Toilet. Public Restrooms and the Politics of Sharing*, New York 2010, S. 167–185.

Slobodian, Quinn: *Globalists: The End of Empire and the Birth of Neoliberalism*, Cambridge, Mass. 2018.

Steinfeld, Edward: *Access to the Built Environment. A Review of Literature*, Washington 1979.

Steinfeld, Edward: *Accessible Buildings for People with Walking and Reaching Limitation*, Washington 1979.

Steinfeld, Edward: *A Cost-Benefit Analysis of Accessibility*, Washington 1979.

Steinfeld, Edward: *Adaptable Dwellings*, Washington 1979.

Stiker, Henri-Jacques: *A History of Disability*, übersetzt von William Sayers, Ann Arbor 2019.

Taylor, Keeanga-Yamahtta: *Race for Profit. How Banks and the Real Estate Industry Undermined Black Homeownership*, Chapel Hill 2019.

Titchkosky, Tanya: *The Question of Access: Disability, Space, Meaning*, Toronto 2011.

Williamson, Bess: *Accessible America: A History of Disability and Design*, New York 2019.

Wilson, Terry: "For the Disabled, It's 'Independence Day'", in: *Chicago Tribune*, 27.7.1990.

Essays: Regierungsmaschinen

Seenotrettung und Sitzungsprotokoll. Zur bürokratischen Verstetigung moralischer Normen

Henning Trüper

Nach Pjotr Kropotkin ist »gegenseitige Hilfe« das Grundmuster einer aus dem Evolutionsprozess hervorgegangenen Psychologie sozialer Wesen, vornehmlich des Menschen. Und die altruistische Rettung von Mitmenschen aus Seenot gilt Kropotkin als besonders schlagendes Beispiel für die Verwurzelung der gegenseitigen Hilfe in der menschlichen Natur und für die anarchistische Gegengeschichte, die sich im Licht dieses Verhaltensmusters erzählen ließe.[1] Allerdings ist seine Sicht auf das Paradigma der Seenotrettung höchst selektiv. Die aufopfernde Hilfsbereitschaft der Küstenbewohner, die er hervorhebt, bleibt eingespannt in eine wesentlich kompliziertere Lage von institutionalisierten Gegebenheiten, symbolischen Ordnungen und schieren Verwaltungspraktiken, die er keiner Erwähnung für nötig hält. Bereits der von ihm zitierte Informant gibt darauf einen Hinweis, wenn er bemerkt, dass »die Frauen [...] uns für Feiglinge gehalten«[2] hätten, wenn man den Schiffbrüchigen in einer besonders schwierigen Situation nicht zu Hilfe gekommen wäre. Mit anderen Worten, die kulturelle Ordnung der Geschlechterverhältnisse nimmt durchaus Teil an der Strukturierung der Hilfsbereitschaft. Auch beruhte die Rettungsarbeit – außer in spontanen und

---

[1] Peter Kropotkin: *Gegenseitige Hilfe in der Tier- und Menschenwelt*, übers. von Gustav Landauer, Leipzig 1908, S. 251–253.

[2] Ebd.

Dieser Aufsatz ist Teil des Projekts Archipelagic Imperatives: Shipwreck and Lifesaving in European Societies since 1800 (AISLES), für das Fördermittel des Europäischen Forschungsrats (ERC) im Rahmen des Programms der Europäischen Union für Forschung und Innovation, Horizon 2020, bereitgestellt wurden (Finanzhilfevereinbarung 863393).

H. Trüper (✉)
Zentrum für Literaturforschung (Stellv. Leiter), Berlin, Deutschland
E-Mail: trueper@zfl-berlin.org

A. Echterhölter et al., *Apparate*, AdminiStudies. Formen und Medien der Verwaltung 3, https://doi.org/10.1007/978-3-662-67712-4_9

situativ gebundenen Fällen – auf der institutionellen Vorarbeit von Rettungsgesellschaften. Die Verstetigung der Bereitschaft zur Seenotrettung im neunzehnten
Jahrhundert wurde möglich, weil diese Gesellschaften Rettungsboote finanzierten,
was sie mit Hilfe von Spenden aus vielen gesellschaftlichen Milieus, aber auch
von ökonomisch interessierten Stellen wie Reedereien und Versicherungsgesell-
schaften bewerkstelligten. Regelmäßiges Rettungshandeln wurde auf Grundlage
von Verwaltungshandeln möglich. Dieser Umstand enthebt die geschichtliche Entwicklung der Seenotrettung der mensch-menschlichen Unmittelbarkeit, die der
Anarchismus seinen Hauptanliegen gemäß in den Vordergrund stellt.[3]

Tatsächlich ist schon die Idealisierung einer solchen Unmittelbarkeit moral-
geschichtlichen Entwicklungen der europäischen Moderne geschuldet. Bereits
im 18. Jahrhundert bestand in China an den großen Flussläufen ein System von
Rettungsstationen, dessen Kenntnis in Europa mindestens seit den 1830er-Jahren
nachgewiesen ist und das in europäischen Rettungsgesellschaften verschiedentlich
retrospektiv als Vorbild bezeichnet wurde.[4] Dieses chinesische System entstammte
privatwirtschaftlichen Unternehmungen und verband das Ziel der Lebensrettung
mit dem der Bergung der transportierten Güter. In der europäischen Szene ist hingegen zu beobachten, dass das Ziel der Lebensrettung mit großem moralischem
Pathos vom Ziel der Bergung abgetrennt wurde und beiden Tätigkeiten unterschiedliche Infrastrukturen unterlegt wurden. Der moralische Primat des »bloßen
Lebens« lässt sich natürlich auch biopolitisch analysieren; und dann hätte
Kropotkins Ansatz an dieser biopolitischen Struktur ebenfalls Teil. Allerdings ist
die Praxis komplizierter. Für die unterschiedlichen Züge der Institutionalisierung
ist vielleicht in stärkerem Maß die Konzentration auf die Rettung zur See in
europäischen Gesellschaften verantwortlich, die größere Risiken barg und andere
technische Mittel erforderte als Bergung und Rettung auf Flüssen. Über die auch
landschaftlichen Vorbedingungen des moralischen Primats des Menschenlebens
wäre insofern mehr zu sagen als in der biopolitischen Analyse angelegt ist.

Die ältesten kontinuierlich bestehenden und national operierenden Seenotrettungsgesellschaften in Europa sind die britische und die niederländischen.[5] Die

---

[3] Zur Geschichte der Seenotrettung allgemein, vgl. Clayton Evans: *Rescue at Sea: An International History of Lifesaving, Coastal Rescue Craft and Organisations*, London 2003; auch
die Arbeit von Christian Ostersehlte: *Die Deutsche Gesellschaft zur Rettung Schiffbrüchiger*,
Bremerhaven und Hamburg 1990, enthält zahlreiche Informationen zur internationalen Entwicklung.

[4] Hierzu Thomas Davies:»Rethinking the Origins of Transnational Humanitarian Organizations:
The Curious Case of the International Shipwreck Society«, in: *Global Networks* 18/3 (2018),
S. 461–478.

[5] Für die Niederlande sei kursorisch verwiesen auf die Darstellungen von Bram Oosterwijk:
*De zee was onstuimig... Fragmenten uit de historie van de Koninkilijke Zuid-Hollandsche
Maatschappij tot Redding van Schipbreukelingen 1824–1991*, Amsterdam 1994; M. Spaans:
*De ‚Noord‘: De geschiedenis van de Koninklijke Noord- en Zuid-Hollandsche Redding-
Maatschappij 1924–1990*, Amsterdam 1993; sowie auf die älteren, aber konzisen Synthesen von
H. Th. de Booy: *Geboorte en groei van het Nederlandsche Reddingwezen*, Leiden 1943; ders.,
Strandrovers, jutters en redders: Voorgeschiedenis en geboorte van het reddingwezen, Den Haag

britische Seenotrettungsgesellschaft wurde im März 1824 einige Monate vor den niederländischen Pendants gegründet. Sie kam allerdings in den 1840er-Jahren *de facto*, wenn auch nicht *de jure*, fast vollständig zum Erliegen. Die beiden niederländischen Gesellschaften bestanden hingegen seit ihrer Gründung im November 1824 auch in der Praxis durchgängig. Im Jahr 1991 wurden sie schließlich vereinigt.

In den Niederlanden gründeten sich im Herbst 1824 im Abstand von nur zwei Wochen zunächst in Amsterdam, dann in Rotterdam zwei Vereine mit identischem Ziel, nämlich der Einrichtung von Rettungsstationen an einem jeweils im Gründungsaufruf zur Spendensammlung beschriebenen Küstenabschnitt. Die Amsterdamer fühlten sich dabei für die Küste nördlich des Rhein-Maas-Schelde-Deltas zuständig, soweit die Einfahrt nach Amsterdam betroffen war. Diese Einfahrt führte über die Zuidersee (das heutige Ijsselmeer) und erforderte das Passieren der von Sandbänken umstellten Durchfahrten durch den Inselgürtel. Die nordöstliche Küste von Friesland und den dortigen Inseln überließ man zunächst und auf lange Jahre sich selbst. Die Rotterdamer, wahrscheinlich durch den Amsterdamer Aufruf provoziert, der die Einfahrt in den Konkurrenzhafen geradezu ostentativ nicht betraf, versprachen ihrerseits, die Delta-Küste abzudecken und die Zufahrt nach Rotterdam abzusichern. Der König der Niederlande ermahnte die Gesellschaften im Februar 1825, sich zu vereinigen und die gesamte nationale Küste mit Rettungsstationen auszustatten, einschließlich des seit 1815 mit den Niederlanden vereinigten Belgien. Zu diesem Zweck stellte er ihnen vor Augen, dass ihr offensichtliches Vorbild, die britische Seenotrettungsgesellschaft, als nationales Unterfangen geplant worden sei. Doch beide Gesellschaften wiesen jede Orientierung am britischen Vorbild von sich, was nicht gänzlich unplausibel ist, weil die Idee der Rettungsgesellschaft in den Niederlanden bereits eine längere Vorgeschichte hatte. Besonders die Amsterdamer unterhielten anfangs auch keinerlei Verbindungen nach England; die Rotterdamer hingegen schon. Die Amsterdamer Gesellschaft scheint von älteren, tendenziell republikanisch gesinnten Milieus getragen worden zu sein[6] und weigerte sich rundweg, der königlichen Aufforderung zur Vereinigung Folge zu leisten. Nur zu einer Ausdehnung auf die friesische Küste erklärte man sich bereit, benötigte dann allerdings Jahrzehnte dazu, dieses Versprechen zu erfüllen. Die Rotterdamer Gesellschaft, die zu einer Vereinigung bereit gewesen wäre, sagte schließlich ihrerseits zu, die belgische Küste mit abzudecken, ebenfalls ein Versprechen, das nicht eingehalten und dann mit der belgischen Unabhängigkeit von 1830 obsolet wurde.

1959. Als Hinweis sei noch gestattet, dass ich die KZHMRS hier als Rotterdamer, die KNZHRM als Amsterdamer Gesellschaft bezeichne, um der Verwirrung der überlangen Vereinsnamen und -akronyme zu entgehen.

[6]Anders als die Rotterdamer Gesellschaft, die bereits bald nach ihrer Gründung königliche Patronage erbat, ließ sich die Amsterdamer erst 1949 unter königliche Schirmherrschaft stellen.

Die Entwicklung der beiden Gesellschaften verlief über mehrere Jahrzehnte hin äußerst unterschiedlich.[7] Die Amsterdamer erwies sich als Organisation von erstaunlicher Effizienz. Bereits wenige Wochen nach ihrer Gründung war es ihr gelungen, eine Reihe von Rettungsbooten an der holländischen Küste zu stationieren, und schon im Dezember 1824 verzeichnete sie die erste erfolgreiche Rettung, der mit über mehr als anderthalb Jahrhunderte ungebrochener Regelmäßigkeit weitere folgten. Der Rotterdamer Gesellschaft gelang zwar ebenfalls recht zügig die Einrichtung von Bootsstationen, doch die Küstenbevölkerung im Delta nahm diese nur selten an. Es gab kaum erfolgreiche Rettungen zu verzeichnen. Die für die Zahlung von Prämien für die Teilnahme an Rettungsmissionen bereitstehenden Gelder – eine Anreizsetzung, zu der sich alle Seenotrettungsgesellschaften, die mit Freiwilligenmannschaften arbeiteten, genötigt sahen – wurden nicht abgerufen. Alle paar Jahre stellte man bei offenbar zu selten stattfindenden Ortsterminen fest, dass ungenutzte Rettungsboote verfielen und ausgetauscht werden mussten. Vielfach wurden sie bei dieser Gelegenheit in Nachbarortschaften verlegt, ohne dass sich die Lage dadurch verbessert hätte. Tatsächlich versuchte man bereits in den 1830er-Jahren, diesen Umständen durch die Festanstellung von Rettungsleuten zu begegnen und wurde damit zum Pionier der Professionalisierung der Seenotrettung. Doch auch diese Bemühungen fruchteten nicht. Die Angestellten der Gesellschaften nutzten die Rettungsboote zum Fischen oder für Bergungsarbeiten und waren deswegen mitunter nicht einmal vor Ort, wenn sie benötigt wurden. Erst ab den 1860ern begann die Rotterdamer Seenotrettungsgesellschaft »normal« zu funktionieren, als das Rettungswesen auch in den europäischen Nachbarländern überall aufgebaut worden war. In der Zwischenzeit entwickelte man unter anderem den Ehrgeiz, aus internationalen Zeitungsmeldungen würdige Empfänger für die Rettungsmedaillen der Gesellschaft zu identifizieren, um wenigstens auf diese Weise sichtbar zu sein und Geldmittel auszugeben. Zahlreiche Medaillenverleihungen der Rotterdamer Gesellschaft fanden auf rein postalischem Weg statt und hatten keinerlei Bezug zur niederländischen Seefahrt.

Aus dieser Vergleichsskizze ergibt sich eine Reihe von Fragen, von denen hier nur zwei kurz aufgegriffen werden sollen: erstens die Frage nach den Gründen für den Kontrast hinsichtlich der Funktionsfähigkeit der beiden Rettungsgesellschaften; und zweitens die Frage, warum die Rotterdamer Gesellschaft ihre Tätigkeit nie eingestellt hat, sondern kontinuierlich weiter operierte, obwohl es ihr über Jahrzehnte hinweg auch zur Enttäuschung ihrer Vorstände selten gelang, Menschenleben zu retten.

Bezüglich der ersten Frage kann man in verwaltungsgeschichtlicher Hinsicht keinen besonderen Unterschied gegenüber der Amsterdamer Gesellschaft feststellen. Beide Vereine hatten einen Vorstand aus ca. einem halben

---

[7] Neben der genannten Literatur stützen sich die folgenden Ausführungen auch auf die Archive der Seenotrettungsgesellschaften, die sich im Noord-Hollands Archief, Haarlem und im Gemeentearchief Rotterdam befinden.

Dutzend Personen aus den bürgerlichen Milieus der beiden Städte (bzw. der jeweils betroffenen Provinzen Nord- und Südholland). Beide Gesellschaften vereinten eine gleichartige Mischung aus technischer, juristischer und merkantiler Kompetenz auf sich und verfügten über ausgesprochen ähnliche Organisationsformen in den internen Abläufen, sowohl in den Geschäftsstellen als auch im Betrieb der lokalen Rettungsstationen. Als provisorische Erklärung für die schleppende Annahme des Rettungswerks an den Deltaküsten vor Rotterdam beziehungsweise die rasche Annahme der Amsterdamer Seenotrettung an der nordholländischen Dünenküste ist es plausibler, auf unterschiedliche wirtschaftsräumliche Faktoren zu verweisen. Die Bevölkerung der Dünenküste lebte in kleinen Dörfern ohne größere Häfen, konnte deswegen nur kleine Boote nutzen, war ausgesprochen arm und fand sich in besonderer Weise dem Vorwurf ausgesetzt, vom sogenannten Strandraub zu leben (niederländisch *jutten*), das heißt auf die rechtlich keineswegs einfach legale Aneignung antreibender Wrack- und Ladungsteile gescheiterter Schiffe angewiesen zu sein.[8] Gerade diese unter besonderem Verdacht stehende Bevölkerung zeigte sich aber besonders bereit, an den höchst riskanten Rettungsoperationen teilzunehmen. Möglicherweise reichten hier bereits die von der Amsterdamer Gesellschaft für die freiwillige Teilnahme an solchen Missionen ausgesetzten Prämien als Anreiz aus; aber man muss nicht davon ausgehen, dass sich die Rettungsbereitschaft tatsächlich auf *governance* durch Anreize reduzieren ließ. Vielmehr scheint in dieser Gegend der moralische Diskurs über die Pflicht zur Rettung Fremder stärker verfangen zu haben. Die Trennung von Lebensrettung und Bergung wurde stärker angenommen. Vielleicht spielte die soziale Stigmatisierung der *jutters* dabei eine Rolle; vielleicht handelt es sich aber auch einfach um eine Folgeerscheinung des Umstands, dass Schiffbrüche auf den Sandbänken wegen der tidebedingten Beweglichkeit des Seegrunds oft zu recht schnellen Totalverlusten führten, zwar weniger schnell als im Fall des Leckschlagens auf felsigen Riffen, aber doch schnell genug, dass eine systematische Abbergung der Ladung häufig nicht mehr möglich war.

Weiter südlich im Delta waren die Gegebenheiten anderer Art. Die hauptsächliche Gefahr für die Schifffahrt war auch hier die Strandung, doch im Delta konnten auch die den Windverhältnissen ausgelieferten Segelschiffe diesem Schicksal oft entgehen, indem sie bei schlechter Wetterlage Schleppdienste von Ruderbooten in Anspruch nahmen, die sie auf Reede oder ins angestrebte Fahrwasser zogen. Für diese Schleppdienste konnten die Bootsführer, die bei entsprechendem Wetter auf Notflaggensignale geradezu warteten, den Preis selbst

---

[8] Zum Problem des neuzeitlichen Strandraubs einschlägig sind John G. Rule: »Wrecking and Coastal Plunder«, in: Douglas Hay u. a. (Hg.): *Albion's Fatal Tree: Crime and Society in Eighteenth Century England*, Harmdonsworth 1977, S. 167–180, Cathryn Pearce: *Cornish Wrecking, 1700–1860: Reality and Popular Myth*, Woodbridge 2010; vgl. außerdem insbesondere zum Strandraub als landesherrlichem Privileg Kersti Lust: »Wrecking Peasants and Salvaging Landlords – or Vice Versa? Wrecking in the Russian Baltic Provinces of Estland and Livland, 1780–1870«, in: *International Review of Social History* 62/1 (2017), S. 67–93. Tatsächlich scheint der moderne Topos des angeblich gewohnheitsrechtlichen Strandraubs erst nach dem Abbau landesherrlicher Ansprüche auf das Strandgut entstanden zu sein.

festsetzen. In den Unterlagen der Rettungsgesellschaft findet man Hinweise auf Fälle, wo ohne weiteres das Zehn- oder Zwanzigfache dessen verlangt und gezahlt wurde, was die Rettungsgesellschaft an Prämien für die Lebensrettung offerierte. Es zeigt sich, dass die Unterscheidung zwischen Rettung und Bergung an der Deltaküste lange Zeit misslang. Dass Bergung erheblich besser bezahlt wurde, Lebensrettung vor allem ein »unbezahlbarer« moralischer Wert blieb, ist noch in Quellen des zwanzigsten Jahrhunderts feststellbar.[9] Auch im etablierten Betrieb blieb die Seenotrettung »moralische Ökonomie« – und im Delta misslang anfangs deren Grundlegung.

Umso dringender stellt sich die zweite Frage: warum die Rotterdamer trotzdem nie die Segel gestrichen haben. Eine offensichtliche Antwort läge wohl in der hohen personellen Kontinuität in den Gründungsjahrzehnten der Gesellschaft. Der »Sekretär«, das heißt der Geschäftsführer der Gesellschaft, wechselte erst nach mehr als zwanzig Jahren – übrigens ganz wie in Amsterdam. Aber dann hätte gerade bei diesem Wechsel die natürliche Bruchstelle gelegen. Mir kommt es deswegen sinnvoll vor, eine medientheoretische Antwort zu versuchen: Die Kontinuität wird von den Verschriftlichungsverfahren beider Gesellschaften zumindest mit- erzeugt. Diese Verfahren bestanden in einer Vielzahl von Textformen. Doch den Kern der Vereinstätigkeit bildete das vom jeweiligen Sekretär geführte Protokollbuch, in dem die regelmäßig stattfindenden Vorstandsversammlungen verschriftlicht wurden.

Die Protokollbücher der beiden Gesellschaften entsprechen einander bis in die Details. Es ist zu diesem Zeitpunkt in den Niederlanden, genauer gesagt, bei den schriftnutzenden Teilen der Bevölkerung, offensichtlich allgemein bekannt, wie die Berichterstattung über Vereinsgeschäfte auszusehen hat. Es gibt dafür ein verbindliches Formular, ein Schema für die Strukturierung und auch die graphische Gestaltung der Seiten des Protokollbuchs. Man hält zu Beginn An- und Abwesenheiten der Teilnehmer fest (es waren bis weit ins 20. Jahrhundert nur Männer beteiligt, deswegen bleiben die generischen Maskulina unter sich). Man bespricht Ergebnisse der vorangegangenen Sitzung nach Verlesung des Protokolls. Man bespricht eingegangene Postsachen, deren Antwort nicht automatisch erfolgen kann. Und so weiter. Das Formular unterscheidet sich nicht sonderlich von den »Tagesordnungen« heutiger Vereinssitzungen – allerdings wurde über die finanziellen Verhältnisse im Protokollbuch nicht im Detail rapportiert. Die Kasse

---

[9] Der meistausgezeichnete Rettungsmann der Amsterdamer Gesellschaft, Dorus Rijkers (1847–1928), ließ sich in den 1920er-Jahren für eine Kampagne einspannen, die die Rettungsgesellschaften dafür tadelte, ihren Alt-Rettungsmännern keine sozialen Sicherheiten zu gewähren. Rijkers berichtete in diesem Zusammenhang, dass er einmal eine seiner zahlreichen Goldmedaillen versetzt habe, um ein Fahrrad anschaffen zu können; und er bemerkte auch, dass er sich bewusst auf die Lebensrettung konzentriert habe, während andere sich immer nur an den weit weniger gefährlichen Bergungsdiensten beteiligt hätten und finanziell damit besser gefahren seien; zu Rijkers siehe Jan T. Bremer: *Roeiredders aan het Marsdiep 1824–1923*, Den Helder 1998, S. 111–140.

oblag dem jeweiligen Kassenwart, das entsprechende Berichtswesen blieb lange rudimentär.

Die gänzlich ungebrochene Regelmäßigkeit der Protokollführung ist ein Hinweis auf den erstaunlichen Disziplinierungsgrad, der in der niederländischen Verwaltungskultur bereits zu jener Zeit vorherrschte. Als Verwaltungstechnik stiftete das Protokollbuch des Vereins Kontinuität, indem es jede Sitzung mit der vorangegangenen verknüpfte. Implizit projizierte sich damit auch jede Sitzung in die jeweils folgende. Diese zeitliche Ordnung verstetigte nicht so sehr die genaue Sequenz – die Abstände der Treffen konnten variieren –, als dass sie das Unabgeschlossene jeder Sitzung betonte. Denn erst in der protokollarischen Rückschau der Folgesitzung wurde festgeschrieben, was in der vorangegangenen Sitzung »eigentlich« geschehen war. »Eigentlich« heißt hier: in verschriftlichter Zusammenfassung. Die überschüssigen Bedeutungen der mündlich vollzogenen Sitzung wurden eliminiert. Ob die Teilnehmer zum Beispiel miteinander auskamen oder sich stritten, ob sie aufeinander eifersüchtig waren oder im Gegenteil füreinander freundschaftliche Empfindungen hegten, ob sie über die Rettungsmänner der Gesellschaften mit Respekt oder im Gegenteil mit standesgemäßer Herablassung sprachen – nichts (oder fast nichts) davon lässt sich anhand der Protokolle klären. Das Eigentliche ist das auf ein Skelett von Tatsachen, Einreden und Beschlüssen reduzierte Kollektivhandeln. Dieses Skelett kann nur vermittels seiner Verschriftlichung präpariert und reproduziert werden. Das Formular projiziert mit diesem Mittel auch das Handeln des Vereins in seine untergebenen Stellen, die Rettungsstationen mit ihren Freiwilligenmannschaften und den für die Boote bestellten Inspektoren. Diese mussten alphabetisiert sein, um auch in schriftlicher Form mit den Gesellschaften kommunizieren zu können. Auch über diese Kommunikationen regierte das Sitzungsprotokoll als übergreifende Autorität der Definition dessen, was »eigentlich gewesen«. Man könnte von einer ontologischen Funktion der Schriftlichkeit sprechen, die ihrerseits das humanitär-moralische Werk (medial) ermöglicht (nämlich seine Erhaltung auf Dauer, seine Durchsetzung gegen Widerstände).

Die moralische Ökonomie verlässt sich auf die Schriftmedien der Verwaltung als Vermittlungsinstanzen. Die fragliche Verwaltung ist durchaus selbstorganisiert. Doch ist das Formular des Sitzungsprotokolls eben dieser Selbstorganisation vorgängig. Das Unheimliche und Bedrückende der bürokratischen Traditionen Europas besteht in ihrer Fähigkeit, das Geschehene und Geschehende von Grund auf zu verwandeln, manches des Flüchtigen zu verstetigen, anderes gänzlich auszuscheiden, in einem Verfahren, das an die Taxidermie gemahnt. Dieses bürokratische Unheimliche ist auch in der »gegenseitigen Hilfe« anwesend. Gerade die Trennung von Bergung und Rettung erweist sich als Voraussetzung der Fiktion unmittelbarer Gegenseitigkeit in der Hilfe; und diese Trennung folgt zwar nicht einfach den bürokratischen Formen des Vereinswesens, wie die unterschiedlichen Entwicklungsgänge der Rotterdamer und Amsterdamer Gesellschaften aufzeigen. Doch ohne diese Formen hätte sich die Trennung wohl nicht verstetigen lassen. So schreibt sich die Bürokratie gerade dort fort, wo man sich davon überzeugt hat, dass sie nicht mehr anwesend sein könne.

Literatur

Booy, H. Th de: *Strandrovers, jutters en redders: Voorgeschiedenis en geboorte van het reddingwezen*, Den Haag 1959.

Booy, H. Th de: *Geboorte en groei van het Nederlandsche Reddingwezen*, Leiden 1943.

Bremer, Jan T.: *Roeiredders aan het Marsdiep 1824–1923*, Den Helder 1998.

Davies, Thomas: »Rethinking the Origins of Transnational Humanitarian Organizations: The Curious Case of the International Shipwreck Society«, in: *Global Networks* 18/3 (2018), S. 461–478.

Evans, Clayton: *Rescue at Sea: An International History of Lifesaving, Coastal Rescue Craft and Organisations*, London 2003.

John G. Rule: »Wrecking and Coastal Plunder«, in: Douglas Hay u. a. (Hg.): Albion's Fatal Tree: Crime and Society in Eighteenth Century England, Harmdonsworth 1977, S. 167–180.

Kropotkin, Peter: *Gegenseitige Hilfe in der Tier- und Menschenwelt*, übers. von Gustav Landauer, Leipzig 1908.

Lust, Kersti: »Wrecking Peasants and Salvaging Landlords – or Vice Versa? Wrecking in the Russian Baltic Provinces of Estland and Livland, 1780–1870«, in: *International Review of Social History* 62/1 (2017), S. 67–93.

Oosterwijk, Bram: *De zee was onstuimig… Fragmenten uit de historie van de Koninkilijke Zuid-Hollandsche Maatschappij tot Redding van Schipbreukelingen 1824–1991*, Amsterdam 1994.

Pearce, Cathryn: *Cornish Wrecking, 1700–1860: Reality and Popular Myth*, Woodbridge 2010.

Spaans, M.: De ‚Noord‘: De geschiedenis van de Koninklijke Noord- en Zuid-Hollandsche Redding-Maatschappij 1924–1990, Amsterdam 1993.

Des Kaisers neue Kleider. Über die Verwaltung des Unverwaltbaren in der forensischen Psychiatrie

Till Jansen

»Die rein bureaukratische, also: die bureaukratische aktenmäßige Verwaltung ist nach allen Erfahrungen die an Präzision, Stetigkeit, Disziplin, Straffheit und Verläßlichkeit, also: Berechenbarkeit für den Herrn wie für die Interessenten, Intensität und Extensität der Leistung, formal universeller Anwendbarkeit auf alle Aufgaben, *technisch* zum Höchstmaß der Leistung vervollkommenbare, in all diesen Bedeutungen formal *rationalste*, Form der Herrschaftsausübung.« So Max Weber.[1] Rationaler als die Verwaltung geht es nicht. Die Verwaltung entbehrt jeder Phantasie und Kreativität. Sie minimiert individuelle Abweichung soweit, dass selbst ihre Subjekte bereits bei E.T.A. Hoffman von nichts anderem als von verlorenen Aktenstücken[2] zu träumen vermögen.

Tatsächlich gibt es wohl kaum eine andere Methode, mit der sich der Mensch die Welt effektiver zum Untertanen gemacht hat als mit der Verwaltung. Denn mit der Verwaltung erst ist es ihm gelungen, Gesellschaft effektiv zu kontrollieren – und dies weniger, weil die Verwaltung von außen Macht ausüben würde, sondern weil sie jene Subjekte formt, die zum Protagonisten ihrer Rationalität werden.[3] Die Verwaltung ist nicht nur rational, indem sie Aufgaben und Anfragen intern rational bearbeitet. Sie rationalisiert auch die Welt, indem sie außerhalb ihrer Selbst das rationalisierte Subjekt formt, das sich selbst verwaltet.[4] Hierin ist sie

---

[1] Max Weber: *Wirtschaft und Gesellschaft. Grundriss der verstehenden Soziologie*, Köln, Berlin 1964, S. 164.

[2] E.T.A. Hoffmann: *Der goldene Topf, Poetische Werke*, Bd. 1, Berlin 1963, S. 277–374.

[3] Michel Foucault: *Überwachen und Strafe. Die Geburt des Gefängnisses*, Frankfurt a. M. 1976.

[4] Ulrich Bröckling: *Gute Hirten führen sanft. Über Menschenregierungskünste*, Berlin 2017.

T. Jansen (✉)
Berlin, Deutschland
E-Mail: info@till-jansen.de

© Der/die Autor(en) 2024
A. Echterhölter et al., *Apparate*, AdminiStudies. Formen und Medien der
Verwaltung 3, https://doi.org/10.1007/978-3-662-67712-4_10

163

das paradigmatische Vehikel einer rationalisierten Moderne und als solches sowohl bestaunt wie kritisiert.[5]

Doch mit der Rationalität ist es so eine Sache. Auch die Verwaltung baut weniger auf einer vernunftmäßigen Substanz, einem objektiven Vermögen als vielmehr auf einem merkwürdigen methodischen Winkelzug auf. So wie Max Weber in seinen berühmten »methodischen Vorbemerkungen«[6] das rationale Handeln zum Gegenstand der Soziologie macht und mit luzider Konsequenz alle anderen Formen des Handelns (die er sehr wohl bemerkt) aus seiner Betrachtung ausschließt, so verfährt auch die Verwaltung primär methodisch. Sie setzt eine Unterscheidung, trennt rational von irrational, stellt sich auf die eine Seite und verkündet: Das machen wir jetzt so. Die Welt ist mit rationalen Mitteln beherrschbar. Rational ist das, was *wir* machen. Ihre Rationalität ist mehr Fiktion als Wirklichkeit, mehr ›Als Ob‹ denn Realität.

Die Integrität der Verwaltung setzt mithin die Rationalität außerhalb ihrer selbst voraus. Sie ist darauf angewiesen, dass ihre Subjekte rational auf die rationalen Herrschaftsansprüche reagieren. Sie steht und fällt mit der Effektivität, mit der diese Grenze aufrechterhalten werden kann. Das gelingt solange gut, wie ihre Subjekte in und außerhalb der Verwaltung mitspielen. Solange der kritische Theoretiker brav seine Steuern zahlt, Klausurthemen stellt, Hausarbeiten bewertet und sich ob seines Beamtenstatus freut, hat die Verwaltung keine Probleme. Selbst die Abweichung von der Norm bestätigt die Geltung derselben.[7] Denn erst im Verstoß kann die Verwaltung die Geltung ihrer Norm bestätigten. Der Kriminelle ist insofern rational, als dass er seinen Eigennutzen in bewusster und kalkulierter Abweichung vom Gesetz zu maximieren versucht. Auch die Zurichtung der Subjekte zu rationalen Subjekten setzt so zumindest die Rationalität der Anpassung voraus. Der Schüler muss gelehrig sein. Der Kriminelle muss als zurechnungsfähig erkannt werden.

Nun fällt schon bei Weber auf, dass die Gespenster durch die Hintertür wieder ihren Weg in die Welt der Soziologie finden. Der Geist des Kapitalismus[8] mag zwar ein rationaler sein. Dennoch ist er ein Geist, der sich in dezisionistischer Manier selbst setzt. Problematisch wird es für die Verwaltung damit, wenn das abweichende Subjekt nicht von der Norm abweicht, sondern von der Rationalität, wenn es also auf die Frage nach der Tat nicht mit »Ja« oder »Nein«, sondern mit »Muh« antwortet. Strafe setzt Zurechnungsfähigkeit, Erziehung setzt Folgsamkeit voraus. Die Abweichung bestätigt die Geltung der Norm nur, wenn sie dies artikuliert tut.

---

[5] Paradigmatisch Max Horkheimer/Theodor W. Adorno: *Dialektik der Aufklärung. Philosophische Fragmente*, Frankfurt a. M. 2001.

[6] Weber, Wirtschaft und Gesellschaft, S. 4 ff.

[7] Michel Foucault: *Wahnsinn und Gesellschaft*, Frankfurt a. M. 1973.

[8] Max Weber: »Die Protestantische Ethik und der Geist des Kapitalismus«, in: Max Weber (Hg.), *Religion und Gesellschaft*, Frankfurt a. M. 2006, S. 23–147.

Die Verwaltung möchte die Welt rationalisieren, kann dies jedoch nur, wenn sie auf eine zumindest in Teilen rationalisierte Welt trifft. Erst dort greifen ihre Mittel. Gleichzeitig muss sie jedoch den Anspruch erheben, auch das Irrationale in ihren Geltungsbereich überführen zu können. Täte sie dies nicht, so hieße das ein völliges Eingeständnis ihrer Impotenz.[9] Die Verwaltung muss also den Irrsinn rationalisieren. Sie muss, wenn sie »Muh« hört, eine Antwort finden und »Muh« in »Ja« oder »Nein« transformieren.

Dabei steht sie vor der nicht trivialen Aufgabe, den von ihr ausgeschlossenen Bereich wieder zu integrieren. Sie muss Rationalität dort anlegen, wo Rationalität nicht waltet. Gleichzeitig jedoch muss sie die Unterscheidung aufrechterhalten. Das Irrationale muss als Außenseite des Rationalen weiter Bestand haben. Ohne Irrsinn kein Sinn.

Die Verwaltung stößt hier auf ihre konstitutive Paradoxie, der das destruktive Potential eines ausgestellten Passierscheins A 38 innewohnt.[10] Gelänge ihr der Nachweis der Rationalität des Irrationalen, so würde sie sich selbst untergraben. »Muh« darf und kann keine angemessene Antwort auf die Frage nach einem gültigen Sachverhalt sein. Gleichzeitig darf »Muh« sich dem rationalen Zugriff nicht entziehen. Das hieße, einen Bereich der Welt aufzuzeigen, in der die Rationalität keine Gültigkeit hätte. Der Kaiser trüge keine Kleider.

Die Bewirtschaftung des Irrationalen

Die Verwaltung hat gleich mehrere Brandmauern eingezogen. So rechnet sie den Irrsinn Personen zu – irrational ist die Person, nicht der Umstand oder die Welt.[11] Zudem wird die Bearbeitung an eine Profession ausgelagert, die nicht unmittelbar die Verwaltung vertritt, dafür aber Erfahrungen mit dem Handeln unter Bedingungen der Unsicherheit hat.[12] Das Problem der Irrationalität wird ein medizinisches, indem man jene Menschen, deren Handeln sich der rationalen Begründung entzieht, in die Psychiatrie, oder, wenn mit Deliquenz verbunden, aufgrund »einer krankhaften seelischen Störung, wegen einer tiefgreifenden Bewusstseinsstörung oder wegen Schwachsinns oder einer schweren anderen seelischen Abartigkeit« (bis vor kurzem der Wortlaut des § 63 StGB) in die

---

[9] Was zumindest literarisch ein brauchbarer Topos sein kann. Heiko Michael Hartmann: *Unterm Bett. Roman*, München 2000.

[10] René Goscinny/Albert Uderzo/Pierre Watrin: *Asterix erobert Rom*. 1976, 78 Minuten.

[11] Montaigne würde hier widersprechen: Michel Eyquem de Montaigne: *Über die Wechselhaftigkeit unseres Handelns, Essais*. Übers. von Hans Stilett, Frankfurt a. M. 1998, S. 165–168.

[12] Siehe paradigmatisch etwa Ulrich Oevermann: »Theoretische Skizze einer revidierten Theorie professionalisierten Handelns«, in: Arno Combe/Werner Helsper (Hg.), *Pädagogische Professionalität: Untersuchungen zum Typus pädagogischen Handelns*, Frankfurt a. M. 1996, S. 70–182.

forensische Psychiatrie einweist. Damit ist der Verwaltung der erste Schritt hin zur Eindämmung des Irrationalen gelungen. Die Störung ist benannt und einem vorab definierten Verfahren überantwortet, das alles Weitere zu regeln hat. Anders kann die Verwaltung überhaupt nicht vorgehen.

Das Problem ist damit jedoch keineswegs gelöst. Vielmehr taucht es in all seiner Vielschichtigkeit jetzt erst auf. Der Psychiater mag ein Experte für Krankheiten sein. Von der Normalität, mithin dem, was die Verwaltung darunter versteht und anstrebt, hat er jedoch keine Ahnung. Nach Definition der WHO ist der einzig gesunde Mensch einer, der sich wohl fühlt. Asmus Finzen bemerkt, dass dies wohl nur auf Maniker zutrifft.[13] Schlimmer noch: Mit dem ICD-10 an der Hand kann der Psychiater prinzipiell jeden Menschen diagnostizieren – was er am Stammtisch auch tut.[14] Denn Normalität zeichnet sich dadurch aus, dass sie nicht individuell ist. Menschen aber sind individuell. Sobald Abweichung jedoch nicht mehr als Individualität, sondern als Störung begriffen wird, kommt man praktisch nicht mehr aus der Situation hinaus. Die Psychiatrie trifft hier wieder auf das grundlegende Problem der Verwaltung, Rationalisierung als Vereinheitlichung – hier als Normalität – anzustreben, es aber mit einem nicht-einheitlichen Gegenstand zu tun zu haben.

Dieses Dilemma zeigt sich auch in der Rollenverteilung. Denn von einem psychiatrischen Patienten wird erwartet, Symptomverhalten zu zeigen. Tritt es nicht auf, so ist der Patient verdächtig. Tritt es auf, so ist er nicht hinreichend gebessert, um entlassen zu werden.[15] Kurzum: Eine Institution, die von ihren Insassen pathologische Abweichung erwartet und erwarten muss, wird immer dazu neigen, in jeder Form von Individualität Störung zu sehen. Sie wird ihre Insassen auf Abweichung hin abtasten und dieselbe finden (weil jeder Mensch abweicht), die Abweichung als im Zweifelsfall pathologisch ansehen und sich bestätigt sehen. Weil Abweichung erwartet wird (es handelt sich immerhin um psychiatrische Patienten), ist dabei gerade der Mangel an derselben Anlass zur Sorge. Damit stellt sich die Frage, wie man einen Patienten wieder aus der Psychiatrie hinausbekommt.

Es bleibt der Psychiatrie nichts anderes übrig, als die Sache anzugehen. Das, wovon sie keine Ahnung hat, muss angesprochen und rationalisiert werden. Es bleibt also nur, das Verfahren in Gang zu bringen. So tritt der Psychiater dem Patienten gegenüber und spricht ihn an, wie man ein rationales Subjekt anspricht. »Sie«, mag der Psychiater sagen, »haben in einem wahnhaften Zustand ihre Mutter mit einem Küchenmesser erstochen. Dann haben Sie den Leichnam ins Bad gezerrt und sich in ihm auf die Suche nach einer technischen Apparatur gemacht, da Sie Ihre Mutter für einen ferngesteuerten Klon gehalten haben. Daher

---

[13] Asmus Finzen: *Normalität. Die ungezähmte Kategorie in Psychiatrie und Gesellschaft*, Köln 2018, S. 40 ff.

[14] Rainald Goetz: *Irre*, Frankfurt a. M. 2015, S. 15.

[15] Kai T. Erikson: »Patient Role and Social Uncertainty – a Dilemma of the Mentally Ill«, in: *Psychiatry* 20/3 (1957), S. 263–274.

sind Sie zu uns gekommen. Denn die Sache ist die: Sie leiden unter einer paranoiden Psychose. Sie sind für ihre Taten nicht verantwortlich zu machen. Sie sind krank. Daher müssen sie nun Verantwortung übernehmen. Sie sind nicht Herr Ihrer Selbst. Daher müssen Sie nun Herr über Ihre Krankheit und über sich selbst werden.«

Die Psychiatrie versucht, das Irrationale zu kontrollieren, indem es von ihm Einsicht fordert. »Sie sind irrational. Seien Sie rational«, sagt sie – und hofft. Sie appelliert an die Unvernunft, doch endlich vernünftig zu sein. Der Verrückte soll nicht nur vernünftig sein – was sich im Eingeständnis der Unvernunft dokumentiert. Er soll auch die Diagnose (oder zumindest eine der Diagnosen) der Psychiatrie teilen. Er muss nicken und zustimmend sagen »ja, ich bin schizophren«, »ja, ich nehme meine Medikation«, »ich nehme an meinen Gruppen teil, ich bin einsichtig«. Doch selbst, wenn dies geschieht, bleibt die Frage, wie das Gesagte gemeint ist. Simuliert der Patient seine Rationalität? Ist er adhärent – oder einfach nur psychiatrieerfahren? Ist die Einsicht echt oder nur gespielt? Der Patient soll authentisch sein – doch jede Form individueller Authentizität sprengt das korrekte Rollenverhalten, weil kein Mensch nur ein adhärenter Patient ist.

Der Joker

Die Verwaltung, in ihrem Versuch den Wahn einzudämmen, produziert ihre eigenen Formen der Irrationalität. Sie irrlichtert und verliert den Boden unter den Füßen in dem Versuch, zwischen rational und irrational, zwischen normal und gestört zu unterscheiden. Dennoch funktioniert es. Denn nicht nur gibt es die forensische Psychiatrie nach Jahrzehnten noch immer. Auch hat sie eine geringere Rückfallquote als der reguläre Justizvollzug, der von der Rationalität des Delinquenten ausgeht.[16]

Die forensische Psychiatrie hat einen Joker.[17] Dieser besteht jedoch weniger in einer Technologie oder in einem Programm, als vielmehr in dem Geschehen der Praxis selbst und der Fähigkeit des Personals, das Unwahrscheinliche als das Erwartbare zu behandeln. Die Kunst der Psychiatrie besteht weniger in der Zurichtung als vielmehr in der Kunst, so zu tun als ob. Die Psychiatrie beobachtet ihren Patienten und lernt sich an ihn anzupassen. Sie lernt, ihn ›zu nehmen‹, richtig anzusprechen und zu adressieren. Sie schafft einen Rahmen, in dem die Interaktion so verläuft, dass man so tun kann, als ob alles in Ordnung wäre. Es ist nicht ungewöhnlich, mit Radios zu werfen. Man gewöhnt sich daran, wenn ein Patient gerade ein neues Perpetuum Mobile entwickelt. Es wird normal, dass der

---

[16] Dieter Seifert/Moses Klink/Sarah Landwehr: »Rückfalldaten behandelter Patienten im Maßregelvollzug nach § 63 StGB«, in: *Forensische Psychiatrie, Psychologie, Kriminologie* 12/2 (2018), S. 136–148.

[17] Michel Serres: *Der Parasit*, Frankfurt a. M. 1980, S. 244.

Patient mal wieder Bemerkungen über Vampire macht. Das Irrationale wird als Irrationales im Kontext der Institution normalisiert. Zwar arbeitet man immer noch daran, es irgendwie zu ändern. Doch entscheidender ist, dass man weiß, womit man zu rechnen hat.

Die Psychiatrie weiß aus ihrer Schwäche ihre Stärke zu machen. Wenn sie von den Patienten auch erwartet, irrationales Verhalten zu zeigen, so kann sie das Irrationale innerhalb ihrer Mauern doch normalisieren. In der Psychiatrie ist es normal, nicht normal zu sein. Man adaptiert sich aneinander. Damit entsteht eine Situation wechselseitiger Erwartungssicherheit, eine Situation nicht-normaler Normalität. Entscheidend sind damit nicht Gesundheit oder Rationalität, sondern das, was man mit Finzen Normalisierbarkeit nennen könnte.[18] Entscheidend ist nicht, dass der Patient ein rationales Subjekt wird; nach jenen Regeln, die ›draußen‹ gelten, sondern dass der Alltag funktioniert. Entscheidend ist, dass sich eine Sonderzone bildet, in der das Irrationale als das Normale gelten kann. Die Psychiatrie als Institution liefert hierzu den Rahmen.

Dieses alltägliche Funktionieren der nicht normalen Normalen erlaubt nach einer Weile den Sprung in die Alltäglichkeit: Man hat sich aneinander gewöhnt und tut so, als sei eigentlich alles normal. Die Regelmäßigkeit des Alltags schafft Mechanismen der Hoffnung:[19] Man geht davon aus, dass es schon funktionieren wird, wenn der Patient entlassen wird – auch wenn einiges dagegenspricht. Man hofft, dass er etwas gelernt hat – selbst wenn er das noch nicht zeigt. Irgendwie hat sich die Situation auch gebessert – zumindest kann man ein Verfahren in Gang setzen, dass auf eine Lockerung hinausläuft.

Auch die hohe Kontingenz in der psychiatrischen Diagnostik erweist sich in der Praxis als Vorteil. Denn wenn man Fortschritte beobachtet, die zwar nicht so sind, wie man sich das vorgestellt hatte, dann kann man sich immer noch in der Diagnostik getäuscht haben. Die Verwaltung, die mit den »vagen Dingen«[20] betraut ist, bedarf einer *requisite variety*[21]. Man kann im Zweifelsfall ein bestimmtes Symptomverhalten neu interpretieren oder eine Störung als »Persönlichkeitsakzentuierung« oder nicht deliktrelevant interpretieren. Die Klinik lernt die Kunst, so Symptomverhalten einzuklammern und die Arzt-Patient-Interaktion nahtlos in eine Verwaltungsinteraktion übergehen zu lassen. Man behandelt den Patienten als rational und schaut, ob es klappt.

Das alles ist nicht Sache des Personals allein. Entscheidend ist, dass der Patient sich auf das Spiel einlässt. Er muss morgens aufstehen – nicht unbedingt höflich, aber auch nicht zu unhöflich sein. Er muss Einsicht zeigen. Er muss bereit sein, seine Medikation zu nehmen und immer wieder eine relevante Passage aus seinem Leben zu erzählen. Er darf nicht mit Radios werfen und das Klinikpersonal nicht

[18] Finzen, Normalität.

[19] Nils Brunsson: *Mechanisms of Hope*, Copenhagen 2006.

[20] Peter Fuchs: *Die Verwaltung der vagen Dinge. Gespräche zur Zukunft der Psychotherapie*, Heidelberg 2011.

[21] W. Ross Ashby: *An Introduction to Cybernetics*, New York 1956.

mit der Mafia identifizieren. Er muss sich also zumindest so verhalten, dass die Klinik annehmen kann, dass er auch draußen funktioniert. Das wird erleichtert durch eine Umgebung, die darauf spezialisiert ist, Abweichung zu normalisieren. Hält er das lange genug durch, so sind die Chancen hoch, dass man sich darauf einigt, es nun mit einem rationalen Subjekt zu tun zu haben. Man muss nicht normal sein. Das eigene Verhalten muss nur die Möglichkeit der Konstruktion von Rationalität im Als-Ob-Modus zulassen.

Dieser Prozess kann durchaus auch Täuschung und Simulation beinhalten. Ein Patient weiß, dass er von Stimmen erzählen muss, dass diese aber irgendwann verschwinden müssen. Also nimmt er seine Medikamente und erzählt, dass er keine Stimmen mehr hört. Oder er erzählt, dass er noch immer Stimmen hört, diese aber weniger drängend sind. Beides ist eine viable Option für die Entlassung – im ersten Fall ist alles gut. Im zweiten Fall ist der Patient adhärent und einsichtig – also auch rational. Die Wirkung der Medikation ist dafür notwendige Voraussetzung. Sie ist jedoch nicht hinreichende Bedingung zur Normalisierung des Patienten. Denn letztlich entscheidend ist die korrigierte Narration. Auch muss der Patient in der Lage sein, seine Biographie retrospektiv so zu korrigieren, dass bestimmte Ereignisse als Wahnvorstellung erzählt werden.[22]

Ob der Patient das selbst glaubt, ist nicht die Frage. Psychiater denken natürlich immer wieder darüber nach, ob insbesondere sogenannte psychiatrieerfahrene Patienten sie nicht auf den Arm nehmen. Kontrollieren können sie das nicht. Aber wer andere auf den Arm nehmen kann, kann so krank nicht sein.

Das mag für den Arzt zwar frustrierend sein, da es ihm um die ›wirkliche‹ Heilung geht. Für das Funktionieren der Psychiatrie ist es aber gleichgültig, da ein Patient, der die gelungene *Performance* rationaler Subjektivität beherrscht, vermutlich ähnlich ungefährlich ist, wie einer, der tatsächlich gesundet ist. Vielleicht ist der Simulant sogar noch ein Stück ungefährlicher, weil er weiß, was die Klinik nicht weiß, und dass er dafür verantwortlich ist, diesen Teil seiner Selbst zu kontrollieren, weil er sonst mit hoher Wahrscheinlichkeit genau wieder dort anfängt, wo er aufgehört hat. Der Simulant verkörpert damit die Rationalität der Beherrschung der Irrationalität in weit höherer Form als der wirklich einsichtige Verrückte, der sich doch stets misstrauen muss und potentiell von der Klinik abhängig bleibt. Normalität ist nur möglich, weil sie weder gegen die noch mit der Rationalität des klinischen Blickes erreicht wird. Sie entsteht vielmehr dort, wo der rationale Blick von beiden Seiten antizipiert wird und beide Seiten fünf gerade sein lassen. Das rationale Subjekt entsteht in gewisser Weise tangential zur Rationalität. Es entsteht dort, wo der Patient selbst die Begrenzung der Psychiatrie begreift und versteht, dass die Psychiatrie eine Verwaltung ist wie jede andere. Man kommt nur raus, wenn man sich an die Regeln hält und sich seinen Teil denkt. Dasselbe trifft auf das Personal zu: Man kann seine Patienten nur dann

---

[22] Siehe zum Problem der Biographie bei Schizophrenen auch Gerhard Riemann: *Das Fremdwerden der eigenen Biographie*, München 1987.

entlassen, wenn man die eigenen Ansprüche an Heilung und Besserung an der richtigen Stelle zu übersehen lernt und hofft, dass alles gut gehen wird.

Das schließt nicht aus, dass die Psychiatrie nicht tatsächlich Menschen ändert. Fraglos bietet sie ein wirksames Set an Selbsttechniken und Psychopharmaka an. Zur Entlassung führen diese Änderungen jedoch nicht. Es bleibt der konstitutive Hiatus, der Umstand, dass kein Mensch voll rational, vollständig normal ist und nicht sein kann. Die Klinik ist nur dann erfolgreich, wenn sie es schafft, an diesem Umstand vorbeizusehen und zu handeln.

Instrumentelle Rationalität und *Phronesis* der Psychiatrie

Das Irrationale entzieht sich der Verwaltung, weil die Rationalität derselben Rationalität auf Seite ihrer Subjekte voraussetzt. Regierbar ist nur, wer durch die Regeln der Regierung ansprechbar ist. Dennoch muss die Verwaltung verwalten, was sie nicht verwalten kann. Die Psychiatrie übernimmt die Aufgabe der Rationalisierung des Irrationalen, verfängt sich dabei jedoch ihrerseits in Paradoxien. Denn auch sie kann nur Rationalität fordern oder Irrationalität erwarten. Abweichung vermag sie nur greifbar zu machen, indem sie pathologisiert. Vom Patienten vermag sie nur abweichendes Verhalten zu erwarten. Was draußen als normal gilt, gilt drinnen als verdächtig. Denn prinzipiell ist überall Symptomverhalten zu erwarten und selbst, wenn es nicht gesehen wird, kann auch die Abwesenheit desselben als Symptom betrachtet werden. Psychiatrischer Patient wird man nicht durch objektive Eigenschaften, sondern durch die Rahmung, die innerhalb der Psychiatrie angelegt wird.

Die Psychiatrie zeigt ihre Macht jedoch nicht in der Durchsetzung ihrer Unterscheidung, sondern in der Aussetzung derselben. Sie ist nicht erfolgreich, wenn der Mensch maximal an die eigenen Erwartungen angepasst wird. Sie ist erfolgreich, wenn sie den Patienten wieder entlässt. So besteht denn die *Phronesis* der Psychiatrie in der Fähigkeit, die Pathologisierung wieder fallen zu lassen. Sie besteht darin, so zu tun, als ob alles normal wäre. Das aber ist nur möglich, wenn man sich innerhalb der Klinik aneinander gewöhnt hat, wenn die Klinik gelernt hat, den Patienten richtig zu ›nehmen‹, eine Erwartungsstruktur zu schaffen, die dem Patienten entspricht. Entlassung resultiert nicht nur aus der Änderung des Patienten, sondern aus der Änderung der Erwartungshaltung der Klinik. Es handelt sich um eine Kollaboration, die im Kern offen lässt, was denn tatsächlich der Fall ist.

Das Gelingen der Psychiatrie liegt damit in einer Praxis, die in der Regel als defizitär beschrieben wird, als ein Scheitern an den eigenen Ansprüchen. Damit unterscheidet sich die Psychiatrie nicht von der Kritik, die die Verwaltung im weiteren Sinne erfährt. Betrachtet man dieses ›Durchwursteln‹ jedoch nur als defizitär, als Leistung entweder des Widerstandes von Patienten gegen eine totale Institution[23] oder als Technologiedefizit, so verpasst man die wesentliche Leistung, die sowohl von der Psychiatrie wie auch von Verwaltung erbracht wird. Denn stets gilt es einen Hiatus zu überbrücken. Auf der einen Seite stehen Realitätsanforderungen, die auf Allgemeines setzen. Auf der anderen Seite steht aber die Welt als individuelle, nicht-rationale. Dieser Hiatus, der als Spannungsfeld der Moderne beschrieben werden kann, ist jedoch nicht zu überbrücken – zumindest nicht auf Seite des Anspruches. Die Leistung der Psychiatrie wie auch der Verwaltung liegt also auf Ebene einer praktischen Vermittlung zwischen ihren eigenen Ansprüchen und den Grenzen derselben. Es geht nicht darum, eine zunehmend individualisierte Welt zu vereinheitlichen.[24] Vielmehr muss es darum gehen, Praxen und Diversität zu erlauben, die ein Eingreifen nicht nötig machen. Das erst erlaubt die Fiktion der rationalen Herrschaft.

Verwaltung ist damit kein aktiver Prozess der Rationalisierung und der Vereinheitlichung. Begreift man ihn als solchen, bleibt er stets defizitär. Es handelt sich vielmehr um einen Prozess anlassgebundenen Handelns. Ähnlich wie Wertekommunikation erst im Fall von Verunsicherung auftritt,[25] tritt Verwaltungshandeln erst auf, wenn es ein Problem gibt.[26] Doch selbst hier kann das Ziel nicht die durchgehende Rationalisierung sein, sondern nur eine so weitgehende Angleichung, dass die Wahrnehmung des Problems verschwinden kann, wenn man wegschaut.

Die Praxis der Verwaltung unterläuft sich also stets selbst. Sie vermittelt zwischen ihrem eigenen Anspruch und der Wirklichkeit. Sie praktiziert brauchbare Illegalität, lässt sich auf fragwürdige Kommunikation an Grenzstellen ein und weiß, sich an die Logik der Situation anzupassen.[27] Genau hierin besteht ihre *Phronesis*, die nicht durch Technologien zu ersetzen ist. Sie ist nicht als einheitlich und rational zu beschreiben, weil es sich um eine Vermittlung zwischen unterschiedlichen Rationalitäten handelt, deren Ziel am Ende die Aufrechterhaltung des Anspruches an Rationalität ist – nicht aber die Wirklichkeit einer rationalen Welt. Die Rationalität ihrer Praxis liegt darin, ihre formale Rationalität immer ein Stück weit zu desavouieren. Erst wenn sie um die Grenzen ihrer Macht weiß, ist sie in der Lage, ihre Rationalität auszuüben. Der Kaiser, möchte man sagen, verliert seine Macht nicht dann, wenn ein Mädchen darauf hinweist, dass er nichts anhat. Er gewinnt sie, wenn er in der Lage ist, die Situation so zu handhaben, dass alle

---

[23] Erving Goffman: *Asylums. Essays on the social situation of mental patients and other inmates*, Garden City, N.Y. 1961.

[24] Andreas Reckwitz: *Die Gesellschaft der Singularitäten. Zum Strukturwandel der Moderne*, Berlin 2017.

[25] Victoria von Groddeck: »Rethinking the Role of Value Communication in Business Corporations from a Sociological Perspective – Why Organisations Need Value-Based Semantics to Cope with Societal and Organisational Fuzziness«, in: *Journal of Business Ethics* 100/1 (2011), S. 69–84.

[26] Vgl. dazu den Beitrag von Thomas Scheffer in diesem Band.

[27] Niklas Luhmann: *Funktionen und Folgen formaler Organisation*, Berlin 1964, S. 220 ff. und S. 304 ff.

zumindest auch dann noch so tun, als habe er etwas an. Die *Phronesis* des Untertanen besteht darin, dieses Spiel mitzuspielen.[28] Dies eingedenk führt der Weg der Verwaltung dann weder in die Verzweiflung ob der eigenen Machtlosigkeit noch in die Kritik rationalisierender Zurichtung, sondern vielmehr in die Anerkennung des alltäglichen Durchwurstelns als eigentliche und nicht substituierbare Leistung der Verwaltung. Rationale Herrschaft zu beanspruchen und an den richtigen Stellen den Versuch der Durchsetzung halbherzig zu betreiben – erst das ermöglicht die rationale Herrschaft Webers.

Literatur

Ashby, W. Ross: *An Introduction to Cybernetics*, New York 1956.

Bröckling, Ulrich: *Gute Hirten führen sanft. Über Menschenregierungskünste*, Berlin 2017.

Brunsson, Nils: *Mechanisms of Hope*, Copenhagen 2006.

Erikson, Kai T.: »Patient Role and Social Uncertainty – a Dilemma of the Mentally Ill«, in: *Psychiatry* 20/3 (1957), S. 263–274.

Finzen, Asmus: *Normalität. Die ungezähmte Kategorie in Psychiatrie und Gesellschaft*, Köln 2018.

Foucault, Michel: *Überwachen und Strafe. Die Geburt des Gefängnisses*, Frankfurt a. M. 1976.

Foucault, Michel: *Wahnsinn und Gesellschaft*, Frankfurt a. M. 1973.

Fuchs, Peter: *Die Verwaltung der vagen Dinge. Gespräche zur Zukunft der Psychotherapie*, Heidelberg 2011.

Goetz, Rainald: *Irre*, Frankfurt a. M. 2015.

Goffman, Erving: *Asylums. Essays on the social situation of mental patients and other inmates*, Garden City, N.Y. 1961.

Goscinny, René/Uderzo, Albert/Watrin, Pierre: *Asterix erobert Rom*, 1976, 78 Minuten.

Groddeck, Victoria von: »Rethinking the Role of Value Communication in Business Corporations from a Sociological Perspective – Why Organisations Need Value-Based Semantics to Cope with Societal and Organisational Fuzziness«, in: *Journal of Business Ethics* 100/1 (2011), S. 69–84.

Hartmann, Heiko Michael: *Unterm Bett. Roman*, München 2000.

Hoffmann, E.T.A.: *Der goldene Topf, Poetische Werke*, Bd. 1, Berlin 1963.

Horkheimer, Max/Adorno, Theodor W.: *Dialektik der Aufklärung. Philosophische Fragmente*, Frankfurt a. M. 2001.

Luhmann, Niklas: *Funktionen und Folgen formaler Organisation*, Berlin 1964.

Montaigne, Michel Eyquem de: *Über die Wechselhaftigkeit unseres Handelns, Essais*, übersetzt von Hans Stilett, Frankfurt a. M. 1998.

Oevermann, Ulrich: »Theoretische Skizze einer revidierten Theorie professionalisierten Handelns«, in: Combe, Arno/Helsper, Werner (Hg.): *Pädagogische Professionalität: Untersuchungen zum Typus pädagogischen Handelns*, Frankfurt a. M. 1996.

Reckwitz, Andreas: *Die Gesellschaft der Singularitäten. Zum Strukturwandel der Moderne*, Berlin 2017.

Riemann, Gerhard: *Das Fremdwerden der eigenen Biographie*, München 1987.

---

[28] Diesmal mit Montaigne: »Laßt uns der öffentlichen Ordnung halber die Monarchen, auch wenn sie dessen unwürdig sind, geduldig ertragen, ihre Laster verbergen und ihre belanglosen Taten durch unser Lob aufwerten, solang ihre Macht unserer Unterstützung bedarf.« Vgl. Montaigne, Unsere Gemütsbewegungen, S. 12–15, hier S. 12 f.

Seifert, Dieter/Klink, Moses/Landwehr, Sarah: »Rückfalldaten behandelter Patienten im Maßregelvollzug nach § 63 StGB«, in: *Forensische Psychiatrie, Psychologie, Kriminologie* 12/2 (2018), S. 136–148.

Serres, Michel: *Der Parasit*, Frankfurt a. M. 1980.

Weber, Max: »Die Protestantische Ethik und der Geist des Kapitalismus«, in: Max Weber (Hg.): *Religion und Gesellschaft*, Frankfurt a. M. 2006, S. 23–147.

Weber, Max: *Wirtschaft und Gesellschaft. Grundriss der verstehenden Soziologie*, Köln, Berlin 1964.

Von der Akte zum Acting.
Filmische Szenarien der Bürokratie

Burkhardt Wolf

Wie setzt man Bürokratie ins Bild? In der Malerei und Fotografie hat sie als Motiv und Thema nur wenig Furore gemacht, und für Film und Fernsehen scheint sie ein nicht minder unergiebiger, weil unanschaulicher Gegenstand. Die »Amtsstubenherrschelei«, wie man den Neologismus *bureaucratie* im 18. Jahrhundert getreu übersetzt hat, vollzieht sich schließlich weniger in dramatischen Begegnungen als vielmehr über »Papiercontrollen«.[1] Es ist wenig überraschend, dass die bekanntesten filmischen Szenarien der Bürokratie Polemiken darstellen, Satiren oder Dystopien. *Les Douze Travaux d'Astérix* (1976), der dritte Zeichentrickfilm zum Comic, dreht sich um die zwölf Heldentaten des Galliers, mit denen er (nach dem Vorbild des Herakles) seine Göttlichkeit beweisen soll. Als eine ihrer schwersten gilt, sich innerhalb der imperialen Verwaltung, ihrer labyrinthischen Amtswege, Architekturen und Anweisungen zu bewähren. Das antike Rom erscheint hier, ganz im Sinne heutiger Verwaltungsgeschichte, als Ursprung aller ›Bürokratie‹. Denn zum einen geriet Macht hier erstmals schrift- und aktenförmig, indem Amtshandlungen zu Schriftstücken, Akte zu Akten wurden; zum anderen vollzog sich hier ein entscheidender Medienwechsel, als man vom *Read-only-Memory* der Papyrusrollen zum *Random-Access-Memory* der *Codizes* überging, zu wachsüberzogenen Holztafeln (Abb. 1a).[2] Dass die Verwaltung, trotz oder auch wegen solcher *Codizes*, niemals zur Amtshandlung selbst gelangt, dass sie

---

[1] Johann Heinrich Campe: *Wörterbuch zur Erklärung und Verdeutschung der unserer Sprache aufgedrungenen fremden Ausdrücke,* Neuaufl., Braunschweig 1813, S. 161; Robert von Mohl: »Über Bürokratie«, in: ders., *Politische Schriften,* hg. von Klaus von Beyme, Wiesbaden 1966, S. 276–310, hier S. 294.

[2] Vgl. Cornelia Vismann: *Akten. Medientechnik und Recht,* Frankfurt a. M. 2000, S. 69 f., S. 79–85.

B. Wolf (✉)
Institut für Germanistik, Universität Wien, Wien, Österreich
E-Mail: burkhardt.wolf@univie.ac.at

© Der/die Autor(en) 2024
A. Echterhölter et al., *Apparate,* AdminiStudies. Formen und Medien der Verwaltung 3, https://doi.org/10.1007/978-3-662-67712-4_11

Abb. 1 Stills aus René Goscinny, Albert Uderzo, Pierre Watrin, *Les Douze Travaux d'Astérix* (Frankreich 1976) (DVD, Citel Video)

vielmehr ihre Petenten durch ein unüberschaubares System der Bedingungen und Vor-Bedingungen, der Berechtigungs- und Passierscheine zu end- und sinnlos wiederholten Amtsgängen zwingt, fördert in der Film-Episode die heroische Unermüdlichkeit der Gallier zutage. Während diese sich, durch buchstäbliche Verwerfung der Formulare (Abb. 1b), noch ihren Restverstand bewahren, verfällt die Behörde in jenen Wahnsinn, den sie institutionalisiert. Letztlich ist es nicht schwer, *Les Douze Travaux* zeitgeschichtlich zu deuten, sie auf Frankreich zu beziehen, das sich mit seinem *Code Civil* und seinen Präfekturen von jeher als neuzeitlicher Nachfolger des alten Roms sah, dem aber die Verwaltung der 1960er und 1970er-Jahre das Formularwesen als eine Art »Fließband der Verwaltung«[3] beschert hat. Die deutsche Bürokratiekritik der Nachkriegszeit beklagte gerne den ›Papierkrieg‹, in Frankreich indes spricht man, seit Asterix, bevorzugt vom *Laissez-passer A38* (dem ›Passierschein A 38‹).

Der bis heute wohl prominenteste Spielfilm zum Thema hypertropher Bürokratien ist Terry Gilliams *Brazil* (1985), die Zukunftsvision eines Kontrollstaats, welcher ältere Verwaltungsroutinen mit neuester Datenverarbeitung armiert. Genau diese Hybridität prägt die Steampunk-Ästhetik des gesamten Films, werden hier doch hypermoderne Technologien mit Versatzstücken einer bereits archaischen Moderne kombiniert: Die hydraulischen Vorrichtungen und Kraftmaschinen, an welche zahllose Kameras und Computer angeschlossen sind, stammen aus dem Zeitalter der Dampfmaschine, so dass sich die neue immaterielle Macht im historischen Kostüm eines grotesken Überschusses an Gewalt und Größe präsentiert. Damit aber treten auch ihre Schwachstellen zutage: ihre fehleranfälligen Schnittstellen zwischen Digitalem und Analogem. »Wir machen keine Fehler«, heißt es ganz im Sinne von Franz Kafkas ›Strafkolonie‹,

---

[3] Vgl. hierzu Peter Becker: »Formulare als ›Fließband‹ der Verwaltung. Zur Rationalisierung und Standardisierung von Kommunikationsbeziehungen«, in: Peter Collin, Klaus-Gert Lutterbeck (Hg.), *Eine intelligente Maschine. Handlungsorientierungen moderner Verwaltung (19./20.Jh.),* Baden-Baden 2009, S. 281–298, hier S. 281–283, 291 f.

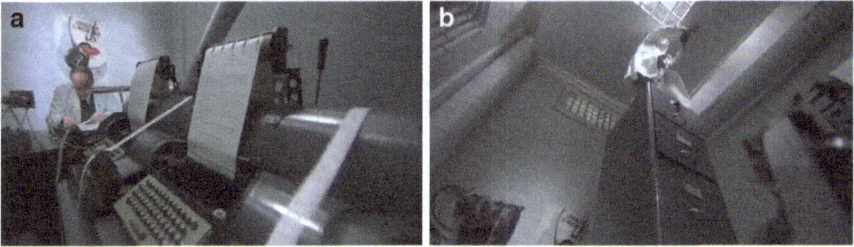

Abb. 2 Stills aus Terry Gilliam, *Brazil* (UK 1985) (DVD, 20th Century Fox)

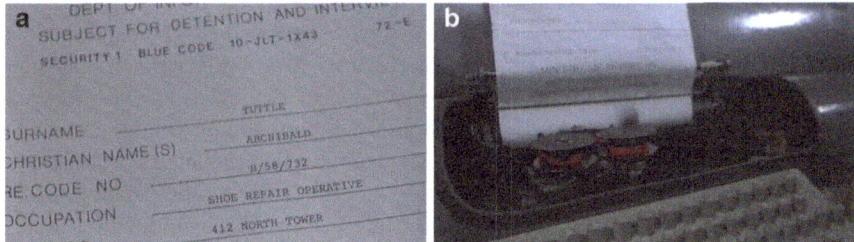

Abb. 3 Stills aus Terry Gilliam, *Brazil* (UK 1985) (DVD, 20th Century Fox)

Abb. 4 Stills aus Terry Gilliam, *Brazil* (UK 1985) (DVD, 20th Century Fox)

doch ist die Bürokratie ganz offensichtlich fehlbar, schon weil sie ein Gefüge aus nervösen Beamten, simplen Aktenschränken und fragiler EDV darstellt: Eine an der Zimmerdecke geklappte Fliege fällt zufällig auf den Schlitten einer Schreibmaschine und injiziert den automatisierten Papierkontrollen damit eine Zufallsletter, nämlich ein B, das die Namensinitiale T substituiert (Abb. 2, 3, und 4). Statt eines verdächtigen Archibald Tuttle wird deshalb, im Tausch gegen eine Empfangsquittung, sein versehentlicher Namensvetter Buttle von einer

Anti-Terroreinheit einkassiert. Diskret verweist dieses Letternspiel zwischen B und T auf jene Korrelation von Bürokratie und Terror, um die sich in *Brazil* alle Handlung dreht: die Geschichte eines konspirativen Aufstands aus dem Geiste radikalisierter Bürokratiekritik, der mit Bombenexplosionen den administrativen Medienverbund anzugreifen sucht.

In fiktionalen Szenarien malen Zeichentrick- und Spielfilme aus, was ihre Zeit als Schreckgespenst der Bürokratie imaginiert. Das Lob der Bürokratie (oder wenigstens das ihrer besseren Zukünfte) ist dagegen eher eine Sache des Werbefilms. *Paperwork Explosion,* ein IBM-Spot von 1967, nimmt dazu die Zerstörungsphantasien der Bürokratiekritik beim Wort und macht sie zur Pointe seines Zukunftsversprechens. Der fünfminütige Clip wurde vom damals noch unbekannten Jim Henson produziert, dem späteren Schöpfer der *Muppets Show,* und dreht sich um den *MT/ST,* ein Hybrid aus *typewriter* und Magnetband, der als erster serienreifer *word processor* vermarktet wurde. Von ihm versprach man sich den Take-off der Schreibkultur, weshalb der Film zu Beginn die *copia librorum* und den *information overload,* die explosionsartige Vermehrung von Drucksachen und Papierkram visualisiert (Abb. 5), um sie dann mit den Ikonen des Fortschritts und der Hochtechnologie zu verknüpfen – bis hin zum Apollo-Programm. In schnellen Schnitten kommen zahlreiche Büroexistenzen, die hauptsächlich Leidtragenden, zu Wort, und egal, ob es um *managers* geht oder um *secretaries,* um *salesmen, brokers, engineers, accountants* oder *lawyers* – jedesmal lautet der Befund: »Too much paperwork!« Das nun halluzinatorisch eingeschärfte Mantra *Machines should work. People should think!* lässt den ganzen Papierkram zuletzt tatsächlich explodieren (Abb. 6 und 7a), bis der *MT/ST* ins Bild kommt (Abb. 7b). Konträr zu den Visionen zeitgenössischer Kybernetik (oder von Kubricks und Clarkes *2001*) drohen IBM-Maschinen gerade nicht mit der Beherrschung oder gar Substitution des Menschen; vielmehr befreien sie die Leute vom *paperwork* und ermächtigen sie zum Denken. Von heute aus gesehen ist die bürotechnisch entbürokratisierte Zukunft natürlich nicht eingetreten: Mit ihren Befehlen, Adressen und Registern selbst bürokratisch organisiert,[4] befreien uns die Computer weniger zum Denken, als dass sie zur dauernden Selbstverwaltung zwingen.

1966, gerade als die *Paperwork Explosion* in Aussicht stand, hat Niklas Luhmann darauf hingewiesen, dass Automatisierungssysteme der Verwaltung etliche Arbeiten, nicht aber ihr Kerngeschäft abnehmen können: das des Entscheidens. Allenfalls differenzieren sie die beiden Aspekte des Entscheidens aus, so dass einerseits auf formaler und verfahrenstechnischer Ebene entschieden werden muss, deutlich bei der Einrichtung und Programmierung von EDV-Systemen; und andererseits auf informeller Ebene, auf dem Feld der ›Organisationskultur‹ – ein Begriff, der die flexibleren, loser gekoppelten, die ›kreativeren‹ und zugleich besser kontrollierbaren Arbeitsabläufe jener Bürokratien beschreibt, die auf EDV umgestellt haben. Bürotechnisch und damit auch ›kulturell‹ waren die Geschäftsverwaltungen der Nachkriegszeit den staatlichen

---

[4]Vgl. Vissmann, Akten, S. 335.

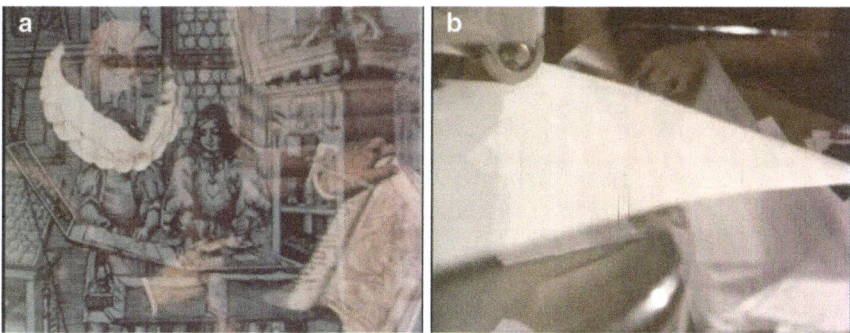

Abb. 5 Stills aus Jim Henson, *Paperwork Explosion* (USA 1967) (Henson Associates, International Business Machines)

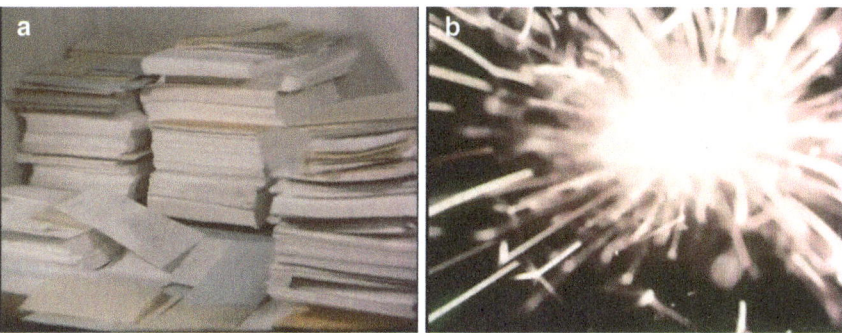

Abb. 6 Stills aus Jim Henson, *Paperwork Explosion* (USA 1967) (Henson Associates, International Business Machines)

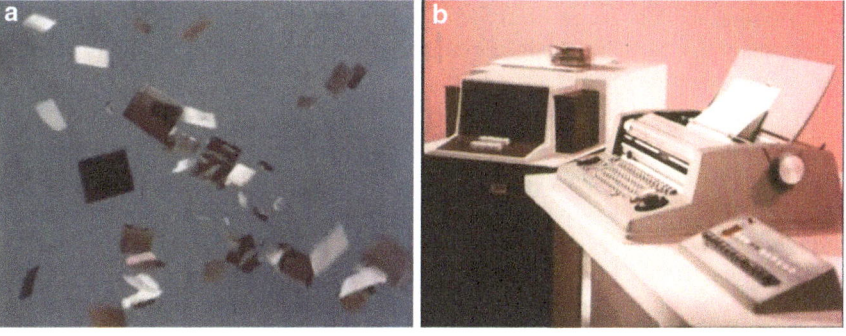

Abb. 7 Stills aus Jim Henson, *Paperwork Explosion* (USA 1967) (Henson Associates, International Business Machines)

Abb. 8 Stills aus Frederick Wiseman, *Welfare* (USA 1975) (DVD, Zipporah Films)

voraus. Als deshalb diese jenen *in puncto* Rhetorik, Design und Betriebsführung nacheiferten, veränderte sich das Behördenwesen fundamental. Verstand sich nämlich die alte Verwaltung noch als Dienst am Staate (und nur in zweiter Linie an den Bürgern), der auf Basis geltender Gesetze über spezifische Angelegenheiten entscheidet, wurden Behörden seit den 1980ern, gemäß dem neoliberalen New Public Management, ›unbürokratisch‹, weil im Stile profitorientierter Unternehmen geführt. Umbenannt in ›Service Centers‹, vergaben sie nun ›Dienstleistungen‹ an ›Kunden‹, erwarteten sie intern ›Motivation‹ und ›Kreativität‹ (was heißt: hohe Arbeitsleistung); und dokumentieren sie diese Leistung durch ›Qualitätssicherung‹, mithin durch eine Art privatisierter Entbürokratisierungsbürokratie. Im selben Zuge wurden etliche behördliche Aufgaben ›outgesourced‹, also hoheitliche Befugnisse dem freien Markt übertragen, und hat das nun propagierte Lean Management zur Verschlankung vor allem wohlfahrtsstaatlicher Budgets geführt. Die Verwaltung des Sozialstaats und die des *creative business* markieren deshalb entgegengesetzte Enden im Spektrum der Nachkriegsbürokratie.

Die Dokumentar- und Essayfilme von Frederick Wiseman und Carmen Losmann widmen sich nicht nur diesen beiden administrativen Extremfällen, sondern bieten zudem Momentaufnahmen *vor* und *nach* der skizzierten *Great Transformation*. Wisemans *Welfare* ist 1975 entstanden, als IBMs Büromaschinen in die Behörden bereits Einzug gehalten hatten, aber noch weitgehend im Hintergrund das *paperwork* aufbereiteten (Abb. 8a). Gerade in Sozialämtern, wo die zu klärenden Tatbestände zumeist komplex und deshalb die Anspruchsberechtigten persönlich anzuhören sind, spielte sich das hauptsächliche Geschehen noch am physischen *desk* ab (Abb. 8b). Und eben diese Form von sachbedingter, nicht nur programmatischer ›Bürgernähe‹ interessierte Wiseman, der bis dahin mit seinen filmischen Porträts von Marginalisierten und ihrem Verhältnis zur Institution bekannt geworden war. Seine Filme kennen weder *voice-over*-Kommentare noch Zwischentitel, sondern beschränken sich auf lange, kaum geschnittene Einstellungen, um mit diesen die Ämter, ihre Raumgestaltung, den Habitus des Personals und die Choreographie des Parteienverkehrs zu untersuchen. In Bild und Ton zeigt *Welfare* nicht nur die behördliche Demoralisierung des sozialen Elends durch die *paperwork explosion* (Abb. 8c–d), sondern ebenso die zwiespältige Rolle der Bürokraten: Den Antragstellern sollen sie zu ihrem Recht verhelfen; zugleich sollen sie deren Fall den restriktiven Regelungen subsumieren. In Zeitnot haben sie ›billige‹ Entscheidungen zu treffen, für die es, als fallweise Vermittlung von Gesetz und Gemeinsinn, kein Procedere gibt. Und von Amtswegen haben sie *emotional labor* zu verrichten, denn zur billigen Entscheidung ist Rechtsgefühl ebenso vonnöten wie juristische Rationalität, und unterschiedliche Register zwischen Empathie und *cooling out* sind erfordert, wenn die – ja oft existenzielle – Entscheidung nicht nur verkündet, sondern vermittelt werden soll (Abb. 8e). Der Amtstermin erscheint bei Wiseman somit als der Moment, an dem nicht nur Bürger und Behörde aufeinandertreffen, sondern zwei gleichermaßen prekäre Rollen: die der Bürokraten, die im Oszillieren zwischen *deep acting* und *surface acting*[5] zugleich Nähe und Distanz herzustellen (und auszuhalten) haben; und die der Antragsteller, die allein im Falle ausgewiesener Misserfolge (etwa drogenabhängig oder obdachlos zu sein) Erfolg bei ihrem Antrag haben.

Losmanns *Work Hard, Play Hard* (2011), dessen Titel einen Slogan der US-Unternehmerwelt aufnimmt, führt von der *Welfare* zur *Wellness,* aus den grauen Sozialämtern in die schöne neue Arbeitswelt des *creative business.* Schon durch seine ausgeklügelte *mise-en-scène* und seinen glatten Schnitt signalisiert der Film, selbst ein Ausdruck jenes neuen, flexiblen und schöpferischen Geists des Kapitalismus zu sein, der künstlerisches mit unternehmerischem ›Projektdesign‹ verquickt. Ohne jeden Off-Kommentar, allein indem er in den atmosphärischen und funktionalen Zusammenhang dieses Büro-Universums eintaucht, versucht der Film zu ergründen, wieso die Angestellten entgrenzte Arbeitszeit bei sinkenden Reallöhnen nicht nur in Kauf, sondern als Anlass dazu nehmen, sich mit Haut und Haar dem *spirit* ›ihres‹ Büros zu verschreiben. Die ›vitalisierende«, auf ›zufällige Kommunikation‹ programmierte Gebäudearchitektur multinationaler Unternehmen zeigt er ebenso wie diverse »non-territoriale Office Spaces«, welche den Büro-Nomaden, jenseits des Privaten und Öffentlichen, eine Sphäre ›task-orientierter‹ *Work-Life-Integration* bereitstellen (Abb. 9). Der bereits vor Ort, nicht erst im Film inszenierte Gleichklang von erlebnisträchtiger Raumgestaltung, engagiertem Habitus und verinnerlichtem Business-Jargon erfasst die neue Bürokratie natürlich nur an ihrer Benutzeroberfläche. Hinter der Endlosschleife von Optimierungsgefasel, demzufolge wir alle besser ›performen« und ›uns challengen‹ sollen, um ›Kultur‹, ›Spirit‹ und eine ›Mega-Wachstumsmentalität‹ erstehen zu lassen, macht der Film aber rasch erkennbar, dass es bei dieser Absorption vormaliger Gegendiskurse weniger darum geht, die Leute ideologisch

[5] Arlie Russell Hochschild: *The Commercialization of Intimate Life. Notes from Home and Work,* Berkeley/Los Angeles, London 2003, S. 92.

Abb. 9 Stills aus Carmen Losmann, *Work hard Play hard* (Deutschland 2011) (DVD, filmkino-text/Schwarzweiß)

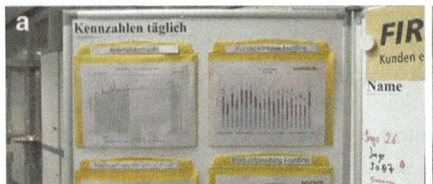

Abb. 10 Stills aus Carmen Losmann, *Work hard Play hard* (Deutschland 2011) (DVD, filmkino-text/Schwarzweiß)

gleichzuschalten, als sie in einem gemeinsamen ›Flow‹ aufgehen zu lassen. Vereinzelte Willen sollen zu dem einen unternehmerischen werden, Fremdzwänge zur Selbstmotivation und längerfristige kalkulierte Leistungsanforderungen zur spontanen Performance. Was das Leben im Büro präsentiert (und es so zuletzt doch noch filmtauglich macht), ist weniger die mühselige Arbeit an irgendwelchen Akten als zielorientiertes *acting*. Den Doppelsinn gerade dieses Büro-Theaters führt der Film vor Augen: Als *surface acting* gleicht sich die bürokratische Tätigkeit den rhetorischen und visuellen Oberflächen des neuen Management-Programms zusehends an; *deep acting* ist hier jedoch nicht mehr, wie noch in Wisemans Sozialamt, eine persönliche Strategie zur Bewältigung dienstlicher Prekarität, sondern durch ›Qualitäts-‹ und ›Potenzial-Analyse‹ quantifizier- und prognostizierbare Arbeitsleistung (Abb. 10). Hinter der Bühne ›kultureller‹ Performances herrscht also doch noch das Büro, nunmehr aber in Gestalt des ›Human ressource management‹ und des Mediums aller administrativen Medien: des Computers.

Der neue Geist der Bürokratie ist künstlerisch und ›Kultur‹ zum Zauberwort des Managements geworden. Deshalb konnte das ›Quality-TV‹ nicht nur auf den – vormals abstrusen – Gedanken verfallen, das Leben im Büro zum Thema eines *serials* mit sieben Staffeln zu machen. *Mad Men* (2007–2015) schildert die Geburt der kreativen Verwaltung aus dem Geist der Werbeindustrie im New York der 1960er-Jahre. Als die Volkskultur zur Pop- und Konsumkultur und damit zum Aktionsfeld der Werbebranche wurde,[6] verschmolzen dort die Anregungen

---

[6]Vgl. Marshall McLuhan: *Die mechanische Braut. Volkskultur des industriellen Menschen* (EA: 1951), Amsterdam 1996, S. 8.

Abb. 11 Stills aus Matthew Weiner, *Mad Men* (USA 2007–2015) (DVD, Lionsgate)

der zeitgenössischen Avantgarden (die Konzept- und Aktionskunst etwa Sol Le Witts und Claes Oldenburgs, die sich ihrerseits für bürokratische Verfahren interessierten) mit den neuesten Verwaltungskonzepten – eine Konstellation, die *Mad Men* in der fiktiven Werbeagentur mit ihrem Widerspiel von *creative department* einerseits, *accounts* und *finance department* andererseits aufnimmt. Deshalb wird hier die Agentur, in der man sich zwischendurch von Ayn Rands neoliberalen Programmschriften inspirieren lässt, selbst zu einer planvoll ausgestalteten Bühne (Abb. 11a): zu einer Bühne für die *performances* innovativer Köpfe, hinter der zunächst noch menschliche Rechner ihre Potenzialanalysen anstellen. Eine markante Zäsur erlebt die Agentur jedoch in der letzten Staffel, als im Jahr 1969 eines Tages die jüngste Version von IBMs massivem Wunderrechner installiert wird. Aufgestellt wird er nirgendwo anders als in der *creative lounge,* wo bis dahin zwanglos neue Werbekonzepte entwickelt wurden. Der Advent dieses Computers (Abb. 11b), der schon durch seine Bezeichnung »360«, durch die Aufschrift »Think«, aber auch durch die Option laufender Upgrades totale und unwiderrufliche Zuständigkeit signalisiert, wird weniger mit Freude als mit Angst quittiert, droht er doch den denkenden Menschen und, schlimmer noch, die Kreativabteilung zu ersetzen. Von der Präsenz des Rechners wird einer der Mad Men tatsächlich in den Wahnsinn (dem einer Medienparanoia) getrieben, der Creative Director aber denkt, zusammen mit einem IBM-Techniker, über den Sinn des Denkens nach – wenn auch weniger in philosophischen Konzepten als in solchen der Werbeindustrie. Gut möglich, dass er dabei nichts anderes im Sinne hat als eine Umkehrung von IBMs 360er-Vermarktungsstrategie und als eine Fortsetzung von Hensons *Paperwork Explosion.* Die Leute sollen nämlich nicht denken, der Computer würde an ihrer Stelle denken. Nichts anderes als das *paperwork* soll er übernehmen, um das Büro wieder als Bühne freizumachen: als Bühne für den kreativen Bürokraten.

Literatur

Becker, Peter: »Formulare als ›Fließband‹ der Verwaltung. Zur Rationalisierung und Standardisierung von Kommunikationsbeziehungen«, in: Peter Collin, Klaus-Gert Lutterbeck (Hg.): *Eine intelligente Maschine. Handlungsorientierungen moderner Verwaltung (19./20. Jh.)*, Baden-Baden 2009.

Campe, Johann Heinrich: *Wörterbuch zur Erklärung und Verdeutschung der unserer Sprache aufgedrungenen fremden Ausdrücke*, Neuaufl., Braunschweig 1813.

Hochschild, Arlie Russell: *The Commercialization of Intimate Life. Notes from Home and Work*, Berkeley/Los Angeles, London 2003.

McLuhan, Marshall: *Die mechanische Braut. Volkskultur des industriellen Menschen* (EA: 1951), Amsterdam 1996.

Mohl, Robert von: »Über Bürokratie«, in: *Politische Schriften*, hg. von Klaus von Beyme, Wiesbaden 1966.

Vismann, Cornelia: *Akten. Medientechnik und Recht*, Frankfurt a. M. 2000.

Mich. Nonkonform. Heiß.
Geschlecht aus dem Apparat

Kai van Eikels

Der Geschmack des Beliebigen

»Tee. Earl Grey. Heiß«, sagt Captain Picard zum Replikator. Geläufig so deutlich, dass der Apparat es versteht und molekular das Gewünschte zusammenfügt. Unter *Star Trek*-Fans ist die Formel, ja bereits ihr Rhythmus ikonisch. Drei Schritte für die Formulierung des Objekts. Den Rest erledigt ein sehr fein gerastertes Formwissen.

In der *Next Generation* liefert die Zukunftsphantasie unserer Getränkeautomaten, die nur ausspucken, was man eingefüllt hat, noch westeuropäische Identität, britischen Traditionsaufguss für den französischen Weltraumdiplomaten. Eine Serie weiter, bei *Deep Space Nine*, ordern fast alle klingonischen Raktajino, den stärksten Espresso des bekannten Universums. Dieser erste schüchterne Aufbruch in Richtung Wunschmaschine, der im Kaffee die gemeinsame Sehnsucht nach einer genießbaren Intensität versinnbildlicht, bleibt Scherz am Rande, aber von dem Rand her ließe sich folgende Frage stellen: Was, wenn ich Geschlecht so bestellte?

Klingt erstmal wenig berauschend. Der Name Replikator hält unmissverständlich fest, dass die famose Technologie, die mit den Elementarteilchen wie mit Lego operiert, bloß schon Gegebenes zu kopieren vermag. Quasi ein hochauflösender 3D-Drucker, naja. Das Drehbuch legt zudem regelmäßig jemandem die Auskunft in den Mund, die geschmackliche Qualität der replizierten Speisen und Getränke komme an die der Originale nie ganz heran. Die Natur wird also wieder einmal besser gewesen sein, um eine unnachahmliche Nuance reicher. Dass das reaktionäre Bestehen auf der Superiorität des Echten notwendig erscheint, verrät indes, wie die

K. van Eikels (✉)
Institut für Theaterwissenschaft, Ruhr Universität, Bochum, Deutschland
E-Mail: kai.vaneikels@ruhr-uni-bochum.de

nette Fiktion dieses Apparates die Gefahr einer emanzipatorischen Wirkung des Falschen ins Spiel bringt. Wie mich in den Siebzigern das evident künstliche Waldmeisteraroma von Softeis seliger machte, als es das mühsam im Wald gesammelte Bowlenkraut je getan hätte, so könnten die künstlichen Körper, durch die nackte Lust einer Verfügbarkeit verführt, auf den Geschmack des Beliebigen kommen.

Was beliebt an Geschlecht? Das, was gerade beliebt ist? Ein ähnlicher Vorbehalt, wie ihn die Erfinder des Replikators gegen ihren Apparat hegten, trifft die Dropdown-Felder, die es einem auf Dating-Plattformen und einigen sozialen Netzwerken gestatten, aus einer Liste von Gender-Optionen eine oder mehrere anzuklicken. Zwar handelt es sich in diesem Fall um Software ohne die Ausdruckfunktion, die das Gewählte in kohlenstoffbasierte Materialität übersetzte oder gar meinen Körper entsprechend ummodelte, und man könnte meinen, was dabei passiert, sei noch fiktiver als die Replikatoren einer SF-Serie. Nichtsdestominder hat dieses Anklicken irgendwie Teil an einem Prozess, der dazu führt, dass in aktuellen Umfragen mehr als ein Drittel der US-amerikanischen Teenager ›boy‹ oder ›girl‹ als Bezeichnung unpassend finden und sich bspw. als ›non-binary‹, ›gender-nonconforming‹, ›transgender‹ oder ›genderqueer‹ identifizieren.[1]

So vermessen die Behauptung wäre, das kleine Fenster (das ein populäres Meme um Optionen wie ›hot bread‹ ergänzt), habe den Wandel in Selbstverständnis und Körpergefühl hervorgebracht, trägt sein Einzug in den kommunikativen Alltag doch nicht nur dazu bei, eine große Zahl von Menschen mit den jeweils aktuellen Gender-Kategorien vertraut zu machen. Es ist eben das Gelegentliche des Wählens – und die Wiederholung der Gelegenheit in einer bequem zu durchlaufenden Sequenz –, wodurch etwas leicht wird, das gesellschaftliche Aufklärungskampagnen sonst mit ungeheurer Anstrengung vollbringen: Umgewöhnung in Angelegenheiten, die zur subjektiven Identität zählen.

Von Bequemlichkeit zeugt auch die Technik selbst. Keller Easterling betont in ihrem Buch über Infrastruktur die Macht von Templates als ›active forms‹, Veränderungen in bislang unverbundenen Bereichen anzustoßen oder voranzutreiben.[2] Das Template geht nicht auf eine große Vision zurück, sondern realisiert eine Lösung für ein spezifisches, eher eng begrenztes Problem, wobei die Designer*innen indes einen Horizont ungefähr ähnlicher Probleme im Blick haben und vielleicht auch Anregungen daher beziehen. Die loose ties des ungefähr Ähnlichen überbrücken weite Strecken, und so ergibt es sich bisweilen, dass die Anwendung fernab des Intendierten einsetzbar ist.

Wer das Dropdown-Feld erfand (möglicherweise Leute bei Apple Mitte der Achtziger), dachte dabei schwerlich an zukünftige Generationen, denen es zur Gewohnheit gerät, ihr Geschlecht auszuwählen. Und doch wurde die Arbeit dieser Entwickler*innen geleitet von einer Ahnung, dass Wählen in der anbrechenden Epoche computervermittelten Zusammenlebens nicht mehr auf einen festen

---

[1] Vgl. u. a. https://www.thetrevorproject.org/2019/10/29/research-brief-diversity-of-youth-gender-identity (zuletzt aufgerufen am 28.5.2022).

[2] Vgl. Keller Easterling: *Extrastatecraft: The Power of Infrastructure Space*. London 2014, bes. Kap. 2 »Disposition«.

Bestand an Alternativen bezogen sein würde. Von nun an prozessualisierte sich das Wählen, mutierte vom grundlegenden, solide Voraussetzungen errichtenden Akt zu einer durchgängigen Aktivität – einer, die meine sämtlichen Bewegungen begleiten können muss. Wählen war fortan ein Modus, die Welt und sich selbst in ihr zu denken. Die Zeit der freudschen Kästchenwahl, wo die Box für ein Geschlecht stehen konnte, weil Geschlecht wie eine Box gezimmert war, ging damit unwiderruflich zu Ende.[3]

Genealogie des Bequemen (Rolle, Liste, Dropdown-Feld)

Bequemlichkeit des Wählens schiebt seither ein ethisches Dilemma vor sich her. Das Bequeme generell ist suspekt. Den Segnungen der Lebenshaushaltstechnik folgt die Warnung vor den Konsequenzen von zu viel Erleichterung: Sie führe zur Degeneration, zum Verlust einer gestandenen Form, deren Integrität, ob körperlich oder seelisch, auf einen Wesenskern an Härte gegen sich selbst nicht zu verzichten vermag. Wir dürfen uns darauf verlassen, dass auch zum Aufploppen der Gender-Menüs ein kulturkritischer Einwand erschallt: Geschlecht einfach anklicken? Geht's noch?

Wie TERFs Transfrauen abweisen mit der Begründung, Frauen hätten nicht Jahrhunderte gelitten und gekämpft, damit nun Männer kämen und das frisch gestärkte weibliche Geschlecht als Wunschidentität reklamierten, dürften Währungshüter der Subjektivität denen, die ihr Profil mit nicht-heteronormativen Kategorien versehen, einen leidens- und arbeitsmoralischen Vorwurf machen: Das ist zu leicht so, um Gültigkeit haben zu können! Wenn demnächst was noch schicker Formuliertes auftaucht, wollt ihr das auch gleich sein! Könnt ihr denn glauben, das sei eine *Identität*, wenn ihr es fertig aus einer Liste bezieht? Was nicht eigens durch Erfahrungen, gerade auch schmerzliche, durch Wagnisse und durchgehaltene Anstrengungen errungen wurde, verdient einen so hohen Status nicht.

Das bürgerliche Ethos beruht auf der Freiheit, das Selbst zu produzieren und zu entwerfen. Genau in dieser Geste nötigt es umso energischer dazu, Gender wie alle anderen Aspekte dieses Selbst-Produktes als bearbeiteten Naturstoff zu begreifen. Wo keine physisch-soziale *hyle* der *morphe* Widerstand leistet, kann keine Arbeit stattfinden. Der Apparat – so lautete bei Sympathie das pädagogische

---

[3] Vgl. Sigmund Freud: »Das Motiv der Kästchenwahl«, in: *Gesammelte Werke*, Bd. 10, London 1946, S. 24–37, online: https://www.textlog.de/freud-psychoanalyse-motiv-kaestchenwahl.html (zuletzt aufgerufen am 28.5.2022). Freuds Interpretation verschiedener Szenen aus Shakespeare-Dramen, Mythen und Märchen läuft darauf hinaus, dass der Mensch »ein Stück der Natur und darum dem unabänderlichen Gesetz des Todes unterworfen« sei (ebd., S. 35) – die Wahl mithin illusorisch, denn in dem, was als begehrenswerteste Option erscheint, verbirgt sich doch nur das Geschick, das einen sowieso ereilt.

Zugeständnis – liefert einen Avatar für ein Kommunikationsexperiment, das ein paar rasche erste Exkursionen ins Ungewohnte gestattet. Falls sowas junge Leute ermuntert, sich mal in anderen Genderrollen auszuprobieren, wäre das sogar zu begrüßen, solange das einstweilig Erleichternde nicht die Konstitution des Identitären bestimmt. Früher oder später muss der Ernst des Lebens das Spiel prüfen, sonst bedroht technisch verlängerter Infantilismus die Persönlichkeitsreifung.

Eben hier wäre zu widersprechen: Nein, Erleichterung gehört in die Identität. Es war immer schon ein Zeichen schlechter Gesellschaft, das Geschlechtliche dem Individuum aufzubürden. Ausgerechnet dort, wo eine serviceorientierte Verwaltung hätte Wunder wirken können, zieht der Sinn fürs Abnehmen von Lasten sich aus dem Zusammenleben zurück. Körper haben ihr Gewicht nicht für sich, sondern füreinander. Eine Eigenschaft wie mein Geschlecht: Das ist zu einem erheblichen Teil dasjenige, womit ich unter denen durchkomme, deren Nähe und Ferne das Milieu meines Existierens ausmacht.

Passing through, nicht passing for – denn keine psycho- oder sozioontologische Notwendigkeit verfügt, dass das Paradigma der wechselseitigen Anerkennung, welches die Identitäten von außen formt, für alle Ewigkeit ›die Rolle‹ gewesen sein wird. Jedenfalls nicht die Rolle des bürgerlichen Theaters. Es ist ein Anachronismus, wenn sie heute wie vor hundert Jahren die Formvorstellung von persönlicher Entwicklung souffliert. Selbst Praktiken und theoretische Konzepte queerer Identität scheinen öfters davon abzuhängen, als uns lieb sein sollte.[4]

Der Begriff kommt bekanntlich von der Schriftrolle, wie man sie noch in Shakespeares Tagen den Schauspielern aushändigte. Mangels eines Apparats zum schnellen Drucken wurde das Drama von Hand abgeschrieben, und jeder erhielt nur den Auszug mit dem Text der eigenen Figur und den Stichworten der Dialogpartner. Ein Diskussionsbeitrag in einem Online-Forum sieht die Schriftrolle am genealogischen Ursprung des Dropdown-Feldes.[5] Das ist ein findiger Hinweis: Wir könnten Identität tieferlegen und für die Geschlechterrolle an ein älteres technisches Verständnis von Rolle anschließen als an die metaphysische Ästhetik des ausgehenden 19. Jahrhunderts.

---

[4] Diskussionen zu *drag* bspw. zeigen die Schwierigkeiten, dem Paradigma der Rollenidentität zu entkommen. Wo es gelingt, das Performative von einer Mimesis etablierter Images des Weiblichen, Männlichen zu lösen – selbst im Fall von *non-human drag*, da die Mimesis an Tieren, Dingen oder Aliens Maß nimmt –, unterstellt die Theaterkonvention in unserer Art, das Soziale zu denken, doch die *Form des Verkörperten* wieder den Kriterien einer bürgerlichen Darstellungsästhetik, die darüber befindet, was ich als Figur erkenne und was mir anerkennenswert erscheint.

[5] https://ux.stackexchange.com/questions/37212/where-did-combo-box-drop-down-lists-come-from (zuletzt aufgerufen am 28.5.2022).

Alternativen zum Staatsapparat

Hält ein anspruchsvoller Subjektivismus darauf, Identitätsfindung müsse schwerfallen, so geschieht das im besten Fall aus Sorge, Menschen vor den Manipulationen eines Kapitalismus zu retten, der nach dem Lebensstil auch die Lebensform ins Konsumprodukt einschließt (die Leute, die bei Starbucks arbeiten, tragen ihre bevorzugten Pronomen auf dem Namensschild, was ihre materielle Ausbeutung nur umso effektiver kaschiert, usw.). Diese kritische Fürsorge begeht jedoch einen Kategorienfehler: Es kann im Kampf gegen die Manipulations-maschine nicht darum gehen, statt der falschen Wahl die richtige zu treffen, gegen das Wohlfeile auf der authentischen Subjektivität zu bestehen – denn dann wäre dieser Kampf stets für alle bis auf eine Elite heroisch Echter verloren. Strategien, die Vielen Aussicht auf Partizipation an politisch besseren Subjektivierungen ein-räumen, betreffen nicht das einzelne Wahlergebnis, sondern die Situierung des Wählens. Falsch an der Wahl im falschen Leben, das kein wahres zulässt, ist der Ort, an dem die Umstände sie stellen.

Die Ära der Dropdown-Felder mit ihrer leicht verschwenderischen, durchs Bürokratische einen Hauch Luxus atmenden Genderpalette hat uns auch die folgenden Fragen beschert: Muss der Staat mein Geschlecht kennen? Was habe ich davon, wenn eins von zwei Geschlechtern oder zur Not eine geduldete Alternative in Personalausweis, Reisepass und der Registratur des Meldeamtes vermerkt sind? Was haben meine Mitmenschen davon? Mehr, als wir existenziell dafür zahlen?

Die Bilanz fällt ungünstig aus. Das Geschlechtliche bewahrheitet Novalis' Einsicht: »An manchen Orten sollte gar kein Staat angelegt werden.«[6] Dies keineswegs deshalb, weil ein genuin privates Eigentum an der Identität Schutz vor entfremdender Verwaltung verlangt. Schutz, den sie braucht – nämlich Schonung, Beistand, Entgegenkommen an der Schwelle zur Öffentlichkeit – findet Subjektivität dort, wo die soziale Wirklichkeit Gebrauch macht von der Möglich-keit, verschiedene zivile Geschlechtsverwaltungsapparate zu konstruieren, zu unterhalten und im Betrieb zu modifizieren. Geschlecht lässt sich dezentral selbst-organisiert glücklicher verwalten.

Darin, das eigene Glück und das erreichbare vieler anderer zum Kriterium guter Verwaltung zu erklären, liegt ein Schlüssel zur Befreiung des Verwaltungs-apparates von seiner regierungstechnischen Determinierung. Verwalten an Glück auszurichten ist gewiss so wenig neu wie die libidinöse Besetzung von Apparaten. Doch dringt das praktische Wissen um den Gebrauch dessen, was Giorgio Agamben das »reine Mittel« genannt hat,[7] erst auf den vielen kleinen Beinchen verbreiteter Anwendungen in die Gassen des Zivilen vor. Utopien, von Morus bis Fourier, entwarfen lieber alternative staatliche Verwaltungen, als Alternativen zur

---

[6] Novalis: *Das Allgemeine Brouillon. Materialien zur Enzyklopädistik*, Nr. 308, http://novalis. autorenverzeichnis.de/ab/0301-0310.html (zuletzt aufgerufen am 28.5.2022).

[7] Giorgio Agamben: *Mittel ohne Zweck. Noten zur Politik*, Berlin 2001, S. 111.

staatlichen Verwaltung zu ersinnen. Die Alternativen entspringen aus unverhofften Bequemlichkeiten. Sie etablieren sich da, wo ein technisches Tool, eine kluge Nutzungsidee zivile Selbstorganisation auf einmal leichter macht als die Entlastung, die der Staat seinen Bürger*innen im Austausch dagegen gewährt, dass sie ihre Macht an den Souverän abtreten.

Indem sie eben in der Trägheit der Leute eine Quelle für Enthusiasmus entdecken, teilen solche Verwaltungsofferten neben den konkreten Vorzügen einen anarchischen Elan mit. Und dieser affektive Nebengewinn verleiht ihnen ein politisches Momentum: Sie profanieren Verwalten, entwenden dessen organisatorische Wirklichkeit dem heiligen Ernst der gestifteten Ordnung des Ganzen.

Eine Politisierung von Geschlecht kann durchaus entlang derartiger Abkürzungen durchs Wirkliche geschehen, wie das Geschlecht zum Anklicken sie der Identitätssuche bietet. Als Donna Haraway in ihrem *Cyborg Manifesto* auf die Entnaturalisierung von Geschlecht drängte, spekulierte das in der Tradition des 19. Jahrhunderts auf die Macht der Technologie, Neues, Anderes zu erschaffen. Der Cyborg war proteische Maschine, Agentur einer Verwandlung, die sich als Schöpfung begehrte. Die Verwandlung selbst erteilte als Wert des Begehrenswerten jeder konkret gelebten Geschlechtsvariante erst die Zustimmung. Was den Geschlechtsreplikator des Dropdown-Feldes für queere Politik empfiehlt, weist, abseits dieser Perspektive, in Richtung eines Einvernehmens von Technik und Genügsamkeit. Der Apparat erschafft hier nicht, er verschafft Zugang zur leichtherzigen Gleichgültigkeit des vorerst Erfüllten. Zugang zum Weiterleben.

Wählen nimmt mit einem hinreichend üppig bestückten Gender-Menü eine Fluchtlinie wahr, eine identifikatorische Bewegung, die um die Einordung ins Ganze gerade so weit herumführt, dass ich damit ziemlich glücklich weiterleben kann. Und auf das Weiter kommt es an für die Identität, während Ursprung und Zielbestimmung außer Reichweite bleiben (meine Identität begann lange nach der Geburt, und sie wird zur Unzeit im Prozess des Sterbens, vor dem Tod, kollabieren).

Neuerung fällt bei der apparativen Auslagerung des Geschlechts in die Zuständigkeit einer episodisch modischen, allmählichen, kollektiv getakteten Verwaltung von Zeitdifferenz, die den Inhalt der Liste betreut. Weit davon entfernt, die Redlichkeit der Geschlechtsidentität für kurzfristigen Schick zu verraten, scheint dies launig Allmähliche geeignet, Queerness jene Dauer zuzumessen, die es ihr erlaubt, sich von der progressiven Initiative, die sie bislang ist, zu einer allseits teilbaren Gewohnheit zu entfalten.

Dem aufreibenden Projekt, das Nicht-Heteronormative immer und immer wieder zu erfinden – es ein ums andere Mal wie eine Avantgarde gegen das bürgerliche Staatstheater der Geschlechterrollen in Stellung zu bringen –, gebührt sicherlich Respekt. Doch werden es vielleicht die popkulturellen Ableitungen gewesen sein, die *queer performance* ins Verhalten einpflegen. Womöglich erübrigt es sich, eine nichtkonforme Rolle zu *spielen*, wenn an jeder kommunikativen Ecke Apparate stehen, die Gender-Optionen auswerfen wie die

Kaugummikugelversion von *instruction art pieces*: Ich lese den Namen meines präferierten Geschlechts, und das Leben geht weiter mit dem, was passiert.

Literatur

Agamben, Giorgio: *Mittel ohne Zweck. Noten zur Politik*, Berlin 2001.

Easterling, Keller: *Extrastatecraft: The Power of Infrastructure Space*, London 2014.

Freud, Sigmund: »Das Motiv der Kästchenwahl«, in: *Gesammelte Werke*, Bd. 10, London 1946, S. 24–37.

Novalis: *Das Allgemeine Brouillon. Materialien zur Enzyklopädistik*, Nr. 308, http://novalis. autorenverzeichnis.de/ab/0301-0310.html (zuletzt aufgerufen am 28.5.2022).

Stack Exchange: *Where did combo box/drop-down lists come from?*, https://ux.stackexchange. com/questions/37212/where-did-combo-box-drop-down-lists-come-from (zuletzt aufgerufen am 28.5.2022).

Textlog: *Das Motiv der Kästchenwahl*, https://www.textlog.de/freud-psychoanalyse-motiv-kaestchenwahl.html (zuletzt aufgerufen am 28.5.2022).

The Trevor Project: *Diversity of Youth Gender Identity*, https://www.thetrevorproject. org/2019/10/29/research-brief-diversity-of-youth-gender-identity (zuletzt aufgerufen am 28.5.2022).

Administering Emancipation. Verwaltung zwischen der »Tyranny of Structurelessness« und der »Tyranny of Tyranny«

Lara Scherrieble und Lukas Stolz

»Herrschaft«, so Max Weber in Wirtschaft und Gesellschaft »ist im Alltag primär: Verwaltung«.[1] Doch auch Widerstand und Protest kommen im Alltag nicht um Fragen der Verwaltung herum. Die einen wollen regieren, die anderen nicht derartig regiert werden. Neben Fragen der politischen Ideologie stellen sich beiden Lagern gleichermaßen Fragen nach Techniken und Formen der Verwaltung und Organisation: Wer trifft wann welche Entscheidungen? Mit welcher Legitimität? Welche Techniken der Organisation dienen dem jeweiligen politischen Ziel am besten? Als ob diese Fragen für sich genommen nicht schon anspruchsvoll genug sind, kommt für das Lager emanzipativer Bewegungen, also derjenigen, die nicht derartig regiert werden wollen, eine zusätzliche Schwierigkeit hinzu. Ist das Ziel, nicht nur Macht zu erlangen, sondern im besten Fall Herrschaftsverhältnisse insgesamt zu transformieren, stellt sich die Frage, ob es Formen der Verwaltung gibt, die in der Lage sind, Machtverhältnisse eher zu irritieren, anstatt sie zu festigen.

Während für die einen politisch schlagkräftige, zentralisierte Massenorganisationen das beste administrative Tool zur Revolution und damit zur Überwindung von Herrschaftsverhältnissen sind, sehen andere in der dezentralen Selbstermächtigung den richtigen Weg zur Emanzipation. Es wäre vermessen, bei dieser Auseinandersetzung zur Gretchenfrage politischer Organisation, bei

---

[1] Max Weber: *Wirtschaft und Gesellschaft: Grundriss der verstehenden Soziologie*, Tübingen 2009, S. 126–130.

L. Scherrieble (✉)
KW Institute for Contemporary Art, Berlin, Deutschland
E-Mail: lara.scherrieble@gmx.de

L. Stolz
DFG-Graduiertenkolleg »Kulturen der Kritik«, Leuphana Universität Lüneburg, Lüneburg, Deutschland
E-Mail: lukas@posteo.de

© Der/die Autor(en) 2024
A. Echterhölter et al., *Apparate*, AdminiStudies. Formen und Medien der Verwaltung 3, https://doi.org/10.1007/978-3-662-67712-4_13

der sich schon Lenin und Luxemburg nicht einigen konnten, das letzte Wort
haben zu wollen. Trotzdem kann dieser Konflikt zur richtigen Administration der
Emanzipation mehr oder weniger produktiv geführt werden und neben der Einsicht, dass diese Debatte wohl auch noch in hundert Jahren laufen wird (falls es
dann noch Gesellschaften gibt), ist manchmal auch ein Blick in die Vergangen-
heit hilfreich, um den Blick für die Paradoxien und Widersprüche zu schärfen,
denen auf der Suche nach alternativen Verwaltungsformen nicht zu entkommen ist.
In dieser Hinsicht aufschlussreich und unterhaltsam sind zwei Streitschriften zu
Fragen des feministischen *movement buildings* aus den 1970er-Jahren zwischen
Jo Freeman und Cathy Levine. In ihrer Polemik mit dem unzweideutigen Titel
»The Tyranny of Structurelessness« kritisiert Freeman 1970 die Vorstellung von
Struktur- und Hierarchielosigkeit im feministischen Aktivismus ihrer Zeit. Neun
Jahre später beklagt Cathy Levine in ihrer Replik »The Tyranny of Tyranny« die
destruktiven Auswirkungen von Freemans Text im Hinblick auf das Ziel, eine
revolutionäre feministische Bewegung zu etablieren.

»The Tyranny of Structurelessness« vs. »The Tyranny of Tyranny«

»The Tyranny of Structurelessness« ist eine interne Kritik an den feministischen
Bewegungen der frühen 1970er-Jahre, die laut Freeman einer verklärten Vorstellung von Struktur- und Hierarchielosigkeit anhingen. Was als Reaktion auf
eine überstrukturierte patriarchale Gesellschaft entstand, sei mit der Zeit zu einer
»goddess in its own right«[2] geworden. Das zentrale Problem von Strukturlosigkeit in Gruppen sei schlicht und ergreifend, dass es sie nicht gebe, so Freeman.
Die Rhetorik der Strukturlosigkeit werde von Mächtigen innerhalb der Bewegung
instrumentalisiert, um ihre Macht zu verschleiern: »This means that to strive for
a ›structureless‹ group is as useful and as deceptive, as to aim at an ›objective‹
news story, ›value-free‹ social science or a ›free‹ economy. A ›laissez-faire‹ group
is about as realistic as a ›laissez-faire‹ society; the idea becomes a smokescreen
for the strong or the lucky to establish unquestioned hegemony over others«.[3] Die
Reproduktion bestehender Machtstrukturen durch informelle Eliten lasse sich nur
unterbrechen, wenn diese Strukturen explizit und dadurch veränderbar gemacht
würden. »For everyone to have the opportunity to be involved in a given group
and to participate in its activities the structure must be explicit, not implicit. The
rules of decision-making must be open and available to everyone, and this can
only happen if they are formalized«.[4] Freeman hebt in ihrer Argumentation unter-

---

[2] Jo Freeman: »The Tyranny of Structurelessness«, in: *Women's Studies Quarterly* 41, 3–4
(2013), 231–246, hier S. 231.
[3] Ebd., S. 232.
[4] Ebd., S. 233.

schiedliche Entwicklungsstufen der feministischen Bewegung hervor. Gerade zu Beginn der *consciousness-raising*-Phase sei Informalität produktiv gewesen, da Teilnehmer*innen sich in vertrauensvoller Atmosphäre öffneten und so die Grundlage für solidarische Beziehungen legen konnten. Ab einem gewissen Punkt gehe es jedoch darum, politische Handlungsfähigkeit zu erlangen, und dafür sei eine formalisierte Organisationsstruktur notwendig, so Freeman. »Unstructured groups may be very effective in getting women to talk about their lives; they aren't very good for getting things done«.[5] Freeman plädiert am Ende ihres Textes für einen experimentellen Umgang mit verschiedenen Strukturen und Techniken, darunter die Verteilung von Macht auf möglichst viele Mitglieder der Bewegung und rotierende Rollen. »Mostly, we will have to experiment with different kinds of structuring and develop a variety of techniques to use for different situations«.[6]

Cathy Levines Replik »The Tyranny of Tyranny« erschien 1979 und damit neun Jahre nach Freemans »The Tyranny of Structurelessness«. Levine argumentiert, dass eine Formalisierung der Bewegungsstrukturen eine Angleichung zu patriarchal und kapitalistisch geprägten Organisationsmodellen bedeuten würde, was es unter allen Umständen zu verhindern gelte: »Men tend to organise the way they fuck–one big rush and then that ›wham, slam, thank you maam‹, as it were. Women should be building our movement the way we make–gradually, with sustained involvement, limitless endurance–and of course, multiple orgasms«.[7] Im Gegenzug zu Freemans Forderung nach formalen Strukturen und einer zentralisierten Bewegung plädiert Levine für dezentrale, kleine und ehrenamtliche Gruppen, oder auch: das Modell der Freundschaft. Levine verteidigt die Versuche der feministischen Linken, hierarchiefreie Gruppen zu etablieren und sich damit gegen etablierte Organisationsformen zu stellen, als absolut notwendige Voraussetzung, um mit Formen zu experimentieren, die gleichsam als Modell für die Organisation einer neuen Gesellschaft fungieren können:

> »But what people fail to realize is that we are reacting against bureaucracy because it deprives us of control, like the rest of this society; and instead of recognizing the folly of our ways by returning to the structured fold, we who are rebelling against bureaucracy should be creating an alternative to bureaucratic organisation. The reason for building a movement on a foundation of collectives is that we want to create a revolutionary culture consistent with our view of the new society; it is more than a reaction; the small group is a solution«.[8]

Im Gegensatz zu Freeman sieht Levine *consciousness-raising* nicht als ein vorübergehendes Stadium der Bewegung an, sondern als andauernden Prozess der Befreiung. Zwar stimme es, dass viele in der Bewegung darüber hinaus-

---

[5] Ebd., S. 239.

[6] Ebd., S. 244.

[7] Cathy Levine: »The Tyranny of Tyranny«, *The Anarchist Library:* https://theanarchistlibrary. org/library/cathy-levine-the-tyranny-of-tyranny (zuletzt aufgerufen am 1.6.2022).

[8] Ebd.

gehend politisch aktiv werden wollen, ohne genau zu wissen, wie, doch das Problem politischer Ratlosigkeit betreffe nicht nur die feministische Bewegung: »It is equally true that other branches of the Left are at a similar loss, as to how to defeat capitalist, imperialist, quasi-fascist America«.[9] Als größte Hürde der feministischen Bewegung sieht Levine nicht die Illusion der Strukturlosigkeit, sondern die psychosozialen Folgen von Gefühlen persönlicher Unzulänglichkeit und Machtlosigkeit, oder auch »the feelings of personal shittiness«. Die beste Antwort darauf sei eine neue feministische Kultur und Art des Zusammenlebens basierend auf freundschaftlichen Beziehungen: »Friendships, more than therapy of any kind, instantly relieve the feelings of personal shittiness–the revolution should be built on the model of friendships«.[10]

Obwohl sie entgegengesetzte Positionen vertreten, möchte man nach dem Lesen der jeweiligen Texte sowohl Freeman als auch Levine zustimmen. Beide Autor*innen problematisieren soziale Dynamiken der Exklusion und des Wettbewerbs um Anerkennung, sehen dafür jedoch unterschiedliche Gründe. Bei Freeman sind es die informellen Eliten, die einen Austausch auf Augenhöhe verhindern: »At any small group meeting anyone with a sharp eye and an acute ear can tell who is influencing whom«.[11] Bei Levine ist die Größe der Massenorganisation das Problem: »The individual is alienated by the size, and relegated, to struggling against the obstacle created by the size of the group–as example, expending energy to get a point of view recognised«.[12] Formalisierte Strukturen, für Freeman ein Weg der Emanzipation, sind für Levine Mechanismen der Unterdrückung. Umgekehrt verhält es sich mit Freundschaften, die für Levine den Schlüssel zur Befreiung darstellen und für Freeman die Grundlage intransparenter Eliten sind. Die Positionen laufen dabei analog zu Grundsatzdebatten zur Bürokratie. So lässt sich Freemans Argument in einem weberschen Sinne lesen, in dem der unpersönliche Verwaltungsstaat eine Emanzipation von Willkürherrschaft und personaler Herrschaft bedeutet. Besser eine explizit formalisierte und zumindest dem Anspruch nach rationale Herrschaft akzeptieren, als von launischen Despoten abhängig zu sein. Levine hingegen hängt sich genau an dieser Unpersönlichkeit formaler Strukturen auf und weist auf die daraus folgende Entfremdung und charakterliche Deformation aller von Bürokratie Betroffenen hin. Zudem werden unterschiedliche Politikverständnisse deutlich. Während Freeman ein eher ›klassisches‹ makropolitisches Verständnis von Veränderung hat – institutionelle Mehrheiten organisieren –, scheint Levine den Fokus auf Mikropolitiken und damit einer Veränderung der Art und Weise von Beziehungen zu legen.

---

[9] Ebd.

[10] Ebd.

[11] Freeman, Structurelessness, S. 235.

[12] Levine, Tyranny.

Experimentelle Verwaltungsformen

Welche Organisationform wirkt nun emanzipativ? Und was wäre die Konsequenz, wenn wir sowohl Levine als auch Freeman zustimmen würden? Wenn wir davon ausgingen, dass keine formalisierten Strukturen auch keine Lösung sind, aber formalisierte Strukturen nicht ohne unerwünschte Nebenwirkungen zu haben sind? Wenn sich die Spannungslagen zwischen »Tyranny of Structurelessness« und »Tyranny of Tyranny«, zwischen Organisation und Person nicht auflösen lässt? Akzeptiert man, dass sich Formen der Organisierung entlang des von Levine und Freeman gesetzten Spektrums bewegen und dabei gewissen Widersprüchen nicht zu entkommen ist, wird vor dem Hintergrund von Grundsatzdebatten der Blick frei für institutionelle Experimente, die bereit sind, mit den unauflösbaren Spannungslagen umzugehen. Geht man sowohl von der Notwendigkeit formaler Strukturen als auch von deren notwendigem Scheitern und deren Vorläufigkeit aus, lässt sich produktiv nach alternativen Formen der Organisation fragen.

Vor diesem Hintergrund kann auch eine der interessantesten Interventionen der letzten Jahre zur Frage der Revolution gelesen werden, *Beziehungsweise Revolution* von Bini Adamczak. Darin untersucht Adamczak die Revolutionswellen von 1917 und 1968 hinsichtlich ihrer Utopien, Methoden und letztendlich ihres Scheiterns auf der Suche nach einem neuen Revolutionsbegriff. Die beiden Pole 1917 und 1968 erinnern dabei strukturell an die Dynamik zwischen Freeman und Levine (oder auch Lenin und Luxemburg): zentralisierte und formalisierte revolutionäre Organisationen auf der einen, dezentrale, prozessorientierte, lose Bündnisse des Widerstands auf der anderen Seite. Mit dem Begriff »Beziehungsweise« bezeichnet Adamczak einen Modus von Revolution, der ermöglichen soll, Veränderung als Ergebnis pluraler kollektiver Praxis zu verstehen.[13] Bewegliche und im Wandel befindliche solidarische Bündnisse zeichnen die revolutionären Bewegungen aus, die Adamczak vorschweben. Nach »der Gleichheitsorientierung von 1917 und der Freiheitsorientierung von 1968« kann mit dem Begriff der Beziehungsweise »die Solidarität ins Zentrum (…) rücken, die wesentlich ein Beziehungsgeschehen ist«.[14] Fragen der Mikro- und Makropolitik werden nicht gegeneinander ausgespielt, sondern stellen unterschiedliche Punkte auf dem Spektrum möglicher Beziehungsweisen dar. »Der Begriff der Beziehungsweise erlaubt es, Mikro- und Makroebenen zugleich zu fassen, intime, informelle wie versachlicht formalisierte, Nah- wie Fernbeziehungen auf einem terminologischen Niveau zu diskutieren, wobei die Wortwahl einem universalistischen Feminismus in strategischer Absicht folgt«.[15] Mit anderen Worten: Gewerkschaftliche Arbeitskämpfe und queere Beziehungsweisen müssen sich nicht widersprechen.

---

[13] Bini Adamczak: *Beziehungsweise Revolution: 1917, 1968 und kommende*, Berlin 2017, S. 256.
[14] Ebd., S. 257.
[15] Ebd., S. 256.

»Warum sollten Ziel und Ausgangspunkt von Befreiung nicht Kommunen, WGs, romantische Dreierbeziehungen, Nachbarschaftstreffen, Betriebsräte sein?«[16] Ist die Beziehungsweise Revolution eine der »organisierten Freundschaften«? Adamczaks Buch kann nicht zuletzt als Plädoyer für experimentelle Formen der (Selbst)-Verwaltung gelesen werden, die sowohl Ziel als auch Mittel der Revolution sind.

Literatur

Adamczak, Bini: *Beziehungsweise Revolution: 1917, 1968 und kommende*, Berlin 2017.
Freeman, Jo: »The Tyranny of Structurelessness«, in: *Women's Studies Quarterly* 41, 3–4 (2013), 231–246.
Levine, Cathy: »The Tyranny of Tyranny«, *The Anarchist Library*: https://theanarchistlibrary.org/library/cathy-levine-the-tyranny-of-tyranny (zuletzt aufgerufen am 1.6.2022).
Weber, Max: *Wirtschaft und Gesellschaft: Grundriss der verstehenden Soziologie*, Tübingen 2009.

---

[16] Ebd., S. 232.

Sich selbst beleihen. Anträge und die Verwaltung von Wissenschaftlichkeit

Caspar-Fridolin Lorenz

Anträge sind elementare Bestandteile wissenschaftlicher Forschung. Zwar wird sich empört über den dafür notwendigen Zeiteinsatz und die rigide Struktur der Bearbeitungen, zwar werden die durch sie entstehenden Abhängigkeiten und die umfassenden Auswirkungen auf Hochschulen, Fakultäten und Institute bedauert – doch sie werden geschrieben und natürlich auch begutachtet und verwaltet. Das hat mit den Gewinnen zu tun, die zu erreichen sind. In erster Linie handelt es sich dabei um die Finanzierung von Projekten, Stellen oder Forschungsaufenthalten. Darüber hinaus können jedoch auch weitere Effekte der Forschung und den mit Forschung in Verbindung stehenden Organisationen und Personen zum Vorteil werden. Diesen Eindrücken möchte ich in diesem Text nachgehen.

Das Antragswesen besteht aus verschiedenen Bereichen, in denen in unterschiedlicher Weise Bedeutungen für die Wissenschaft verhandelt werden. Anträge sind Bestandteil von Verfahren wie auch Ausgangspunkt und Grundlage von Projekten. Sie sind aber auch eigenständige Texte, die als solche mehr Aufmerksamkeit und Öffentlichkeit verdienen.[1] Ziel ist es hier, diese Antragstexte durch Stationen zu begleiten, um dabei auf Wechselwirkungen aufmerksam zu machen, die das Verhandeln von Relevanz thematisieren. Wie müssen Anträge geschrieben sein, um in festgelegten Verfahren Einfluss zu gewinnen? Welche Arten der Problembeschreibung sind *wissenschaftlich* und gleichzeitig *neu*? Welche Anforderung werden an die unterschiedlichen Stellen im Milieu gestellt? Welche personalen Adressen entstehen dabei?

---

[1] Genau dieses, also Öffentlichkeit, wird ihnen nicht zuteil. So entsteht eine Art Geheimwissen, das eine eigene Sprache und Räume für sich beansprucht und das den sich in diesen Feldern aufhaltenden Personen entsprich, in denen informell über die eigenen Erfahrungen und daraus folgende Rückschlüsse gesprochen (und geschwiegen) wird.

C.-F. Lorenz (✉)
Berlin, Deutschland
E-Mail: caspar.lorenz@daence.org

© Der/die Autor(en) 2024
A. Echterhölter et al., *Apparate*, AdminiStudies. Formen und Medien der
Verwaltung 3, https://doi.org/10.1007/978-3-662-67712-4_14

Die Gestalt, also Design, Struktur und auch der Inhalt von Antragstexten werden wesentlich von Ausschreibungen und den für sie gestalteten Verfahren bestimmt. Das Schreiben erfolgt also immer auf einen spezifischen Rahmen hin, zu dem eine Passung erzeugt werden soll. Die im deutschsprachigen Raum wichtigste Organisation wissenschaftlicher Forschungsförderung ist die Deutsche Forschungsgesellschaft (DFG); andere relevante Förderinstitutionen für grundlegende Forschungsförderungen sind Stiftungen, wie die VolkswagenStiftung, Bundesministerien und privatwirtschaftliche Unternehmungen.[2] Unabhängig von der spezifischen Förderinitiative oder Ausschreibung wesentlich für den Bewilligungserfolg ist die Darstellung als bedürftige Einzelforscher*in, die mit der Darlegung eines konkreten Projektvorhabens einen substantiellen Beitrag zum Fortschritt der Wissenschaft leisten kann.

Damit dies gelingt, ist die Formulierung eines Antrags nötig, der das Vorhaben als Projekt, also als temporär geschlossenen, mit Anfang und Ende versehenen Abschnitt, kennzeichnet. Dieses muss in Unterabschnitte gegliedert sein, die als abarbeitbar, also als umfänglich erreichbar erkennbar gemacht werden sollen. Die Darstellung folgt damit spezifischen Vorgaben einer Ausschreibung, deren formalisierende Rahmung Vorstellungen von dem zeigt, was Forschung sein soll. Risiken, also Projekte, die zu keinen oder anderen Ergebnissen kommen, oder mit unsicheren, unklaren, mithin *neuen* Methoden arbeiten (wollen), werden von Förderinstitutionen (tendenziell) vermieden. Doch nicht nur das: Die in diesen Antragsverfahren erzeugten Vorstellungen wirken erwartungsbildend und damit auch im epistemischen Sinne auf Forschungsthemen, die vorgeschlagen oder ausgelassen werden.[3] So verengt sich der Raum der Möglichkeiten zu einem akzeptierten Korridor erwartbarer Forschungsfragen, die in Projekten erarbeitet werden können. Sachlich, sozial, wie auch zeitlich wird Forschung durch Verwaltung geformt. Dazu gehören auch Peer-Review-Verfahren, deren Bedeutung als direkte Zuschreibung von Wertigkeit und indirekte Form der Strukturierung, nicht überschätzt werden kann. Aktuelle Antragsverfahren sind, obwohl diese sich erst in den 1970er-Jahren flächendeckend durchsetzten, ohne Peer-Review-Prozesse nicht zu denken. Ihre Wirkung erzeugen sie dabei nicht allein durch die

---

[2] Im Jahr 2016 wurden von deutschen Universitäten insgesamt 6,9 Mrd. € eingeworben, während gleichzeitig die grundfinanzierenden Landesbehörden ihre Förderungen reduzierten. So kippte das Verhältnis von Grund- und Drittmitteln innerhalb von zehn Jahren: Während 2005 immerhin noch 56 % der Universitätshaushalte aus Landestöpfen finanziert wurden, waren es 2015 lediglich 44 %, die aus diesen Richtungen flossen. Vgl. Statistisches Bundesamt: »Drittmittel je Universitätsprofessorin und –professor«, online einzusehen unter: https://www.destatis.de/DE/PresseService/Presse/Pressemitteilungen/2018/10/PD18_399_213.html (zuletzt aufgerufen am 3. Oktober 2021).

[3] Vgl. Ruth Müller, Sarah de Rijcke: »Exploring the Epistemic Impacts of Academic Performance Indicators in the Life Sciences«, in: *Research Evaluation* 26/3 (2017), S. 157–168. Zu Reaktionen von Forschung und Forschungsorganisation auf wissenschaftspolitische Entscheidungen auch: Hildegard Matthies, Dagmar Simon, Marc Torka (Hg.): *Die Responsivität der Wissenschaft. Wissenschaftliches Handeln in Zeiten neuer Wissenschaftspolitik*, Bielefeld 2015.

Begutachtung, auch die Einbettung des Antrags in ein Reviewverfahren wirkt erwartungsstrukturierend. Die Vorstellung, als Antragende einer Institution gegenüberzustehen, die Einlass gewähren soll, erscheint kafkaesk, und gerade deshalb ungemein wirkmächtig. Die Prüfsituation wird zum strukturierenden, das heißt vor allem: wiederkehrenden und daher schon eingerechneten, Ereignis wissenschaftlicher Tätigkeiten. Anträge und Projekte werden daher, notwendigerweise, im Angesicht ihrer und nur im Hinblick auf ihre Evaluation hin geschrieben. Die in diesen Verfahren begrenzte Öffentlichkeit trägt zu asymmetrischen Verhältnissen bei. Mit dem auch verständlichen Argument des Schutzes der persönlich Beteiligten gelingt es der Organisation Politik zu betreiben. Hier treffen sowohl Gutachter*innen wie Antragende im Vorraum einer Macht aufeinander, den sie in ihren Interaktionen aktiv zu ignorieren scheinen[4] und der auch deshalb keiner offenen Verhandlung unterliegt. Der Einfluss der Förderungsorganisationen bedingt diesen Zusammenhang: Während sich Antragsstellende und Begutachtende anhand eines vorliegenden Textes auseinandersetzen, bleibt die Organisation (scheinbar) unbeteiligt. Gleichwohl obliegt es ihr, den Rahmen zu setzen – durch Ausschreibungstexte, Verfahrensanforderungen und die Auswahl der Gutachter*innen – in den Antragstexte zur Evaluation gestellt werden, die dort von Gutachtenden beurteilt werden. Damit entsteht eine Anspruchsformation, auf die hin Antragstexte zu schreiben sind und die die Grundlage bietet für eine spätere Evaluation. Dabei gilt, übergeordnet, dass es sich bei Anträgen um Gebrauchstexte handelt; sie werden geschrieben, um etwas, nämlich die Förderung eines vorgeschlagenen Projekts, zu erreichen. Sie gehören damit in den autopoietischen Zusammenhang des Wissenschaftssystems, den jeder einzelne Vorschlag – unabhängig davon, ob er angenommen wird oder nicht – fortsetzt.[5] Um diesen Gewinn, die Förderung, zu erreichen, nutzen sie wie andere (wissenschaftliche) Texte »literarische Strategien«,[6] die Aufmerksamkeit, Dringlichkeit und Problembewusstsein organisieren. Schrift und Sprache als Medien werden eingesetzt, um in einem spezifischen Antrag eine Projektform zu erzeugen, die auf die selbst aufgeworfenen Fragen antwortet. Bei der vergleichenden Lektüre von Anträgen wird deutlich, dass Ereignisse oder (gesellschaftliche oder politische) Entwicklungen als Anlässe dienen können, um Themen zu platzieren, wie es auch theoretische Auseinandersetzungen gibt, die als Auslöser dienen. Zu jedem Antrag,

---

[4] Vgl. Niels Werber: »Antichambrieren bei Schiller und Schmitt zum Zusammenhang von Macht und Raum«, in: Iris Därmann, Anna Echterhölter (Hg.), *Konfigurationen. Gebrauchsweisen des Raums*, Berlin, Zürich 2012, S. 65–80.

[5] Vgl. Rudolf Stichweh: »Die Autopoiesis der Wissenschaft«, in: ders., *Wissenschaft Universität Professionen. Soziologische Analysen*, Frankfurt a. M. 1994, S. 54–82; auch: Niklas Luhmann: *Die Wissenschaft der Gesellschaft*, Frankfurt a. M. 1990.

[6] Karin Knorr-Cetina: *Die Fabrikation von Erkenntnis. Zur Anthropologie der Wissenschaft*, Frankfurt a. M. 1984, S. 178. Der Begriff der Strategie soll nicht bedeuten, dass die Einzelnen über ihren Erfolg entscheiden können. Er markiert, dass Texte unterschiedlich sind, und die Frage, welche Unterschiede relevant sind im Hinblick auf Erfolge als eine verstanden wird, die Texte gestaltet.

das lässt sich ebenfalls erkennen, gehört die Vorstellung eines strukturierten Vor-
gehens, das das Vorhaben als Projekt kennzeichnet. Es wird eine Lücke entwickelt
und daraufhin ein Vorhaben beschrieben, das über zeitliche Vorschläge sachliche
Fragestellungen mit sozialen Zusammenhängen verbindet. Dies ist die Form, die
die Lücke besetzt und wiederum eine neue Leerstelle erzeugt, mit der gewirt-
schaftet werden kann.[7] Für dieses Wirtschaften werden im Besonderen
reputationsstärkende Verfahren genutzt: Es gibt Möglichkeiten der Positionierung
durch Referenzen und die Beglaubigung der eigenen Vorstellung durch Zitation.
Beides sind Formen der Beleihung situationsfremder Ereignisse, die mit der
Betonung eigener Arbeiten in Antragstexten operieren. Diese Technik kann überhaupt auf Personen und Konstellationen ausgeweitet werden, wenn beispielsweise
Forschungsteams oder Institutionen beworben werden, indem vorherige Projekte
als Leistungen präsentiert werden. Vorangegangenes wird als Erfolg verbucht und
durch die Betonung externer Zuschreibungen (eine Publikation in einem prestige-
trächtigen Journal, eine Förderzusage in besonderer Höhe oder bei einem ausgewiesenen Verfahren) gestärkt. In dieser Weise wird die eigene Leistung mit den
Rückmeldungen anderer zu reputationsfördernden Formen verstärkt, die, neben
dem tatsächlichen Antragstext, Eignung signalisieren. Die Vorleistungen müssen
abgeschlossen sein, um in der aktuellen Situation eine Bedürftigkeit anzumelden,
die zur Förderung berechtigt. Antragstexte müssen also, nach wie vor, Not kennt-
lich machen – und zwar in doppelter Hinsicht. Zunächst muss die ökonomische
Situation eine Notwendigkeit der Förderung erkennen lassen, also aufzeigen, dass
ohne Förderzusage kein Projekt stattfinden würde. Was, und das ist die zweite
unbedingt zu vermittelnde Ebene, impliziert, dass das vorgeschlagene Projekt der
bestehenden Forschungslandschaft Sinnvolles hinzufügt. Der Projektvorschlag
bezieht sich also »auf die Relation von Wissensstand und vorgeschlagener Modifikation oder Erweiterung«[8] und versucht in diesem Verhältnis etwas »Neues zu
profilieren«.[9] *Not* und *Notwendigkeit* sind Chiffren, die in Antragstexten gefüllt
werden. Die Orientierung an fremden Überzeugungen führt dabei zu Verschiebungen in der Auswahl von Themen und der Form ihrer Bearbeitung. Diese
Sorge formulierte bereits Max Weber in seinem vor mehr als 100 Jahren
gehaltenen Vortrag »Wissenschaft als Beruf«,[10] in dem er den Verdacht äußerte,

---

[7] Vgl. Maren Lehmann: »Systemtheorie als Hypothek«, in: dies., *Theorie in Skizzen*, Berlin 2011,
S. 10–38. Zu Leerstellen und ihren funktionalen Bedeutungen auch: Harrison C. White: *Chains
of Opportunity. Systems Models of Mobility in Organizations*, Cambridge Mass. 1970. Die Leerstelle erfordert strukturell eine Reaktion so und wiederum neue Folgeaktionen erfordert. Es
werden, so Maren Lehmann, verschiedene »Unvollkommenheiten zu einer aktuellen Ungewiss-
heit« zusammengefügt, um mit dieser zu rechnen. Maren Lehmann: *Mit Individualität rechnen.
Karriere als Organisationsproblem,* Weilerswist 2011, S. 185.

[8] Rudolf Stichweh: »Differenzierung der Wissenschaft«, in: ders., *Wissenschaft*, S. 15–51, hier
S. 42.

[9] Ebd.

[10] Max Weber: »Wissenschaft als Beruf«, in: Matthias Bormuth (Hg.), *Wissenschaft als Beruf.
Mit zeitgenössischen Resonanzen und einem Gespräch mit Dieter Henrich*, Berlin 2018,
S. 37–94.

dass Hochschulen (wie auch die neugegründeten Handelshochschulen) zu
»Pfründen« des »Staatsadels«[11] verkommen würden. »Pfründe« sind, in der
Definition Webers, Formen der Teilhabe »am Tisch des Herrn«, ursprünglich im
Sinne eines »Naturaldeputats«, also materieller Zuwendungen, dann aber
generalisiert im Sinne »approbriierter Renten-, Gebühren- und Steuer-Einkunfts-
chancen.«[12] Gemeint waren Ämter oder Stellen, die nicht genügend oder kein Ein-
kommen garantierten, sondern nur Einkommenschancen verschafften. Die Gründe
dafür, dass solche »zu- und angeeigneten Chancen«[13] attraktiv sein können, fasst
Weber unter der Formulierung einer »Vergebung von Einkünften gegen Gestellung
von Heereskontingenten und Zahlung von Verwaltungskosten«[14] zusammen. Also
Drittmittelprojekte, gewissermaßen. Die »Pfründe ist dann nicht mehr der Lehrstuhl, sondern das Projekt«,[15] schreibt Lehmann, dessen Organisation, zum einen,
mikropolitischer Überzeugungen im Vorraum der Macht[16] bedarf, und – genau
deshalb –, zum anderen, das Selbstmanagement der Forschenden anspricht. Die
dabei entstehende Konstellation ermöglicht Spielchancen, die jedoch so wenig
kalkuliert werden können, dass es sich um Wetten mit hohem Risikoeinsatz
handelt. Eric M. Leiffer zeigt, wie entscheidend das Management von Ambigui-
täten in dieser Form des Spielens ist: Sich nicht festzulegen ermöglicht die
Chance, sich nochmals (nicht) festzulegen, und zwar sachlich wie sozial.[17] Das ist
auch in Antragstexten ersichtlich; dabei geht es ums Ganze, weil nicht nur
Schreibende, sondern auch Beurteilende ihre Positionen verlieren und nicht mehr
anders können, als sich selbst eine Planke zu suchen.[18] Genau das bezeichnet das
Moment personaler Zuschreibung, wenn Individualität als organisationales, also
zu organisierendes und damit soziales Problem verstanden wird. »Individuum ist,
wer mit sich rechnen lässt im Raum der bürokratisch beobachtenden, ihre

---

[11] Pierre Bourdieu: *Der Staatsadel*, Konstanz 2004.

[12] Max Weber: *Wirtschaft und Gesellschaft. Grundriss der Verstehenden Soziologie*, Tübingen 1980, S. 136.

[13] Maren Lehmann: »›Einfach Hazard‹: Wissenschaft als Beruf«, bisher unveröffentlicht, S. 1–19, hier S. 4.

[14] Weber, Wirtschaft und Gesellschaft, S. 600.

[15] Ebd.

[16] Vgl. Werber, Antichambrieren.

[17] Vgl. Eric M. Leifer: »Micromoment Management: Jumping at Chances for Status Gain«, in: *Soziale Systeme* 8/2 (2002), S. 165–177; Eric M. Leifer, Valli Rajah: »Getting Observations. Strategic Ambiguities in Social Interaction«, in: *Soziale Systeme* 6/2 (2000), S. 251–267. Als im Vorteil wird derjenige beschrieben, der vielseitige an ihn adressierte Handlungen erhält. Um in diese Position zu gelangen, so Leifer, müssen jedoch attrahierende Signale ausgesandt werden. Damit dies nicht zu gefährlich wird, empfiehlt es sich eindeutig uneindeutig zu handeln.

[18] So schreibt Hans Blumenberg: »Mögen wir immerhin, indem wir an diese Lehre uns halten, die Empfindungen des sonst rettungslos Versinkenden haben, der an eine ihn nur eben über Wasser tragende Planke sich klammert. Bei der Wahl zwischen Planke und Untergang ist der Vorteil entschieden auf Seiten der Planke.« Hans Blumenberg: *Schiffbruch mit Zuschauer. Paradigma einer Daseinsmetapher*, Frankfurt a. M. 1997, S. 78.

Beobachtungen formalisiert registrierenden Organisationen.«[19] Dies funktioniert
dann, wenn mit Individuum etwas bezeichnet ist, mit dem Organisationen über
Menschen hinweg sehen können, wie es forschungsfördernde Organisationen wie
die DFG pflegen, wenn sie betonen, wie sehr es ihnen um die Sache (und damit
nicht um die Person) geht.[20] Alle sind verschieden, also gleich. Individualität wird
zum Kalkül, zu einer nicht mehr zu beachtenden Kategorie, da sie immer schon
vorausgesetzt und »damit nivelliert ist.«[21] Denn, wenn Individualität einem
kommunikativen Kalkül entspringt, ist sie »auch ein Manager«[22] der
Kommunikation, und managt notgedrungen, als Unternehmer*in ihrer selbst, sich
in der Kommunikation. Mit hohen Kosten: Zeit für Wissenschaft bleibt dadurch
wenig, und auch die viel thematisierten akademischen Freiheiten ziehen neue
Blicke auf sich, wenn ihre Rahmung nicht nur sachlich, sondern auch zeitlich und
sozial Folgen zeigt.

Doch zurück zu Antragstexten. Gerade aufgrund ihrer grundlegenden Über-
zeugungsnotwendigkeit, die individuellen Ausdruck in allein zweckorientierten
Formen fordert, entsteht ein standardisiertes Procedere. Das betrifft im
Besonderen Verfahren wie das *Normalverfahren* der DFG, das als Standard der
deutschsprachigen Forschungsförderung verstanden werden muss. Es ist zu vermuten, dass für die Gutachtenden die Kohärenz des Geschriebenen als Antragstext, also der sinnfällige Aufbau entlang des aktuellen Forschungsstandes hin
zu sich daraus ergebenden Fragestellungen und der eigenen Akzentuierung, die
dann in ein Forschungsvorhaben mündet, von besonderer Bedeutung ist. Dabei,
so auch ein Lehrstuhlinhaber, mit dem ich über diese Themen im Kontext meiner
Abschlussarbeit (*Originalität auf Antrag. Darstellung von Relevanz und die Entwicklung eines wissenschaftlichen Textgenres*, Humboldt-Universität zu Berlin
2019, unveröffentlichte Masterarbeit) gesprochen habe, dürfe »nicht überschätzt«
werden, »dass es einfach eine Story sein muss, die überzeugt.« Insgesamt solle ein
Antragstext »wie ein guter Roman oder Kurzgeschichte« sein und »Höhepunkte
haben«. Die eingeführten »Spielfiguren müssen sich entwickeln oder in Fragen
münden«. Die Kohärenz, die kundige Ausführung aktueller Forschungen und die
glaubhafte Vermittlung methodischer Kenntnisse sind notwendige Bedingungen,
um einen Text als wissenschaftlich zu erkennen. Gleichzeitig reichen sie nicht aus,

---

[19] Lehmann, Mit Individualität rechnen, S. 15.

[20] Vgl. dazu: Martin Kohli: »›Von uns selber schweigen wir‹. Wissenschaftsgeschichte aus
Lebensgeschichte«, in: Wolf Lepenies (Hg.), *Geschichte der Soziologie. Studien zur kognitiven,
sozialen und historischen Identität einer Disziplin*, Bd. 1, Frankfurt a. M. 1981, S. 428–465, hier
S. 42.

[21] Lehmann, Mit Individualität rechnen, S. 292. Spätestens hier klingen auch erzieherische
Themen an, die vor allem Organisationen wie die DFG oder die VolkswagenStiftung mit
formalisierten Erwartungen einbringen, und die – wieder und wieder – spezifisches Verhalten
einfordern, und damit, unintendiert, anderes hervorbringen.

[22] Heinz von Foerster: »Prinzipien der Selbstorganisation im sozialen und betriebswirtschaftlichen Bereich«, in: ders., *Wissen und Gewissen. Versuch einer Brücke*, Frankfurt a. M. 1993,
S. 233–268, hier S. 243.

um die für eine Bewilligung eines Forschungsantrags zu beantwortenden Fragen ausreichend zu klären. Sie sind Hilfsmittel und damit selbst Spielfiguren, deren raffiniertes Arrangement mehr über die aus der Bewilligungsperspektive relevante wissenschaftliche Befähigung auszudrücken scheint als die alleinige Kenntnis bestehenden Wissens. Ihr Ziel sind nicht Erkenntnisgewinne oder Hypothesen, sie bezeugen, wie Maren Lehmann bemerkt, »die Kreditwürdigkeit des Autors – nicht sein Kapital.«[23] Vielmehr geht es um Darstellungen des Wissenschaftlichen, die sich aus der überzeugenden Kapitalisierung spezifischer Techniken ergeben. Damit meine ich, dass Texte aus sich heraus Beglaubigungsstrategien entwickeln, die spezifische Unterscheidungen nutzen, um etwas anderes zu erzeugen oder zu erreichen. Es geht dabei darum, in mehr oder weniger standardisierten Formen glaubhaft individuelle Qualitäten aufzuzeigen, die in einer Weise anschlussfähig sind, dass sie beliehen werden können, also Kredite besichern. In diesem Sinne sind Antragstexte Arbeit am Selbst, das sich eine Position erschreibt, indem Lücken aufgebaut und Möglichkeiten vorgeschlagen werden. Indem sich Wissenschaftler*innen eine Position erarbeiten, die spezifische Zugehörigkeiten erkennen lässt und Abweichungen markiert, ergeben sich Chancen, diese Position einzusetzen und damit zu disponieren.

Der für alle beteiligten Stellen entscheidende Glaube an Wissenschaft, in dem alle Seiten agieren, erinnert an Pitches, die im Besonderen im Bereich von Wagniskapital funktionale Bedeutung haben. Bei einem Pitch versuchen Gründer*innen (oder Werbe-Agenturen oder Berater*innen, wenn es um Projekt-Aufträge geht) Kapitalgeber*innen (oder ihre potentiellen Kunden) von ihren Ideen zu überzeugen. Es geht also, wie bei Antragstexten in den Wissenschaften, darum, das eigene Projekt plausibel und seine Gewinnmöglichkeit nachvollziehbar zu machen. Deswegen sind Praktiken der Kapitalisierung auf Darstellungen angewiesen. Jedes Projekt (auch eine als Projekt verstandene Individualität) ist eine Wette, die beliehen werden kann. Bonität gewinnen Projekte durch Darstellungen, die einer Überprüfung standhalten. In diesem Sinne sind Peer-Review-Verfahren einerseits Konsistenzprüfungen, denen Anträge ausgesetzt werden, andererseits aber Beglaubigungsverfahren. Erfolge können nicht nur versprochen werden, sie müssen von Dritten nachvollzogen, also geglaubt werden,[24] und das heißt: die Darstellung eines Projekts muss Erwartungen strukturieren können. Erwartungen sind, mit Niklas Luhmann, »die Form, in der ein individuelles psychisches System sich der Kontingenz seiner Umwelt aussetzt. [...] Es

---

[23] Lehmann, Systemtheorie, S. 23.

[24] John Durham Peters spricht beim Bezeugen davon, dass der Zeuge sowohl passive Tätigkeiten erlebt wie er auch aktive vollzieht. Er sieht oder hört etwas, über das er im Folgenden schreibt oder spricht. Damit übernimmt er zusätzlich Verantwortung vor Dritten, die ihn beobachten. In dieser Weise kollaboriert er mit dem, was er beobachtet hat. John Durham Peters: »Witnessing«, in: *Media, Culture & Society* 23 (2001), S. 707–723, hier S. 709.

handelt sich mithin um dieselbe Form, die auch zur Bildung sozialer Strukturen benutzt wird.«[25] Erwartungen ermöglichen Sondieren, Abtasten und Verhandeln in ungewissem »Terrain«, sie ermöglichen Orientierung anhand »einer an ihr selbst erfahrbaren Differenz: Sie kann erfüllt oder enttäuscht werden.«[26] Dieser Mechanismus liefert einen weiteren Ansatzpunkt für die Darstellungsbedürftigkeit von Erwartungen. Im Sozialen bilden sich Strukturen, die individuelle Erwartungen als Ansprüche »verdichten«,[27] sich dabei aber lediglich auf den Anspruch des Individuums gründen, Individuum zu sein. Um Ansprüche verhandelbar zu machen (um sie auszuweiten, zum Beispiel) ist das Individuum darauf angewiesen, Beschreibungen anzufertigen, um diese zu begründen.

Dies kann dann gelingen, wenn auch die Gutachtenden mitwirken. Der Antragstext, für sie als Exekutive des Verfahrens geschrieben, muss auch, darauf weist Eva Geulen hin, in einer spezifischen Weise gelesen werden. Sie spricht davon, dass die Gutachterin in der »Pflicht« sei, »eine Perspektive auf die zu begutachtende Arbeit [...] zu gewinnen, die nicht diejenige ihres Verfassers ist.«[28] Diese, von Geulen als »andere[r] Blick« beschriebene, Technik wird dann möglich, wenn nicht allein das Quantifizierbare gezählt, der Text im Sinne einer Patronage begleitet oder allein aus einer Expertenperspektive gelesen wird. Der »andere Blick« fordert ein Nachvollziehen dessen, was in dem jeweils vorliegenden Text versucht wird. Es geht damit um die »Logik des Produziertseins«, die Ansprüche stellt an Leser*innen. »Wenn es gut geht, wirklich gut geht, ändern sich in diesem Prozess der Gegenstand der Begutachtung und der Gutachtende selbst.« Dann steht neben der viel besprochenen und auch hier schon ausgeführten Gatekeeper-Position – die Anbindung an Verfahren, die Strukturen vorgeben, die Vorstellung für prüfende Leser*innen zu schreiben, die Notwendigkeit mehrfache Not zu kreieren – auch die Funktion der Transformation. Jedes Gutachten ist die Gelegenheit sich mit etwas Neuem zu beschäftigen, etwas Neues zu erfahren, aber auch Veränderung herbeizuführen, wenn der Text dies verlangt. Damit geraten die beteiligten Personen, mit ihnen aber auch die Institutionen in eine Art gemeinschaftliches Verhältnis der Auseinandersetzung. Der Zusammenhang von Antragstext, Begutachtung und Verfahren lässt sich dann als Koproduktion beschreiben, die neben den auch berechtigten Kritiken vermarkteter Universitäts- und Forschungsorganisation andere Wege aufzeigt. Die Verwaltung schafft hier einen Raum, der – neben den lästigen und lähmenden Anteilen der persönlichen Unsicherheit, die aufgrund bestehender Rahmenbedingungen eine fortwährende Wette auf sich selbst verlangen –, ein Spielfeld eröffnet, das Übersetzungen und

---

[25] Niklas Luhmann: *Soziale Systeme. Grundriß einer allgemeinen Theorie*, Frankfurt a. M. 1984, S. 362.

[26] Ebd., S. 363.

[27] Ebd., S. 363.

[28] Eva Geulen: »Geheimnis Gutachten (mit Hinweisen)«, Vgl. https://www.zflprojekte.de/zfl-blog/2020/04/07/eva-geulen-geheimnis-gutachten-mit-hinweisen/ (zuletzt aufgerufen am 3. Oktober 2021).

Transformationen ermöglicht und damit die Koproduktionsprozesse der Wissenschaften anreichert. Damit liefern Verwaltungen Anlässe für das Erzählen von wissenschaftlichen Geschichten, die in der Form von Anträgen Möglichkeiten aufbauen und erörtern. »Sonst haben sie nichts anzubieten «,[29] ließe sich mit Karl E. Weick anmerken. Aber es ist sehr viel mehr als nichts.

Literatur

Blumenberg, Hans: *Schiffbruch mit Zuschauer. Paradigma einer Daseinsmetapher*, Frankfurt a. M. 1997.

Bourdieu, Pierre: *Der Staatsadel*, Konstanz 2004.

Foerster, Heinz von:»Prinzipien der Selbstorganisation im sozialen und betriebswirtschaftlichen Bereich«, in: *Wissen und Gewissen. Versuch einer Brücke*, Frankfurt a. M. 1993, S. 233–268.

Geulen, Eva: »Geheimnis Gutachten (mit Hinweisen)«, https://www.zflprojekte.de/zfl-blog/2020/04/07/eva-geulen-geheimnis-gutachten-mit-hinweisen/ (zuletzt aufgerufen am 3. Oktober 2021).

Knorr-Cetina, Karin: *Die Fabrikation von Erkenntnis. Zur Anthropologie der Wissenschaft*, Frankfurt a. M. 1984.

Kohli, Martin:»›Von uns selber schweigen wir‹. Wissenschaftsgeschichte aus Lebensgeschichte«, in: Wolf Lepenies (Hg.): *Geschichte der Soziologie. Studien zur kognitiven, sozialen und historischen Identität einer Disziplin*, Bd. 1, Frankfurt a. M. 1981, S. 428–465.

Lehmann, Maren:»›Einfach Hazard‹: Wissenschaft als Beruf«, bisher unveröffentlicht.

Lehmann, Maren:»Systemtheorie als Hypothek«, in: *Theorie in Skizzen*, Berlin 2011, S. 10–38.

Lehmann, Maren: *Mit Individualität rechnen. Karriere als Organisationsproblem,* Weilerswist 2011.

Leifer, Eric M.:»Micromoment Management: Jumping at Chances for Status Gain«, in: *Soziale Systeme* 8/2 (2002), S. 165–177.

Leifer, Eric M./Rajah, Valli: »Getting Observations. Strategic Ambiguities in Social Interaction«, in: *Soziale Systeme* 6/2 (2000), S. 251–267.

Luhmann, Niklas: *Die Wissenschaft der Gesellschaft*, Frankfurt a. M. 1990.

Luhmann, Niklas: *Soziale Systeme. Grundriß einer allgemeinen Theorie*, Frankfurt a. M. 1984.

Matthies, Hildegard/Simon, Dagmar/Torka, Mark (Hg.): *Die Responsivität der Wissenschaft. Wissenschaftliches Handeln in Zeiten neuer Wissenschaftspolitik*, Bielefeld 2015.

Müller, Ruth/Rijcke, Sarah de:»Exploring the Epistemic Impacts of Academic Performance Indicators in the Life Sciences«, in: *Research Evaluation* 26/3 (2017), S. 157–168.

Peters, John Durham:»Witnessing«, in: *Media, Culture & Society* 23 (2001), S. 707–723.

Stichweh, Rudolf:»Die Autopoiesis der Wissenschaft«, in: *Wissenschaft Universität Professionen. Soziologische Analysen*, Frankfurt a. M. 1994, S. 54–82.

Stichweh, Rudolf:»Differenzierung der Wissenschaft«, in: *Wissenschaft Universität Professionen. Soziologische Analysen*, Frankfurt a. M. 1994, S. 15–51.

Weber, Max:»Wissenschaft als Beruf«, in: Matthias Bormuth (Hg.): *Wissenschaft als Beruf. Mit zeitgenössischen Resonanzen und einem Gespräch mit Dieter Henrich*, Berlin 2018, S. 37–94.

Weber, Max: *Wirtschaft und Gesellschaft. Grundriss der Verstehenden Soziologie*, Tübingen 1980.

Weick, Karl E.: *Der Prozeß des Organisierens*, Frankfurt a. M. 1995.

---

[29] Karl E. Weick: *Der Prozeß des Organisierens*, Frankfurt a. M. 1995, S. 375.

Werber, Niels: »Antichambrieren bei Schiller und Schmitt zum Zusammenhang von Macht und Raum«, in: Därmann, Iris/Echterhölter, Anna (Hg.): *Konfigurationen. Gebrauchsweisen des Raums*, Berlin, Zürich 2012, S. 65–80.

White, Harrison C.: *Chains of Opportunity. Systems Models of Mobility in Organizations*, Cambridge Mass. 1970.

»Auch solle niemand nichts unterschreiben, so er nicht zuvor ganz gelesen hat«. Zur Formalisierung des Zögerns der Verwaltung

Tilman Richter

In seiner Lektüre von Bruno Latours Ethnographie des Rechts befragt Stefan Nellen Latours Unterscheidung von Recht und Verwaltung. Für diesen sei es »das Gebot der Verwaltung, Dinge zu realisieren«,[1] während das Recht dieser verwirklichenden Macht eine Grenze setze, indem es vor das eigene Urteilen das Zögern setzt: »Ohne Zögern kein Recht – man hätte nur klassifiziert, verwaltet, organisiert.«[2] Figur dieser Unterscheidung von Verwaltung und Recht ist in der *Rechtsfabrik* der Revisor. Er nimmt sich in einer von Latour geschilderten und von Nellen aufgegriffenen Szene den wirklichkeitssetzenden Akten der Verwaltung an, nur um diese in einen Zustand der Uneindeutigkeit zurückzuversetzen, in dem über ihre Rechtmäßigkeit entschieden werden kann.[3] Die Tatsachen, die die Verwaltung zuvor gesammelt, dokumentiert und zur Grundlage einer Entscheidung gemacht hatte, werden von dieser überprüfenden Person den Akten entnommen, und ihre Gültigkeit wird durch alternative Anordnungen hinterfragt. Das Zögern des Revisors ist die Bedingung seines Urteils; die Qualität seines Urteils soll daher von der Gründlichkeit dieses Zögerns abhängen. Die mediale Bedingung dieses Zögerns sind allerdings Akten und Protokolle.

Für Nellen kommen diese Akten und Protokolle sowohl dem Recht als auch der Verwaltung zu, sie bilden zwischen diesen beiden Sphären eine »Zone der

---

[1] Stefan Nellen: »Die Akte der Verwaltung. Zu den administrativen Grundlagen des Rechts«, in: Marcus Twellmann (Hg.), *Wissen, wie Recht ist. Bruno Latours empirische Philosophie einer Existenzweise*, Konstanz 2016, S. 65–91, hier S. 89.

[2] Bruno Latour: *Existenzweisen*, übersetzt v. Gustav Roßler, Berlin 2014, S. 500.

[3] Bruno Latour: *Die Rechtsfabrik. Eine Ethnographie des Conseil d'Etat*, übersetzt v. Claudia Brede-Konersmann, Konstanz 2016, S. 111–127.

T. Richter (✉)
Institut für Medienwissenschaft, DFG GK »Das Dokumentarische«, Ruhr-Universität Bochum, Bochum, Deutschland
E-Mail: tilman.richter@ruhr-uni-bochum.de

© Der/die Autor(en) 2024
A. Echterhölter et al., *Apparate*, AdminiStudies. Formen und Medien der Verwaltung 3, https://doi.org/10.1007/978-3-662-67712-4_15

Ununterscheidbarkeit«.[4] Das Zögern, das Latour als charakteristisch für das Recht und die Tätigkeit der Recht-Sprechenden beschreibt, ist in Nellens Rekonstruktion kein Attribut des Rechts. Vielmehr handelt es sich bei diesem Zögern um einen Medieneffekt, der sich der administrativen Sammlung, Protokollierung, Archivierung, also der Dokumentation insgesamt verdankt.[5] Die Verwaltung produziert aus dieser Perspektive nicht bloß Entscheidungen, die wiederum bestimmte Aufträge realisieren und Wirklichkeit setzen, sondern sie produziert dabei ebenso Fakten, Beratungen, Unterscheidungen: also alles, was der Entscheidung vorgeordnet ist. Diese Nebenproduktion ist es, die die Bedingung darstellt von Deliberation, aber zugleich auch von Revision. Solange Verwaltung an derartige Praktiken und Medien gebunden ist, produziert sie die Möglichkeit von Zögern und Wiedervorlage mit. Den hier geschilderten Zusammenhang von Zögern und Entscheiden möchte ich gerne an der Praxis des Unterschreibens als Verwaltungsmedium ausführen. Dazu möchte ich zum einen den Warnungen vor der vorschnellen Unterschrift nachgehen, die frühneuzeitliche Verwaltungshandbücher geben, zum anderen mit Niklas Luhmann nach der Rolle der Unterschrift als Kristallisationspunkt von Verantwortung fragen.

Dass die Unterschrift unter einem Dokument mit Hemmungen, Widerständen, Verzögerungen verbunden ist, ist anekdotisches Gemeingut wie persönliche Erfahrung. Ein Topos der Verwaltungsliteratur seit Beginn der Professionalisierung fürstlicher Beamtenapparate ist, dass die Unterschrift, gerade weil es sich bei ihr zumeist ›nur‹ um eine Formalität handelt, zuweilen schwer zu erlangen ist, oder dass sie nur mit Unwillen gegeben wird. Erlebt und beschrieben hat diese Professionalisierung beispielhaft Friedrich Karl von Moser, Zeitgenosse Goethes und Sohn von Johann Jakob Moser, dem vermutlich produktivsten Autor und Systematisierer der Rechtswissenschaft im frühneuzeitlichen Reich Deutscher Nation. In seinem Fürstenspiegel *Der Herr und der Diener*[6] sammelt Friedrich Karl von Moser die Lehren seines eigenen Beamtenlebens und versucht gleichermaßen, verbeamtete Kollegen wie fürstliche Vorgesetze durch positive wie negative Beispiele zur besseren administrativen Arbeit anzuleiten. Entscheidendes Problem dieser administrativen Arbeit ist das zu regelnde Verhältnis von Fürst*in und Kanzlei. Die Aufgabe des Beamtenapparates ist es, ihren Vorgesetzen den allzu mühsamen Umgang mit dem alltäglichen Schriftverkehr zu ersparen, während er gleichzeitig in seinen Außenbeziehungen, im Umgang mit

---

[4] Nellen, Die Akte der Verwaltung, S. 88.

[5] Zum Zusammenhang von Dokumentation und Verwaltung vgl. Stefan Nellen: »Das Wesen der Registratur. Zur Instituierung des Dokumentarischen in der Verwaltung«, in: Renate Wöhrer (Hg.), *Wie Bilder Dokumente wurden. Zur Genealogie dokumentarischer Darstellungspraktiken*, Berlin 2015, S. 225–248; Monika Dommann: »Dokumentieren. Die Arbeit am institutionellen Gedächtnis in Wissenschaft, Wirtschaft und Verwaltung 1895–1945«, in: *Jahrbuch für europäische Verwaltungsgeschichte* 20 (2008), S. 277–299.

[6] Friedrich Karl von Moser: *Der Herr und der Diener – geschildert mit Patriotischer Freyheit*, Frankfurt a. M. 1759.

Bittstellenden und der Landesbevölkerung auf die sich mittels schriftlicher Medien übersetzende fürstliche Autorität angewiesen ist. Der richtige Kontakt zwischen Verwaltung und Fürst*in ist eine Frage des rechten Maßes. Von Moser warnt vor Herrschenden, die ihre eigenen vier Wände mit Aktenschränken dekorieren nicht weniger als vor denjenigen, die sich nur mit Mühe in die Kanzlei bewegen lassen.[7] Auf Seiten der Beamtenschaft erfordern die Schwierigkeiten dieses Umgangs als zentrale Tugend immer wieder: Geduld. Im Umgang mit den Untertanen, den Kollegen und nicht zuletzt der Herrschaft; beispielsweise wenn deren Unterschrift auf sich warten lässt:

> »Man kann einen Fürsten nicht verklagen, wann er anstatt sein Land zu regieren, lieber in den Krieg zieht; man muß zufrieden seyn, wann er lieber mit den Hunden als mit den Referendarien spricht; man muß es in Gedult tragen, wann die Sachen, so seine Unterschrift erfordern, um der Maitresse, um eines fremden Mahlers, ja um einer Drehbank willen Monate lang ununterzeichnet liegen bleiben; ist es aber rühmlich?«[8]

Wenn er als Beamter seinen Dienstherrn schon nicht verklagen kann, baut von Moser zumindest seine Hoffnung auf die Wirkung des schlechten Beispiels und zitiert aus Bernhard Freydingers Beschreibung seines Dienstherrn, des Herzogs Heinrich von Sachsen. Als Beschreibung des Ausmaßes an Unwillen, der von Herrschaftsseite bisweilen allem Schriftlichen entgegengebracht wird, möchte ich dieses Zitat auch hier aufgreifen:

> »[S]onderlich, wann er Briefe sollte unterschreiben, welches doch gar selten und alleine in solchen wichtigen Sachen geschehe, da mans nicht umgehen konnte, war er gar unwillig und sagte: Er wollte lieber alles thun, als schreiben. Und ich mag mit Wahrheit sagen, daß ich für meine Person keinen Fürsten gekannt habe, der ungerner geschrieben hätte, habe auch keinen Brief gesehen, den er mit eigner Hand geschrieben hatte […]. Darum mußte man ihm lange nachschleichen, und gar gute Bequemlichkeit suchen, wann er unterschreiben sollte.«[9]

Zwar mag der 1541 verstorbene Heinrich noch einer Generation von Herrscher*innen angehört haben, denen Herrschen und Schreiben noch nicht als selbstverständlich zueinandergehörig erschien, dennoch hätte von Moser die Anekdote wohl kaum in seinen Ratgeber aufgenommen, wenn die Frage nach der Einbindung von Fürst*innen in die Schriftsachen der Verwaltung 200 Jahre später vollkommen unproblematisch beantwortet gewesen wäre. Die Unterschrift in den Verwaltungsangelegenheiten der Frühen Neuzeit ist Ausdruck von fürstlicher Autorität, sie ist dies aber in einem Medium, das nicht das Medium der Herrschenden, sondern eines der ihnen formal Untergebenen ist. Nicht anders als diese schreibt sich die fürstliche Autorität durch die Unterschrift ein in den Verwaltungsapparat. Im Zeitalter der Schriftlichkeit kann sie nicht absolut über ihm thronen, sondern ist auf diesen angewiesen. Der Befehl geht nicht allein

---

[7] Ebd., S. 29.
[8] Ebd., S. 92.
[9] Zitiert nach: von Moser, Der Herr und der Diener, S. 94.

von Herrschenden an die Verwaltung, es kommen Forderungen von dort zurück, die formaler und sachlicher Natur sind. Unglücklicherweise für die beteiligten Kanzleiangestellten fehlt es ihnen an Sanktionsmacht gegenüber der fürstlichen Autorität.

In der zur gleichen Zeit wie *Der Herr und der Diener* verfassten *Einleitung zu denen Canzley-Geschäfften* von Mosers Vater, Johann Jakob, findet sich für dieses Problem daher ebenfalls keine befriedigende Lösung. Moser rät den Unglücklichen, die mit der Einholung der Bekräftigung beauftragt sind, zur Pragmatik, um ihnen – als der aufrichtige Verwaltungspraktiker, als der sich der Autor entwirft – im gleichen Atemzug von derartigen Tricks abzuraten: »§. 9. Wann Regenten schwer zur Unterschrifft zu bringen seynd, muß man lieber 10. 20. Und mehr Sachen zusammen in Ein Protocoll, oder in Einen Befehl bringen, damit der Herr sich nur einmahl unterschreiben dörffe; ob gleich dise Weise grosse Inconvenientien hat.«[10]

Es erscheint allzu leicht verständlich, warum hier »Inconvenientien« auftreten können. Wer sich als Souverän schon zum Unterschreiben nur schwerlich überreden lässt, wird sich wohl noch weniger zum Lesen der durch die Mehrzahl der Angelegenheiten angewachsenen Akte bringen lassen. Auch wenn die Unterschrift rechts- und verwaltungshistorisch gerade diesen Vorteil hat, die Kenntnis des Unterzeichneten zu signalisieren – und dies durchaus auch dann, wenn zum Durchlesen die Zeit gefehlt hat – ist damit der zukünftige Konflikt vorgezeichnet. Herrschende, die sich durch ihre Verwaltung nicht zur Formalisierung ihres Willens zwingen lassen möchten, werden schwerlich den verpflichtenden Charakter ihrer zwar eigenen, aber quasi unter der Hand erlangten Unterschrift anerkennen wollen.

Alternativ dazu schlägt Moser vor, die Delegation des herrschaftlichen Willens an die Verwaltung ernst zu nehmen und kurzerhand stellvertretend zu unterzeichnen. Aber auch zu dieser Lösung mag er nicht bedingungslos raten: »§. 10. Oder ein Ministre, oder anderer Cabinets-Bedienter, unterzeichnet es ad Mandatum des Herrns: Es ist aber dises allemahl eine vor den Herrn und Bedienten gefährliche Art.«[11] Auf Befehl zu unterzeichnen, was Befehlende selbst nicht unterzeichnen wollen, scheint in der Tat einen besonderen bürokratischen Mut zu verlangen. Es zeigt sich hier aber auch, dass es vielleicht gar nicht an den Herrschenden liegt, dass sie nicht unterschreiben möchten, sondern dass die Unterschrift im Rahmen der (höfischen) Verwaltung insgesamt eine permanente Quelle der Gefahr darstellt, insofern sie eine Form der Verantwortungsübernahme

---

[10] Johann Jakob Moser: *Einleitung zu denen Canzley-Geschäfften. Abgefasset zum Gebrauch seiner ehemaligen Staats- und Canzley-Academie; Nun aber zum allgemeinen Nutzen bekannter gemacht*, Frankfurt a. M. 1755, S. 139. Vgl. zu Mosers eigener Wissensverwaltung und Schriftpraxis auch: Helmut Zedelmaier: »Johann Jakob Moser et l'organisation érudite du savoir à l'époque moderne«, in: Élisabeth Decultot (Hg.), *Lire, copier, écrire, Les bibliothèques manuscrites et leurs usages au XVIIIe siècle*, Paris 2003, S. 43–62.

[11] Moser, Einleitung, S. 139 f.

ist, von der weder Herrschende noch Untergebene wissen können, ob sie diese tatsächlich zu leisten bereit sind oder bereit sein können. Dies tritt schon in der Frühzeit der Verwaltung als ein Problem der Komplexität auf. Unterschreiben und damit Verantwortung übernehmen soll man nur in den Fällen, in denen man wissen kann, worum es geht, für was man im Zweifel einzustehen hat. Diese Verpflichtung der Sache und sich selbst gegenüber soll für den älteren Moser als beamtische Tugend selbst den Herrschaftswillen übertrumpfen:

>§. 51. Es unterschreibet aber billig ein Praesident oder Rath diejenige Sachen nicht, bey deren Resolvirung er nicht mit in dem Collegio anwesend gewesen ist; ausser, wann sie von keiner Wichtig- oder anderen Bedenklichkeit seynd.

§. 52. Auch solle niemand nichts unterschreiben, so er nicht zuvor ganz gelesen hat, man mache auch das periculum in mora so groß, oder preßiere es sonst so starck als man will.«[12]

Dort, wo mit der eigenen Unterschrift keine Konsequenzen verbunden sind, kann sie jederzeit geleistet werden. Das ist aber dort, wo es auf die eigene Unterschrift ankommt, selten der Fall. Nicht nur der ältere, auch der jüngere Moser rät daher zur Vorsicht und verschärft die Warnung seines Vaters sogar noch. Denn die Kenntnis dessen, was zu unterschreiben ist, müsste sich für ihn sogar noch in die Zukunft erstrecken. Schließlich signalisiert die Unterschrift die Verantwortungsübernahme nicht nur in dem Moment, in dem sie geleistet wird, sondern solange das Papier, das sie trägt, in den Archiven auffindbar bleibt. Dieses Moment des Ausgeliefertseins an eine Zukunft, die zwangsläufig uneinsichtig bleiben muss, verleiht von Mosers Warnung ihre eigene Dramatik:

>Sie [höhere Staatsbediente; TR] müssen in gewisser Maasse die Verantwortung der ganzen Sache und Inhalts auf sich nehmen, und, wann *über kurz oder lang die Sache anders angesehen wird*, so ist diese Mit-Unterschrift Vorwand genug, einen der Ehre des Martherthums theilhaftig zu machen; daher es freylich in mißlichen Fällen auf eines jeden eigene Prüfung ankommt, keinen Schritt dieser Art zu thun, der ihm einmal fatal seyn könnte.«[13]

Das Zögern, das der Unterschrift vorausgeht, scheint angesichts mangelnden Wissens und mangelnder Kontrolle mehr als verständlich. Ob es zu gegebener Zeit auf Seite der untergebenen Beamten korrekt ist zu unterschreiben, ist bereits schwer zu entscheiden, ob es auch in Zukunft korrekt gewesen sein wird, entzieht sich vollends dem Wissen der Beteiligten. Gleichzeitig lässt sich die Unterschrift funktional als administratives Mittel lesen, gerade auch dieses Zögern zu evozieren. Entscheidungen lassen sich schnell treffen, sie werden aber verlangsamt, wenn sie auch formalisiert werden müssen und wenn die Entscheidung

---

[12] Ebd., S. 183.

[13] Friedrich Karl von Moser: »Abhandlung von der Contra-Signatur nach dem neuern Gebrauch der Höfe und Canzleyen«, in: ders., *Kleine Schriften. Zur Erläuterung des Staats- und Völcker-Rechts wie auch des Hof- und Canzley-Ceremoniels*, Bd. 5, Frankfurt a. M. 1755, S. 1–126, hier S. 17 f. [Hervorhebung: TR].

nicht in freier Deliberation emergiert, sondern eine Person sich diese Entscheidung konkret und materiell mittels ihrer auch körperlichen Spur zu eigen
machen muss. Unterschriften im Apparat dienen dann als Markierung einer Entscheidung, noch mehr aber als Markierung eines Entscheidungsprozesses, der
auch anders hätte ausgehen können. Gleichzeitig setzen sie Verantwortliche ein;
aber Verantwortliche, deren Verantwortung durch die Umstände ihrer Unterschrift
bedingt und eingehegt ist.

Mit einem Sprung in die deutlich jüngere Theorie der Organisation und Verwaltung findet sich die Funktion der Unterzeichnung in diesem Sinne beschrieben
bei Niklas Luhmann:

> »[E]s ist wesentlich, daß man die Grenze der formalen Verantwortlichkeit genau kennt,
> so daß man sie nicht in unbeholfener Tapsigkeit, sondern bewußt und mit den not-
> wendigen Sicherungen überschreitet. Im Werdegang eines Entscheidungsprojektes gibt
> es stets Schwellen, an denen ein formaler Schritt getan, etwas zu Papier gebracht und
> abgezeichnet, Verantwortlichkeit übernommen werden muß. Einer muß dann formal
> für die Sache einstehen. So wird es häufig zum Gegenstand besonderer Überlegung, ja
> gelegentlich ausdrücklicher Vereinbarung bzw. zum Resultat schlauer strategischer
> Manoeuver, wer letzten Endes zeichnet und damit nicht nur Verantwortung, sondern auch
> Verantwortlichkeit übernimmt.

> Durch diesen formalen Schritt, mit dem jemand sich bereit erklärt, für etwaige Fehler ein-
> zustehen, wird eine Art Meilenstein für die weitere Bearbeitung gesetzt, der sozusagen
> den bisherigen Weg resümiert. Man kann dann bei den weiteren Überlegungen fingieren,
> daß die Meilenzahl stimmt, daß bis dahin alles gut geraten sei, und braucht nicht bei
> jedem Schritt wieder die gesamte Vergangenheit der Sache auszuleuchten. Das wird, wie
> gesagt, dadurch erreicht, daß jemand sich bereit erklärt, für Fehler einzustehen. Das heißt
> nicht, daß man wirklich für Fehler einstehen und seinen Kopf hinhalten muß. Das kommt
> praktisch nicht vor. Man ist ja auch mit Ausreden, mit vorbedachten Argumenten für alle
> Fälle ausgerüstet.«[14]

»Bewußt und mit den notwendigen Sicherungen« soll in der formal organisierten
Verwaltung Verantwortung übernommen werden. Das erinnert von ferne an den
Rat der beiden Mosers. Die »Schwelle«, die »Sicherung« wird bei Luhmann aber
expliziert. Es ist die mediale Formalisierung, die vor »Tapsigkeit« schützt. Etwas
muss verschriftlicht und dann auch »abgezeichnet« werden. Das hier von Ab- statt
Unterzeichnen die Rede ist (und von Schreiben schon gar nicht) markiert den
abrupt finalisierenden Handlungscharakter dieser Formalität. Jemand übernimmt
Verantwortung, um im gleichen Moment die Sache loszuwerden. Das Aneignen
von Verantwortung geht mit einem Abgeben der Sache einher. Darin liegt das
Risiko des Unterschreibens begründet. Die Unterschrift ist ein Mittel, trotz unvoll-
ständiger Informationen, trotz erkenntnistheoretischen Unsicherheiten weiterver-
fahren zu können. Dazu braucht es nur Unterschreibende, die bereit sind, darauf
zu wetten, dass die eigenen Informationslücken schon nicht zu Problemen führen

---

[14]Niklas Luhmann: »Verantwortung und Verantwortlichkeit«, in: ders., *Schriften zur
Organisation 1. Die Wirklichkeit der Organisation*, hg. v. Ernst Lukas/Veronika Tacke, Wiesbaden 2018, S. 47–58, hier S. 55.

werden. Im Vergleich zu der Mater aber, die noch die Moser'schen Beamten-
subjekte im Falle der Fehlberechnung ereignet, hat sich die Verwaltung bei
Luhmann entdramatisiert. Ihr reibungsloses Funktionieren ist bedeutend wichtiger
als das Einklagen persönlicher Verantwortung, daher stellt sie den Verzicht auf
Strafe in Aussicht, um das Zögern vor der Unterschrift zu minimieren. Völlig verzichten aber kann sie auf das Zögern, das mit der formalisierten Übernahme von
Verantwortung einhergeht, auch nicht. Das Zögern versichert den Entscheidungsprozess. Indem Verantwortung zugewiesen, also personalisiert wird, etabliert
sich eine zweite Linie der administrativen Dokumentation. Wer unterschrieben
hat, kann vorgeladen und befragt werden, um die Lücken zu erklären, die das
formalisierte Wissen der Verwaltung freilassen musste.[15]

Das Zögern vor der formalisierenden Unterschrift fungiert somit als Ein-
bau einer Redundanz in den Verwaltungsprozess und seine Dokumentation. Es
ist die Bedingung dafür, dass Sachen zur Wieder- und Andersvorlage kommen
können, wie Latours Revisor sie vornimmt. Die Verwaltung ist auf diese Form der
Redundanz angewiesen, um im Kontext des Rechts selbst dann entscheidungs-
fähig zu sein, wenn Situationen unübersichtlich und Informationen unvollständig
sind. Der Schritt der Formalisierung schließt eine Sache ab, allerdings im Modus
der Vorläufigkeit, und benennt Verantwortliche für den Fall, dass eine Revision
der Sache notwendig werden sollte. Das Zögern, die damit einhergehenden
Redundanzen und Revisionschancen sind allerdings – wie schon in Stefan Nellens
Schilderung der Verwaltung – ein Medieneffekt. Deswegen bleibt an dieser Stelle
zu fragen, wie eine Verwaltung unter veränderten medialen Bedingungen auch
weiterhin ihr Zögern inkorporieren kann. Denn das Zögern ist nicht zuletzt ein
Effekt der papierenen Akte, deren nicht unwichtigste Eigenschaft die ist, dass sie
bleibt.[16] Unterschreibende stellen sich mit ihrer Unterschrift auf ein Nachleben
ihrer Entscheidung in Archiven ein (auch darauf verweist schon Friedrich Karl
von Moser).[17] Die Entscheidung zur Unterschrift ist auch deswegen bisweilen
dramatisiert, weil sie zumindest potenziell immer schon Nachlass-Politik ist. Eine
papierlose Verwaltung, die bei der Unterschrift die körperliche Spur durch einen
digitalen Schlüssel ersetzt und die Akte durch automatisiert löschbare Dateien,
mag agiler sein und Zögern innerhalb ihrer Strukturen reduzieren. Sie schafft
sich damit allerdings neue Probleme der Dokumentation, die technisch leichter

---

[15] Ein Beispiel für einen solchen Vorgang findet sich im NSU-Untersuchungsausschuss des
Bundestags, in dem anstelle der voreilig und unrechtmäßig gelöschten Akten zu Thüringer
V-Männern diejenigen aussagen mussten, die ebendiese Löschung abgezeichnet hatten. Vgl.
Deutscher Bundestag: *Beschlussempfehlung und Bericht des 2. Untersuchungsausschusses nach
Artikel 44 des Grundgesetzes*, 2013, S. 743–802. (online verfügbar: http://dipbt.bundestag.de/
doc/btd/17/146/1714600.pdf, zuletzt aufgerufen: 2.6.22).

[16] Cornelia Vissmann: »Autobiographie und Akteneinsicht«, in: dies., *Das Recht und seine Mittel*,
hg. v. Markus Krajewski/Fabian Steinhauer, Frankfurt a. M. 2012, S. 142–160, hier S. 156.

[17] Von Moser, Contra-Signatur, S. 13.

zu ignorieren als zu lösen sind.[18] Vom derzeitigen Stand aus unbeantwortbar muss
die Frage bleiben, was eine solche Verwaltung wäre, die nicht immer auch und
vielleicht sogar in erster Linie Verwaltung ihrer eigenen Dokumentation ist.

Literatur

Dekeyser, Hannelore: »Authenticity in Bits and Bytes«, in: Neef, Sonja/Dijck, José van/Ketelaar,
   Eric (Hg.): *Sign Here! Handwriting in the Age of New Media*, Amsterdam 2006, S. 76–90.
Deutscher Bundestag: *Beschlussempfehlung und Bericht des 2. Untersuchungsausschusses
   nach Artikel 44 des Grundgesetzes*, 2013, S. 743–802, http://dipbt.bundestag.de/doc/
   btd/17/146/1714600.pdf (zuletzt aufgerufen: 2.6.22).
Dommann, Monika: »Dokumentieren. Die Arbeit am institutionellen Gedächtnis in Wissen-
   schaft, Wirtschaft und Verwaltung 1895–1945«, in: *Jahrbuch für europäische Verwaltungs-
   geschichte* 20 (2008), S. 277–299.
Latour, Bruno: *Die Rechtsfabrik. Eine Ethnographie des Conseil d'Etat*, übersetzt von Claudia
   Brede-Konersmann, Konstanz 2016.
Latour, Bruno: *Existenzweisen*, übersetzt von Gustav Roßler, Berlin 2014.
Luhmann, Niklas: »Verantwortung und Verantwortlichkeit«, in: Lukas, Ernst/Tacke, Veronika
   (Hg.): *Schriften zur Organisation 1. Die Wirklichkeit der Organisation*, Wiesbaden 2018,
   S. 47–58.
Moser, Friedrich Karl von: »Abhandlung von der Contra-Signatur nach dem neuern Gebrauch
   der Höfe und Canzleyen«, in: *Kleine Schriften. Zur Erläuterung des Staats- und Völcker-
   Rechts wie auch des Hof- und Canzley-Ceremoniels*, Bd. 5, Frankfurt a. M. 1755.
Moser, Friedrich Karl von: *Der Herr und der Diener – geschildert mit Patriotischer Freyheit*,
   Frankfurt a. M. 1759.
Moser, Johann Jakob: *Einleitung zu denen Canzley-Geschäfften. Abgefasset zum Gebrauch seiner
   ehemaligen Staats- und Canzley-Academie; Nun aber zum allgemeinen Nutzen bekannter
   gemacht*, Frankfurt a. M. 1755.
Nellen, Stefan: »Das Wesen der Registratur. Zur Instituierung des Dokumentarischen in der
   Verwaltung«, in: Wöhrer, Renate (Hg.): *Wie Bilder Dokumente wurden. Zur Genealogie
   dokumentarischer Darstellungspraktiken*, Berlin 2015, S. 225–248.
Nellen, Stefan: »Die Akte der Verwaltung. Zu den administrativen Grundlagen des Rechts«, in:
   Twellmann, Marcus (Hg.): *Wissen, wie Recht ist. Bruno Latours empirische Philosophie einer
   Existenzweise*, Konstanz 2016, S. 65–91.
Vissmann, Cornelia: »Autobiographie und Akteneinsicht«, in: Krajewski, Markus/Steinhauer,
   Fabian (Hg.): *Das Recht und seine Mittel*, Frankfurt a. M. 2012, S. 142–160.
Zedelmaier, Helmut: »Johann Jakob Moser et l'organisation érudite du savoir à l'époque
   moderne«, in: Decultot, Élisabeth (Hg.): *Lire, copier, écrire, Les bibliothèques manuscrites et
   leurs usages au XVIIIe siècle*, Paris 2003, S. 43–62.

---

[18] Hannelore Dekeyser: »Authenticity in Bits and Bytes«, in: Sonja Neef/José van Dijck/Eric
Ketelaar (Hg.), *Sign Here! Handwriting in the Age of New Media*, Amsterdam 2006, S. 76–90.

Verwaltungsreform?

Birger P. Priddat

Verwaltungsreform

1. Verwaltung verwaltet, d. h. sie arbeitet nach Regeln für die Implementation von Regeln (Gesetzen).

2. Regeln regeln: sie lassen keine Lücke, keine Spielräume, keine Interpretationen zu.

3. Verwaltungen sind Systeme vollständiger Verträge, bzw. der Fiktion vollständiger Verträge.

4. Zur Sicherung der Vertragsvollständigkeit dienen Zeichnungsketten: Jeder Vorgesetzte (wie der Vorgesetzte des Vorgesetzten etc. pp.) unterzeichnet den Vorgang, damit er allseitig gesichert und dadurch komplett wird.

5. Aus dem geregelten Sicherungsdenken der Organisation der Verwaltung heraus können neue Aufgaben nur durch neue Stellen bearbeitet werden, die wiederum klassisch durch Zeichnungsketten (damit Vorgesetztenstellen) gesichert werden.

6. Die Arbeitsteilung in Verwaltungen arbeitet nach dem Prinzip der Vollständigkeit der Vorgänge (der Aktenvorgänge) innerhalb einer Zeichnungskette.

7. Flexibilität – das Herausnehmen von Stellen aus den Arbeitsregeln oder die Annahme von neuen Aufgaben – durchbricht die Regelhaftigkeit, die mit der Sicherheit der Aufgabenerfüllung begründet wird, als eine Form von Gesetzestreue.

8. Das ist das Wesen der Verwaltung: gesetzeshaft zu arbeiten, als Modell der Gesetze bzw. ihrer Erfüllung, als Nichtabweichung. Oder, um es genauer zu sagen: als Fiktion ihrer interpretationsfreien Erfüllung, spielraumfrei.

9. Jede Flexibilisierung rückt die Verwaltung in eine andere Organisationsform: in die Form eines Managements, das unvollständige Verträge managed. New Public Management (NPM) bringt Irritation in die Verwaltung, weil darin zwei Maximen kollidieren: Regelbefolgung versus Aufgabenflexibilität. NPM macht die Verwaltungen paradox.

B. P. Priddat (✉)
Fakultät für Wirtschaftswissenschaft, Universität Witten Herdecke, Witten, Deutschland
E-Mail: Birger.Priddat@zu.de

10. Die Funktion der Vollständigkeit der Verträge in Verwaltungen spiegelt sich in der arbeitsrechtlichen Vollständigkeit: Der Arbeitsvertrag ist ein Lebensvertrag, der vollständige Bezahlung bis zum Tode beinhaltet: Pensionen. Der Inhalt dieses Arbeitsvertrages lautet: Beamtenschaft.

11. Formen der Reorganisation von Verwaltungen können keine Substitutionen sein, da das Regelbefolgen als Gewährleistungsaufgabe bleibt; es kann nicht um die Erweichung von Gewährleistung gehen, sondern um seine Modifikation, d. h. um die Änderung des Regelprocedere, nicht um seine Aufhebung.

12. Bevor der vollständige Vertrag final als Aktenvorgang schließt, muss er sich prozessual zuvor öffnen: als Kommunikation und Erörterung von Kontext, Relationen und Alternativen.

13. Verwaltungen müssen sich vom Prinzip der Zuständigkeit und Fachlichkeit trennen, um ihre Projekte einschätzen und beurteilen zu können, bevor sie sie final als Akten schließen.

14. Die Öffnung als 1. Schritt bedeutet, Optionen zu gewinnen oder sich generieren zu lassen, um in diesem erweiterten epistemischen Feld sich die Fachaufgaben zu suchen, die im 2. Schritt dann fachintern geschlossen werden.

15. Das Problem der Verwaltung in dynamischen Wissensgesellschaften ist nicht ihr Modus des Regelbefolgens, sondern dessen Ausschließlichkeit. Eine über die epistemische Öffnung generierte Regelhaftigkeit kann als Einführung sozialer Intelligenz in Verwaltungsorganisationen bezeichnet werden.

16. Das ist durch Führung weniger zu erreichen als durch Reorganisation: Die Säulen (Fachlichkeiten) der Verwaltungen werden über eine Matrixorganisation neu arrangiert. Matrixorganisation bedeutet: horizontale Verschränkung der vertikalen Säulen.

17. Damit senken wir den Reformaufwand auf der einen Seite: Verwaltungen bleiben so wie bisher organisiert.

18. Andererseits ändern wir die Organisation, indem die Säulen quer zu ihrer fachlichen Selbständigkeit projektweise verkoppelt werden, wo Kopplung Sinn macht.

19. Das heißt: die Verwaltungsreform so konservativ wie möglich durchführen, aber als Reform: als Netzwerkorganisation, die fachlich-vertikal wie transdisziplinär-horizontal zu arbeiten in der Lage ist.

20. Die vertikale Fachlichkeit bleibt der alten Regelhaftigkeit verhaftet; die horizontale Transdisziplinarität eröffnet die Option, temporär-projektweise zu arbeiten, als Unterbrechung der Regel, ohne selber eine neue auszubilden. Die Organisation bekommt somit eine neue Instabilität.

21. So vermeidet die Verwaltung ihre gewöhnlichen Reproduktionsmuster: für neue Aufgaben neue Stellen, neue Verwaltungen, also neue Regelhaftigkeiten zu generieren. Die horizontal organisierten Projekte lassen Aufgabenflexibilisierungen zu, ohne die Verwaltungsstruktur und ihre Regelhaftigkeiten sui generis aufzuheben.

22. Das ist Verwaltungsreform ohne Verwaltungsreform: Man flexibilisiert sich auf der Basis der Beibehaltung der alten Verwaltungsstrukturen. Die neue Flexibilität ist eine Modulation der alten Regelhaftigkeiten, mit temporären Exzeptionen.

23. Alles, was völlig neu organisiert werden muss, vor allem effizienter, wird ausgegliedert: in den Raum der öffentlichen Unternehmen, oder gänzlich privatisiert.

24. Somit haben wir es mit drei Bewegungen zu tun im Dynamikgeschäft der Verwaltungsreform: a) mit der Konsolidierung der Verwaltungen als Verwaltungen im Kernbereich, b) mit der Flexibilisierung dieser Verwaltungen im temporären Projektmanagement und c) mit der Ausgliederung der effizienzangeforderten Bereiche in den Raum der öffentlichen Unternehmen oder gänzlich in den Markt.

25. Aber wie geht das: ausgliedern?

Ämtergewinn

1. Unternehmen in Märkten erwirtschaften Gewinn, den sie investieren. So wächst die Wirtschaft über Wertschöpfung.

2. Organisationen in non-markets: z. B. staatliche oder kommunale Verwaltungen, erhalten Ämter, die sie politisch zugewiesen bekommen haben. Die Zuweisung läuft – über Budgets – von außen; die Bestätigung wird von innen betrieben (Sachargumente und politische Vernetzung mit der Politik).

3. Die Politik verabschiedet Gesetze; deren Umsetzung betreibt die Verwaltung/Bürokratie.

4. Jedes neue Gesetz muss folglich, wenigstens implizit, die Frage mitbeantworten, wer seine Umsetzung bearbeitet, d. h. wer in der vorhandenen Verwaltung die durch das Gesetz anfallende Arbeit erledigt. Da Verwaltungsleitung kein Effizienzmanagement betreibt, heißt die Standardlösung: pro neuem Gesetz eine neue Verwaltung. Mindestens eine oder mehrere Stelle/n.

5. Die vorhandene Verwaltung achtet darauf, nicht mehr belastet zu werden. Die Erhaltung des status quo ist eine Angelegenheit der Beamten/Verwaltungsangestellten (plus Personalrat). Sie wollen weder umgesetzt werden noch zusätzlich belastet werden. Verwaltung/Bürokratie arbeitet über Arbeitsverschiebung = in noch mehr Verwaltung.

6. Die Leitung der Bürokratie hat Interesse an Karriereoptionsausweitungen. Die Erhöhung der Leitungsspanne weist mehr Macht aus. Deshalb lautet die *governance-structure* wie folgt: maximiere die Aufgaben = jeweils neue Verwaltungseinheiten = maximale Macht.

7. Bürokratieleitung sinnt auf Extension qua Machtausweitung; die Verwaltung selbst sinnt auf Erhaltung des status quo, was zur Folge hat, dass neue Aufgaben neue zusätzliche Verwaltungen/Stellen benötigen (was der Leitung wieder zupasskommt).

8. Bürokratien akkumulieren Ämter, Unternehmen generieren Gewinne und akkumulieren Kapital.

9. Ämter sind nicht kapitalisierbar, wohl aber Karrieren in Ämterbürokratien. Dazu müssen aber genügend Ämter vorhanden sein (und zwar stellenkegelhaft: um höhere Ämter zu vermehren, müssen untere Ämter vermehrt mitvermehrt werden. Kein höheres Amt ohne proportionalen Unterbau bzw. veritable Leitungsspanne).

10. Ämter sind die ›Profite‹ der Bürokratien (die sie der Politik abgewinnen). Eine Bürokratie leistet zweifach: 1. das, was ihr aufgetragen ist und 2. ihre Emergenz.

11. Dieses zweite Spiel ist ein Umverteilungsspiel: die Politik definiert Gesetze, die erfüllt werden müssen. Dazu ist Bürokratie nötig, und zwar pro neuem Gesetz eine neue Bürokratie (New Public Management versucht, diese Maxime zu revidieren. Pro neuem Gesetz nicht unbedingt eine neue Bürokratie. Die alte müsse nur besser organisiert werden. Wer hat Interesse an der Realisation dieser neuen Maxime? *Who triggers the problem*?).

12. Wenn die Politik definiert, wie viel Bürokratie zur Erfüllung öffentlicher Aufgaben nötig ist, wird sie mit Reduzierungen scheitern, wenn die Governance der Aufgabenerfüllung (bzw. Gesetzesimplementation) bei der Bürokratie bzw. ihrer Leitung liegt. Die Leitung der Bürokratie entscheidet die Leistungseffizienz nach bürokratischer Arbeitsteilung: pro Aufgabe ein spezifisches Set an Bürokratie (+Leistungsfunktion). Damit erhöht sie die Menge der Karriereoptionen innerhalb der Bürokratie.

13. In Kombination der Vernetzung der Bürokratie mit der Politik über Parteien haben die Leitungen der Bürokratie Einfluss auf das Implementationsmanagement.

14. Umgekehrt haben die Politiker durch den Extensionsmechanismus (1 neues Gesetz = 1 neue Bürokratie) wiederum Einfluss auf die Bürokratie: Sie können ihr Versprechungen machen und sie erfüllen helfen (durch Nicht-Bürokratieabbau).

15. Neue Aufgaben bedeuten: neue Ämter. Umgekehrt ist Bürokratieabbau eine Gefährdung des eingespielten Politik-/Bürokratienetzwerkes. Wenn zudem viele Politiker aus Bürokratien kommen, gibt es in der Politik keinen Grund, Bürokratie abzubauen, weil die Bürokratenpolitiker wieder zurückkommen wollen (und zwar auf Karrierestellen).

16. Politiker kämpfen ebenso um Ämter: in der Politik (in den Warteschlangen der Seilschaftsopportunismen) wie vor allem um die Seitenausgänge: um bei Versagen oder Abwahl in Ämter im Politikumfeld zu kommen: kommunal in Vereins-, Stadtwerkeetc.- Vorstände; in Verbandsposten, politische Stiftungen, Politikberatungen, Aufsichtsgremien etc.

17. Outsourcing ist eine Form, in der Politik und Bürokratie kooperieren, um 1. Stellen zu erhalten, die innerhalb der Bürokratie als Bürokratie nicht mehr zu halten sind, und 2., um neue Stellen zu schaffen (neue Leitungsstellen, Aufsichtsstellen, Koordinationsstellen). Möglicherweise ist PPP (*private–public-partnership*) kein Effizienzgenerator, sondern eine Methode der Bürokratieemergenz: je mehr Teile aus dem Staat/den Kommunen ausgegliedert werden, um so mehr höhere Ämter werden gebraucht zur Koordination/Governance/*monitoring*/Supervision/auditing der ausgegliederten Stellen/ Einheiten.

18. Das bedeutet: 1. *outsourcing* (und PPP) ist eine Form der Bürokratieemergenz, die höhere Ämter kreiert (und untere durchaus abbaut). Insbesondere ist sie 2. eine Form, die nicht nur der Bürokratie, sondern der sie stiftenden Politik Ämter beschert, die für den Seitenausstieg notwendig sind. Politik und Bürokratie arbeiten beim *outsourcing*/ PPP zusammen; sie bilden eine ›natürliche Kooperation‹ in der Logik der Ämter, um die Ämteremergenz voranzutreiben.

19. Zum Beispiel Auditing, nicht als temporäre Bürgerbewegung, sondern als Installation von Ämtern, außerhalb der üblichen Bürokratie. Es geht um die Schaffung unkonventionaler Ämterarenen: *outspaced*, aber politikfinanziert.

20. Auditing und Monitoring etc. sind informale Bürokratien, die zunehmen, weil der Koordinationsaufwand komplexer Politik zunimmt, ohne dass der Staat noch traditionell die Rolle des *managements* übernehmen kann. Sie sind aber zugleich auch Medien der Ämteremergenz (nicht identisch, wenn auch strukturaffin der Bürokratieemergenz).

21. Auditing wie Monitoring können durch Behörden (Bürokratie), durch *outplaced* Agenturen, oder durch NGO's wahrgenommen werden. NGO's sind (manchmal) politikunabhängige Foren, die sich selber (durch Medienarbeit + Vereinsbeiträge) finanzieren. Ihre Logik, Aufmerksamkeit zu erzeugen, die gewisse *issues* politiksensibel macht, um damit Drohpotentiale in prekären Politikszenarien auszubeuten, kann dann durch Abkauf der Drohpotentiale in den gewöhnlichen politischen Finanzierungszirkus übernommen werden (gewöhnlich durch Kooperationsangebote und Ämtervergabe an die NGO-Kader).

22. Bürokratieabbau bedeutet: Ämterverlust. Deshalb erfindet ›Bürokratieabbau‹ als Programm eher ein Amt für ›Bürokratieabbau‹, als Bürokratie abzubauen.

23. Deshalb wird Bürokratieabbau nicht im Kerngeschäft der Verwaltung geschehen, sondern durch *outsourcing*, durch Verschiebung von Verwaltungen und ihren Services in den öffentlichen Raum, vornehmlich in der Form der öffentlichen Unternehmung.

24. Ämter kann man, mit den Pensionierungen, auslaufen lassen, weil keiner, der aktuell ein Amt hat, davon betroffen sein wird. Aber für die Leitungen bedeutet es Karrierepotentialeinschmelzung. Deshalb erfinden sie neue Ämter. Wenn sie keine Ämter vermehren können, erfinden sie Zwischenwelten: zum Beispiel im *outsourcing*, im PPP-Bereich etc.

SPRINGER NATURE

GPSR Compliance

The European Union's (EU) General Product Safety Regulation (GPSR) is a set of rules that requires consumer products to be safe and our obligations to ensure this.

If you have any concerns about our products, you can contact us on ProductSafety@springernature.com

In case Publisher is established outside the EU, the EU authorized representative is:

Springer Nature Customer Service Center GmbH
Europaplatz 3
69115 Heidelberg, Germany

The manufacturer's authorised representative in the EU is Springer
Nature Customer Service Centre GmbH, Europaplatz 3, 69115 Heidelberg,
Germany. If you have any concerns regarding our products, please
contact ProductSafety@springernature.com

Printed and bound by CPI Group (UK) Ltd, Croydon, CR0 4YY
24/04/2026
02096359-0005